Fanita English

Transaktionsanalyse

Gefühle und Ersatzgefühle in Beziehungen

Herausgegeben von
Michael Paula

iskopress

Die Deutsche Bibliothek — CIP - Erinheitsaufnahme

English, Fanita:
Transaktionsanalyse : Gefühle und Ersatzgefühle in Beziehungen /
Fanita English. Hrsg. von Michael Paula.
— 3. Aufl. — Hamburg : iskopress, 1991

ISBN 3-89403-125-5

3. Auflage 1991

Druck: WB-Druck, Rieden

INHALT

VORWORT

Dieses Buch enthält eine Reihe von Materialien zum Thema Beziehungen. Es will deutlich machen, wie es zu Störungen, Ersatzgefühlen und Ausbeutungstransaktionen in den zwischenmenschlichen Begegnungen kommt, und welche Lösungsmöglichkeiten die Transaktionsanalyse (TA) bietet.
Im besonderen handelt es sich in diesem Buch um die von Fanita English entwickelte Racketanalyse, für die sie 1979 den Eric Berne Memorial Scientific Award der International Transactional Analysis Association erhalten hat.

Im Kapitel 13 (Widerstand) wird das ebenfalls von Fanita English entwickelte theoretische und therapeutische Konzept der Existentiellen Verhaltensmuster-Analyse (EVA) vorgestellt und von der Spiel- und Skriptanalyse Eric Bernes unterschieden.

Darüberhinaus enthält dieser Sammelband auch Aufsätze, die bereits 1976 von Hilarion Petzold und mir in der deutschen Studienausgabe „Transaktionale Analyse und Skriptanalyse" herausgegeben worden waren. Diese Ausgabe ist allerdings seit 1978 vergriffen.

Umso mehr freue ich mich, daß es jetzt zu einer neuen deutschsprachigen Veröffentlichung eines größeren Teils der Arbeiten von Fanita English kommt. Sie war 1973 als erste amerikanische TA-Therapeutin auf meine Einladung hin nach Deutschland gekommen und hat seitdem wesentlich zur Verbreitung der Transaktionsanalyse bei den unterschiedlichsten beruflichen Zielgruppen in Europa beigetragen.

Dem Leser möchte ich im folgenden einen kurzen Überblick geben über die Begriffe und die beiden Persönlichkeitstypen, von denen in diesem Buch sehr häufig die Rede ist. Zusätzlich geht es mir hierbei auch um die Folgerungen für das berufliche Beziehungsfeld.

1. Ausbeutungstransaktionen
Eric Berne, der Begründer der Transaktionsanalyse, definiert die Transaktionen zwischen zwei Menschen als einen Austausch von Informationen und von Streicheleinheiten.

Streicheleinheiten sind Einheiten von Anerkennung oder Stimulierung. Menschen benötigen auch als erwachsene Personen Zuwendung. Der Austausch von Streicheleinheiten kann sowohl körperlich als auch symbolisch, nämlich durch Sprechen und Gesten, erfolgen.

Wir verwenden unterschiedliche Ich-Zustände, aus denen wir im Hier und Jetzt mit anderen in Kontakt treten. Jeder Ich-Zustand stellt ein zusammenhängendes System von Gedanken und Gefühlen dar. Die drei Ich-Zustände sind: Das Eltern-Ich (fürsorglich oder kritisch) – das Erwachsenen-Ich (verarbeitet Informationen und löst Probleme) – das Kind-Ich (fühlend, kreativ, adaptiv oder rebellisch).

Die Transaktionen erfolgen zwischen dem Ich-Zustand einer Person und dem Ich-Zustand einer anderen Person.
Komplementäre Transaktionen geschehen häufig zwischen dem Kind-Ich des einen und dem angesprochenen Eltern-Ich des anderen oder umgekehrt. Positive Streicheleinheiten bestätigen oder trösten. Negative Streicheleinheiten verletzen und tun weh.

Manche Beziehungspartner beuten sich gegenseitig aus, wobei sich Ausbeuter so verhalten, als ob sie ständig zu wenig Streicheleinheiten bekämen. Sie erlauben sich nicht, die eigentlichen Gefühle bewußt wahrzunehmen. Sie nehmen laut Fanita English Zuflucht zu Ersatzgefühlen (rackets).

Es gibt Ausbeuter vom Typ 1 - hilflos, motzend. Sie laden andere Menschen dazu ein, auf sie fürsorglich oder kritisch zu reagieren.
Und es gibt Ausbeuter vom Typ 2 - hilfreich oder befehlerisch. Sie sorgen dafür, daß andere auf sie dankbar oder rebellisch reagieren.

Typ -1–Ausbeuter funktionieren aus der Kind-Ich-Position.
Typ -2–Ausbeuter funktionieren aus der Eltern-Ich-Position.

2. Zwei Persönlichkeitstypen
Auch bei durchschnittlichen, „normalen“ Menschen lassen sich zwei grundsätzliche Persönlichkeitstypen unterscheiden.
Typ 1: Er ist „untersicher“ und hat die Tendenz anzunehmen, daß andere in einer bestimmten Situation besser damit zurechtkommen. Diese Menschen sind eher Gefolgsleute als Führer.

Typ 2: Er ist „übersicher" und hat die Tendenz anzunehmen, besonders in Krisenzeiten, daß er ein besserer Führer ist, auch wenn er nicht die beste Qualifikation und Kompetenz dafür hat.

Typ-1–Menschen haben deshalb die Neigung, trotz ihrer relativen Intelligenz, Fähigkeit und Stärke, sich von Typ-2–Personen leiten und führen zu lassen.

Der Persönlichkeitstyp eines Menschen reflektiert seine existentielle Grundeinstellung, d.h. seine Gefühle des 'o.k.'-Seins in Beziehung zu anderen.

Die meisten von uns können über längere Zeitstrecken gut aus der realistischen Grundeinstellung des 'Ich bin o.k.–Du bist o.k.' (Erwachsenen-Ich-Position) funktionieren. Das bedeutet Flexibilität in der Haltung und die Fähigkeit zur Zusammenarbeit: Entsprechend der realistischen Einschätzung einer Situation bin ich entweder Gefolgsmann oder ein Führer.

Dennoch kann jeder von uns auf der Basis seiner überwiegenden Haltung oder seiner hauptsächlichen Verhaltensweisen, die er die meiste Zeit über oder in Streßsituationen zeigt, als ein Persönlichkeitstyp 1 oder 2 charakterisiert werden.

In der üblichen TA-Sprache ausgedrückt, entspricht die Haltung des 'Ich bin nicht o.k.–Du bist o.k.' dem Typ 1 und die Haltung des 'Ich bin o.k. –Du bist nicht o.k.' dem Typ 2.
Beide Grundhaltungen dienen der Abwehr frühkindlicher 'nicht o.k.'–Gefühle und werden überlagert durch gesellschaftliche und kulturelle Rollenerwartungen.

Wenn ähnliche oder unterschiedliche Persönlichkeitstypen miteinander eine Zweierbeziehung eingehen, sind je nach Typ, Kombination und soziokulturellen Rollenerwartungen eine ganze Reihe von positiven und negativen Auswirkungen auf die Beziehung vorhersehbar. (Dem Leser empfehle ich hierzu besonders die Kapitel 3, 7, 8 und 18.) Die Bedeutung des Persönlichkeitstyps für das berufliche Beziehungsfeld umreiße ich im folgenden Abschnitt.

3. Unterscheidung zwischen Typ und Rolle (auch Machtstellung)
Der Persönlichkeitstyp wirkt sich oft auch auf die Berufswahl aus. Einen höheren Anteil von Typ-2–Personen gibt es zum Beispiel unter den Anwälten, Lehrern, Managern, Köchen, selbständigen Therapeuten, Theaterdirektoren und Modeexperten. Typ-1–Personen sind mit einem größeren Anteil vertreten unter den stellvertretenden Leitern, Assistenten, Schauspielern, Orchestermitgliedern, Biographen, Soldaten etc.

Es ist wichtig, zwischen dem Typ einer Person, ihren Rollen im Leben und den speziellen beruflichen Anforderungen zu unterscheiden. Viele Menschen finden sich in Rollen wieder, die nicht ihrem Typ entsprechen, bedingt oft durch kulturelle Einflüsse und Arbeitsmöglichkeiten.

Bestimmte Rollen und Berufe verlangen nach einem hohen Anteil an fürsorglichen oder kontrollierendem kritischen Eltern-Ich-Verhalten, was dem Typ 2 entspräche. Andere Rollen und Berufe verlangen nach einem eher unterwürfigen, sich anpassenden Kind-Ich-Verhalten, entsprechend dem Typ 1.
So ermutigt beispielsweise der Job des Lehrers, Chefs oder Vorarbeiters während des Arbeitstages überwiegend ein Typ-2–Verhalten, selbst wenn in der Beziehung zum eigenen Chef ein gewisses Maß an Typ-1–Verhalten nötig sein sollte. Die Rollen der Sekretärin, Mitarbeiter/Untergebenen oder des Studenten/Schülers machen eher ein Typ-1–Verhalten nötig, auch wenn manchmal ein Typ-2–Verhalten angebracht ist.

Die Effizienz eines Persönlichkeitstyps (1 oder 2) hat nicht nur mit seinen Qualifikationen für eine bestimmte Arbeit zu tun. Es ist auch nicht unbedingt so, daß die „Menschen bis zur Ebene der Inkompetenz" (Peter-Prinzip) aufsteigen. Eher trifft zu, daß Inkompetenz oder Sabotage oft daraus resultieren, daß der Typ einer Person und ihre veränderte berufliche Rolle – auch wenn sie eine Beförderung bedeutete – auseinanderklaffen.

Typ-1–Menschen, die in einer zweitrangigen Rolle sehr gut zurechtkamen, können zum Beispiel ihre frühere Kompetenz verlieren, wenn sie in eine Rolle oder Machtposition befördert werden, die sie zwingt, überwiegend als Typ 2 zu funktionieren. Umgekehrt können Typ-2–Menschen ihre bisherige Effizienz als selbständig Arbeitende verlieren, wenn sie mit anderen

zusammenarbeiten müssen, auch wenn sie jetzt mehr verdienen.
Ein Typ-1–Stellvertretender Manager zum Beispiel, war so lange kreativ und kompetent, wie ihm die letzte Entscheidung und Verantwortung abgenommen war. Nach seiner Beförderung scheiterte er an seiner Unentschiedenheit.
Ein Typ-2–Vorgesetzter zum Beispiel, der in eine neue Rollenposition versetzt wurde, wo er viele Entscheidungen mit anderen abzustimmen hatte, wurde unzufrieden. Er sabotierte auch seine Arbeit, indem er auf seinen alleinigen Entscheidungen bestand und seinen eigenen Chef immer wieder kritisierte und abwertete.

Besondere Bedeutung kommt der Unterscheidung von Rolle und Typ zu in Verhandlungssituationen bei unterschiedlichen Machtkonstellationen und hierarchischen Ebenen, zum Beispiel Vorgesetzter/Mitarbeiter, Verkäufer/Kunde.

Wesentlich für Kontakt, flexible und sichere Kommunikation, Konfliktlösung sowie für tragfähige und wünschenswerte Partnerbeziehungen ist bei allen Typ- und Rollenkombinationen die Erwachsenen-Ich-Haltung des 'Ich bin o.k.–Du bist o.k.–realistisch' (s.Kapitel 5), die besagt: Wir sind beide wichtig, ebenbürtig und wertvoll.

Bei dieser Wertschätzungshaltung vermeiden die Gesprächspartner – trotz ihres jeweiligen Persönlichkeitstyps und ihrer Machtposition – den Abbau ihres Selbstwertes und die Abwertung des Partners. Die offene, bewußte und vertrauensvolle Kommunikation wird dann gleichzeitig auch der Ausdruck dieser Beziehung, die Konfliktlösung und Wachstum ermöglicht und erlaubt.

Dieses Buch möchte den Laien und den Fachmann der helfenden und lehrenden Berufe gleichermaßen ansprechen. Die Auswahl der Texte und die vielfältigen Beispiele sollen es dem TA-Anfänger und dem Fortgeschrittenen ermöglichen, für sich selbst und seine Beziehungen in Partnerschaft, Familie und Beruf Nutzen daraus zu ziehen.

Die Transaktionsanalyse wird hauptsächlich in der Psychotherapie und in den verschiedenen Beratungsformen angewandt. In den letzten Jahren hat sie eine wachsende Bedeutung auch im Erziehungswesen sowie in der Personal- und Organisationsentwicklung bekommen. In der International Transactional Analysis Association, einer gemeinnützigen Gesellschaft, sind über achttausend Personen aus 49 Ländern, die TA beruflich und persönlich verwenden. In der Bundesrepublik Deutschland gibt es die Deutsche Gesellschaft für Transaktionsanalyse (Sekretariat: Stettiner Weg 4, 78o8 Waldkirch 2), die TA-Interessenten über Seminarangebote in Europa und über die verschiedenen Möglichkeiten der Ausbildung und der Mitgliedschaft informiert.

Die Transaktionsanalyse hat seit ihren Anfängen durch Eric Berne in den späten fünfziger Jahren eine Reihe von Ergänzungen und Weiterentwicklungen erfahren. Hierzu gehören vor allem auch die Arbeiten von Fanita English, die ich in diesem Buch zum Teil erstmalig einer deutschsprachigen Leserschaft vorstelle.

Meine langjährige Zusammenarbeit mit Fanita English, vor allem die zahlreichen gemeinsamen Seminarerfahrungen und Supervisionsgespräche, haben auch für meine eigene persönliche Entwicklung Bedeutung bekommen. Das bewußte Erleben und die Analyse meiner Transaktionen mit Familienangehörigen, Freunden, Fremden, Vorgesetzten, Mitarbeitern und Geschäftspartnern haben mir immer wieder geholfen, mich selbst und die anderen und unsere Beziehung besser zu verstehen.

So möchte ich mit der Herausgabe dieses Buches nicht nur Informationen und Erfahrenes weitergeben, sondern auch meinen persönlichen Dank an Fanita für manche einfühlsame Ermutigung und erfrischende Konfrontation auf meinem Lebensweg der letzten Jahre ausdrücken.

Hamburg, im Juni 1980

Michael Paula

EINFÜHRUNG

Ich bin glücklich, Ihnen diesen Sammelband vorstellen zu können. Er enthält Artikel, die ich während der letzten zehn Jahre geschrieben habe, als ich Transaktionsanalyse (TA) praktizierte und unterrichtete. Angeregt wurde ich hierzu sowohl durch die grundlegenden Arbeiten, die wir Eric Berne verdanken, als auch durch Fragen und Herausforderungen meiner Patienten und Ausbildungskandidaten.

Einige meiner eigenen Theorien, die inzwischen in die weltweit unterrichtete, allgemeine TA-Theorie Eingang fanden, habe ich als Antwort auf diese Fragen entwickelt. So entwickelte ich zum Beispiel nach dem Tod von Eric Berne die TA-Theorien über Ersatzgefühle und Ausbeutungstransaktionen. Berne selbst hatte diesen Punkt nicht mehr erreicht, obwohl er die tieferen Ursachen für Ersatzgefühle (rackets) gesucht hatte. Ich bin froh, daß mir dies dank seiner Inspiration gelungen ist — mit guten Ergebnissen für die therapeutische TA-Praxis.
Ich bin auch der International Transactional Analysis Association (ITAA) dankbar, daß sie meinen Beitrag zur Weiterentwicklung der TA-Theorien durch die Verleihung des 'Eric Berne Memorial Scientific Award' im Januar 1979 (vgl. Kapitel 7 über Ersatzgefühle) anerkannt hat.
Ähnlich stolz bin ich auf das Episkript-Konzept (Kapitel14), das ich entwickelt habe und das nun ebenfalls integraler Bestandteil der allgemeinen TA-Theorie geworden ist.
Ich hoffe, daß Ihnen Kapitel 4 eine neue Perspektive zum Thema Scham bringt.
Die kompakte Beschreibung des Dreiecksvertrages in Kapitel 16 stellt ein Konzept dar, das jetzt in vielen Organisationen zur Personalfortbildung benutzt wird, wobei dieses Konzept in Seminaren angeregt wurde, die ich in verschiedenen Ländern, u.a. auch in Deutschland, geleitet habe.

Das weckt einige wehmütige Erinnerungen an den Beginn meiner Arbeit in Deutschland. 1973 folgte ich einer Einladung von H.Petzold und arbeitete in einem Gestalt-Kibbuz des Fritz Perls Instituts mit. TA war damals in Deutschland noch ziemlich unbekannt. Es gab lediglich in Berlin eine deutsche TA-Fortbildungsmöglichkeit. Ich war zu jenem Kibbuz in erster

Linie als Gestalttherapeutin eingeladen worden, da ich einen Teil meiner Ausbildung unter Fritz Perls erhalten hatte. Aber die Kibbuz-Teilnehmer merkten sehr bald, daß ich immer wieder TA-Konzepte hineinschmuggelte. Auf diese Weise fand meine erste TA-Einführung in Europa statt.
Noch in demselben Jahr veranstaltete Michael Paula ähnliche TA-Seminare unter meiner Leitung in München und Hamburg. So half ich mit, in den deutschsprachigen Ländern das Interesse an TA zu vertiefen.

Wieviel ist inzwischen geschehen! TA hat sich in Deutschland sehr schnell entwickelt. Das Tempo erinnert an die Startphase in den USA. Eric Berne wäre über diese Entwicklung sicher sehr stolz, die leider erst nach seinem Tode 197o begann. Für mich ist es aufregend zu erleben, daß es in den deutschsprachigen Ländern immer mehr fortgeschrittene ITAA-Mitglieder gibt; daß es jetzt auch eine Deutsche Gesellschaft für Transaktionsanalyse (DGTA) gibt und daß TA nicht nur von Psychotherapeuten, sondern auch zunehmend von anderen Humanwissenschaftlern verwendet wird.

In den letzten sieben Jahren hatte ich das Glück, mit mehreren tausend deutschsprechenden Teilnehmern zu arbeiten. Die Kurse fanden in unterschiedlichen Settings und Strukturen statt. Zahlreiche Programme wurden von Michael Paula veranstaltet, andere wiederum von unterschiedlichen kirchlichen Organisationen, Beratungsstellen, medizinischen und psychoanalytischen Instituten, von privaten Veranstaltern – wie dem Odenwald-Institut für personale Pädagogik – von den Universitäten Heidelberg und Zürich, sowie von anderen Organisationen in der Schweiz, zuletzt auch von ISKO, wo dieses Buch verlegt wird.
Für mich ist schließlich erfreulich, daß das Fernsehen im dritten Programm ausführlich meine Arbeit im Rahmen einer Reihe für neuere psychotherapeutische Verfahren vorstellte.

Durch die Initiative von Michael Paula und von Hilarion Petzold wurden mehrere meiner früheren Artikel 1976 veröffentlicht in dem Buch „Transaktionale Analyse und Skriptanalyse". Die Übersetzung besorgte seinerzeit vorwiegend Birger Gooss, der inzwischen fortgeschrittenes Mitglied der ITAA ist. Dieses Buch war sehr bald vergriffen.
Um die alten und die inzwischen neu vorliegenden Arbeiten den an TA Interessierten zugänglich zu machen, wurde dieses neue Buch geplant.

Sie werden in den verwendeten Fachbegriffen eine durchgehende Übereinstimmung vermissen. Dies reflektiert nicht nur Nuancen in der Übersetzung, sondern eben die Tatsache, daß sich einige meiner Ideen mit zunehmender klinischer Erprobung wandelten. Ich hoffe, daß terminologische Widersprüche keine größeren Schwierigkeiten beim Verstehen der Konzepte machen.

Das vorliegende Material verlangt ein gewisses Basis-Wissen über die allgemeinen TA-Konzepte. wie Ich-Zustände und Transaktionen etc. Der Leser kann sich dieses Wissen aus Kapitel 1 verschaffen. Ich schrieb diesen allgemein verständlichen Artikel 1973 für 'Psychology Today'.

Denjenigen, die die grundlegenden Unterschiede zwischen dem klassischen 'Spiele'-Konzept von Berne und meinem eigenen 'Racket-System'-Konzept verstehen möchten, empfehle ich Kapitel 10 und Kapitel 13. Sie beinhalten die von mir weiter entwickelte TA-Theorie. Sie legen die Frage nahe, wieweit das frühe, deterministische Konzept des 'Lebensskripts' einer Revision bedarf.

Ich bin sicher, daß sich TA weiter entwickeln wird. Ich freue mich auch über die Entfaltung der TA-Konzepte, einmal hinsichtlich der praktischen Anwendungen ihrer festen theoretischen Grundlagen, zum anderen auch deshalb, weil TA für mich – und hoffentlich auch für Sie – ein sich entwickelnder lebendiger Organismus von Theorie und Praxis ist, durch den wir uns alle persönlich und beruflich kreativ entfalten können.
Mein Ziel für dieses Buch ist nicht nur, das zu beschreiben, was ich denke, sondern auch in Ihnen neue Ideen anzuregen.

Und jetzt möchte ich Dir, Michael Paula, und Euch, Renate und Klaus Vopel, danken für die Gelegenheit, einige meiner Ideen dem deutschsprechenden Publikum vorzustellen.

Philadelphia 1979

Fanita English

Kapitel 1
STELLA – EIN BEISPIEL FÜR DIE BEHANDLUNG VON TRANSAKTIONSANALYSE UND SKRIPTANALYSE

„Also David hat gerade seine Stellung verloren, und er wird mich nicht heiraten können", seufzte Stella, als die Gruppentherapiesitzung in Transaktionsanalyse (TA) begann. „Ich hatte so große Hoffnungen, aber – das ist eben mein Schicksal! Jetzt ist alles wieder festgefahren." Mit einem schiefen Lächeln strich sie ihr langes blondes Haar zurück.
„Zu dumm, die Sache mit Davids Job", sagte Bill. „Aber - ich meine - warst du nicht ganz verrückt nach David nach deiner Enttäuschung mit John?"
„Erinnere mich nicht an diesen Schuft", sagte Stella bitter, „ich war so glücklich mit ihm, nachdem Victor nach Europa gegangen war. Vielleicht ist es falsch, aber ich hab's aufgegeben, mich um Männer zu bemühen. Ich werde wohl lesbisch werden." Sie blickte erwartungsvoll in die Runde.
„Schau dich um", gab Bill zurück, „es gibt einige nette Jungs hier – du weißt schon – zum Beispiel..."
„Ach was", sagte Stella, wandte sich ab und weinte.
„Ah, du kommst schon wieder mit deiner Heulmaschine", warf George gereizt ein, „na schön: Du tust uns allen schrecklich leid, Stella! Bist du nun zufrieden?"
„Sicher ist es leicht für dich mich anzugreifen, George", sagte Stella mit plötzlicher,ärgerlicher Würde und trocknete ihre Tränen, „aber wir wissen alle, daß du nicht so aggressiv bist, wenn du es mit deinem Chef zu tun hast."
„Du bist zu Stella wirklich gemein gewesen, George", sagte Gina, eine mütterlich aussehende Frau, die noch nicht lange in der Gruppe war. „Wenigstens hier sollte man freundlich miteinander sein."
„Danke, Gina", weinte Stella, „du verstehst wenigstens, daß ich unglücklich bin..."
Als sich Gina mit einem wohlwollenden Kopfnicken Stella zuwandte, beugten sich vier andere Mitglieder der aus acht Patienten bestehenden Gruppe vor – im Begriff einzugreifen, aber da wurde der Prozeß von der Therapeutin unterbrochen, die Kreise und Linien auf einen großen Papier-

block malte, den sie auf dem Schoß hielt.
Eine Gruppentherapeutin, die den Gruppenprozeß unterbricht???
Ja, TA-Therapeuten tun das gezielt, um in Transaktionen, die zwischen den Gruppenmitgliedern ablaufen, einzugreifen oder bestimmte Transaktionen hervorzuheben.

Ohne sich dessen bewußt zu sein, hatte Stella hier demonstriert, wie sie ein tragisches 'Skript' ausführt, wodurch sie sich selbst dazu verurteilte, die Beziehungen zu allen Männern, die ihr wichtig waren, abzubrechen und schließlich einsam und verbittert zu werden.

Um diesen kleinen Ausschnitt aus einer TA-Sitzung verstehen zu können — und auch die Art und Weise, wie scheinbar unbedeutende Transaktionen das Leben der jeweiligen Person widerspiegeln — müssen wir uns die Theorie der Ich-Zustände, Transaktionen und Skripte ansehen, sowie die Mechanismen, die die Transaktionen bestimmen.
Wir werden dazu die Personen aus unserem Beispiel benutzen.

Ein Ich-Zustand ist ein zusammenhängendes System von Gefühlen und Gedanken, das sich im Hier und Jetzt manifestiert. Die drei Systeme, Eltern-Ich, Kind-Ich und Erwachsenen-Ich, funktionieren alternierend und wechseln von Minute zu Minute als Folge innerer Zwiegespräche, als Folge von Transaktionen mit anderen oder von Veränderungen in den gegenwärtigen Umweltbedingungen. Wir haben die Wahl, aus diesem oder einem anderen Ich-Zustand heraus zu agieren.
Oft wird die Wahl auf der Basis einer frühen Programmierung des Kind-Ich getroffen — möglicherweise ohne daß wir dies im Augenblick deutlich wahrnehmen — aber diese Wahl ist nicht notwendigerweise unbewußt. Autonomie liegt in der Freiheit und Fähigkeit, rechtzeitig über den in jeder Minute gerade angemessenen Ich-Zustand meine eigene Wahl zu treffen, ohne von anachronistischen Bedürfnissen und Programmierungen bedrängt oder getrieben zu werden. Hierdurch können neue Wege zur Kreativität und echter Intimität eröffnet werden.

Der Ich-Zustand kann eher am Tonfall, an Gesten, am Gesichtsausdruck, an der Körperhaltung erkannt werden als an den inhaltlichen Aussagen. Aus diesem Grund arbeiten TA-Therapeuten gern mit einem Tonbandgerät, um den Tonfall noch einmal hören zu können, wenn sie die Aufmerk-

samkeit auf den Ich-Zustand eines bestimmten Patienten lenken wollen. Außerdem veranschaulichen TA-Therapeuten die Ich-Zustände durch graphische Darstellung, um den Wechsel der Ich-Zustände innerhalb einer Person oder auch Transaktionen zwischen den jeweiligen Ich-Zuständen zweier Personen zu verdeutlichen.
Transaktionen werden den Patienten durch Verbindungslinien zwischen den beteiligten Ich-Zuständen veranschaulicht.

In dem Ausschnitt der TA-Sitzung, der oben wiedergegeben wurde, brachte sich Stella mit ihrem Kind-Ich ein, um damit nach einem fürsorglichen Eltern-Ich zu suchen, mit dem sie eine 'Parallel-Transaktion' (in diesem Fall Kind-Ich an Eltern-Ich und Eltern-Ich an Kind-Ich) aufbauen könnte. Gina richtete sich mit ihrem kritisierenden Eltern-Ich an George und blieb im Eltern-Ich, wenn nun auch in dem anderen, dem fürsorglichen Teil, um Transaktionen mit Stella aufzunehmen.
Als die Therapeutin unterbrach, waren sie im Begriff, eine Transaktion weiterzuführen, die so aussehen würde:

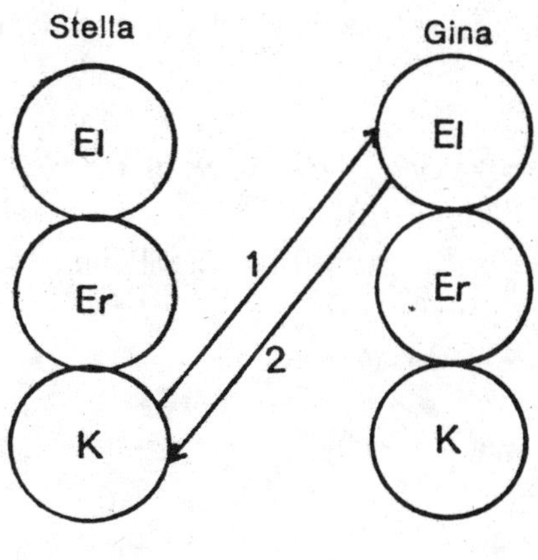

(1) „Ich bin so unglücklich!"
(2) „Du Arme!"

Die parallel verlaufenden Verbindungslinien komplementärer Transaktionen zeigen an, daß diese beiden beliebig lange miteinander kommunizieren können, solange jede von ihnen im gewählten Ich-Zustand bleibt. Das ist manchmal sehr angenehm für beide Teile, aber manchmal wird auch deut-

lich, daß ein Ersatzgefühl (racket), d.h. eine Ausbeutungs-Komplementär-Transaktion (racketeering) stattfindet – daß die Gesprächspartner im Verlauf der Transaktion ziemlich künstlich ein Verhaltensmuster aus der Kindheit wiederholen, um einander Streicheleinheiten zu geben, ohne dabei andere Gefühle und Gedanken bewußt werden zu lassen, weil diese Gefühle in der Kindheit verboten waren oder keine Streicheleinheiten brachten.
Dies traf bei Stella zu, wie später bei der Erörterung ihres Skripts deutlich werden wird. Aus Gründen, die in ihrer sehr frühen Kindheit wurzelten, wollte sie nicht wahrhaben, daß ihr Pech mit Partnern keineswegs nur eine Häufung unglücklicher Zufälle war. Hier in der Therapiesitzung wiederholte sie mit Bill und George ein Stück aus ihrem zurückweisenden Verhalten allen Männern gegenüber, wollte aber gleichzeitig vermeiden, sich dessen bewußt zu werden, indem sie eine in ihrem Ablauf vorhersehbare, scheinbar sichere und sich wiederholende Transaktion mit Gina aufnahm.

Nachdem Stella ihre anfängliche Klage vorgebracht hatte, reagierte Bill scheinbar aus dem Erwachsenen-Ich. Tatsächlich inszenierte jedoch sein Kind-Ich eine überdeckte Transaktion, ohne dabei die erhoffte Antwort zu bekommen.

Eine überdeckte Transaktion besitzt sowohl eine offenliegende als auch eine verdeckte Ebene. Die beabsichtigte Botschaft wird nonverbal vermittelt – unter dem Schutz einer scheinbar sachlichen, nach Erwachsenen-Ich klingenden Äußerung.
Die Transaktion verlief folgendermaßen:

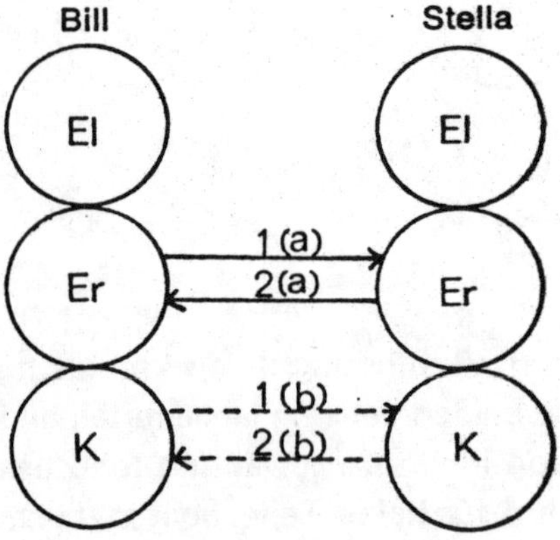

1 (a) Scheinbar aus dem Erwachsenen-Ich: „Es gibt einige nette Jungs hier."
Verdeckt, vom Kind-Ich: „Wie wär's mit mir?" 1 (b)
2 (a) Scheinbar aus dem Erwachsenen-Ich: „Ach was..."

Als ihn Stella zurückwies, fühlte sich Bill wahrscheinlich enttäuscht. Er konnte nun zwischen verschiedenen Ich-Zuständen wählen. Er wählte sein Erwachsenen-Ich und vergegenwärtigte sich, daß es viele Leute gab, die ihn mochten, und daß ihn nicht notwendigerweise alle Leute mögen müßten, damit er sich o.k. fühlen kann. Ohne Unbehagen entschloß er sich, seine auf Stella zielenden Bemühungen zunächst einzustellen und — was wichtiger war — er entschloß sich, diese Episode nicht dazu zu benutzen, in Ärger oder verletzten Gefühlen zu verharren, die ihm ein Recht auf Schmollen oder Rückzug aus dem Gruppengeschehen geliefert hätten. Das Einsammeln und Horten solcher Rechte nennt man „braune Rabattmarken sammeln".

Bill war kurz vor Abschluß der Therapie. Früher hätte er die Transaktionen mit Stella dazu benutzt, einen alten Glaubenssatz aus seinem Eltern-Ich zu bestätigen, wie er ihn von der Mutter zu hören gewohnt war: „Du kannst tun, was du willst — man wird dich nicht anerkennen." Das hätte ihm dann erlaubt zu schmollen oder betonte Überheblichkeit bzw. Feindseligkeit gerade denjenigen entgegenzubringen, zu denen er eigentlich am freundlichsten sein wollte.
Diesmal benutzte er lieber sein Erwachsenen-Ich und nicht das verletzte Kind-Ich oder das selbstgerechte Eltern-Ich, um mit der Enttäuschung fertigzuwerden. Einige Minuten später war er deshalb fähig, sich unbefangen mit anderen, ihn interessierenden Vorgängen zu beschäftigen.

Wäre Stella willens gewesen, Bill positiv zu antworten, dann hätte sie natürlich mit einer anderen, einer überdeckten (2b) Transaktion geantwortet, wie etwa: „Du könntest mir gefallen" und Bill hätte dann vielleicht gehofft, daß es zu unverdeckten und direkten Kind-Kind-Transaktionen kommen würde, die zur Intimität führen.

Bei einer Verwirklichung von Kind-Kind-Transaktionen müssen auch einige Erwachsenen-Erwachsenen-Transaktionen mit einbezogen werden, die die reale Umwelt berücksichtigen, aber die Kommunikation kann so lange weitergeführt werden, wie beide aufeinander eingespielt sind und stets gleichzeitig in die einander entsprechenden Ich-Zustände wechseln, während sie miteinander zu tun haben.

Im Gegensatz dazu gibt es auch Überkreuz-Transaktionen, durch die die Verständigung unterbrochen wird. Das geschieht, wenn die an einen bestimmten Ich-Zustand gerichtete Botschaft von einem anderen als dem angesprochenen Ich-Zustand her beantwortet wird, so daß sich die Verbindungslinien der Transaktion kreuzen.
So richtet sich zum Beispiel Georges kritisierendes Eltern-Ich an Stellas Kind-Ich, vielleicht in der Hoffnung, eine Komplementär-Transaktion mit ihrem reumütigen, angepaßten Kind-Ich einzuleiten. So agiert er oft mit seiner Frau, mit deren angepaßtem Kind-Ich sein kritisches Eltern-Ich täglich komplementäre Transaktionen führt, durch die er sich groß und wichtig fühlt, obwohl er sich in der Arbeitswelt eigentlich selbst oft als angepaßtes Kind verhält.
Aber stattdessen kreuzte Stella die Transaktion, um ihn damit abzuwehren. Hierzu war ein Wechsel des Ich-Zustandes notwendig. Dies bot ihr eine vorübergehende Erleichterung, weil sie damit eine spätere Periode ihrer persönlichen Entwicklung reproduzierte als bei den Ersatzgefühlen aus der frühen Kindheit. Das folgende Diagramm veranschaulicht die Operation, die zum Spielgewinn gegen George führte. Stella schaltete ins Eltern-Ich über und wandte sich mit ihrem kritischen Eltern-Ich an Georges Kind-Ich.

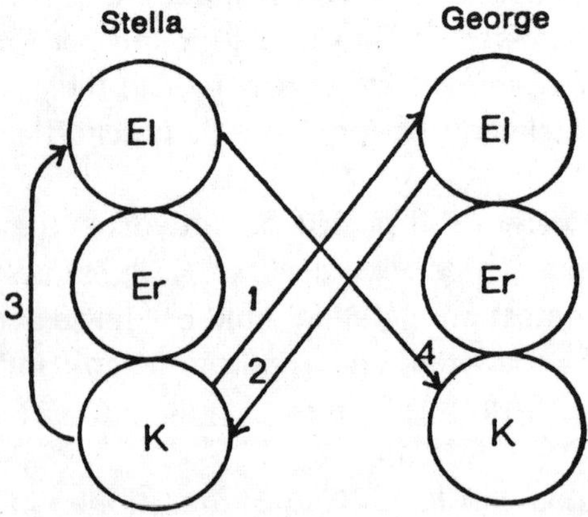

(1) Kind sucht ein fürsorgliches Eltern-Ich: „Ich bin unglücklich."
(2) Stattdessen mit kritisierendem Eltern-Ich: „Das ist ein Erpressungsver-

such (racket)."
(3) Innerlich ins Eltern-Ich schaltend:„Mutter, mach du weiter, du weißt wie."
(4) Im Eltern-Ich, das dem ihrer unangenehmen, kritischen Mutter entspricht zu Georges Kind-Ich:„Du taugst ja selber nichts."

Zu welchem Zweck finden überhaupt Transaktionen statt? Berne sagt, um "strokes' ('Streicheln', Streicheleinheiten) auszutauschen. Mit dem Begriff stroke bezeichnet man eine Einheit der Zuwendung und erinnert gleichzeitig daran, daß auch das kleine Kind die erste und lebenswichtige Zuwendung in Form von körperlichen Handreichungen und Streicheln erfährt. (René Spitz und andere haben überzeugend nachgewiesen, daß das Überleben kleiner Kinder tatsächlich vom Streicheln, das sie zusätzlich zur Nahrung, Kleidung und Schutz erhalten, abhängt. Wird ihnen Körperkontakt entzogen, so sterben sie an Marasmus.)
Nach der Kindheit kleiden wir vieles in Symbole. Wir erleben Streicheleinheiten durch Signale wie Lächeln, Stirnrunzeln, Stimmfall und schließlich auch Worte; mitunter können wir Streicheleinheiten sogar erfahren ohne die reale Anwesenheit eines anderen Menschen, indem wir zum Beispiel einen Brief lesen, oder indem wir uns die Reaktion eines bestimmten Menschen vorstellen oder in die Erinnerung zurückrufen. Das ist möglich, weil wir Streicheleinheiten auch speichern können, um später davon zu zehren. Und wie auch der Hunger nach Nahrung wiederkehrt, so besteht auch ein beständig anhaltender Hunger nach wirklichem Streicheln, das nur in der aktuellen Transaktion mit anderen erlebt werden kann.

Das Kleinkind braucht sehr viele Streicheleinheiten zum bloßen Überleben, sie sind der Faden, an dem das Leben hängt. In ihrer Hilflosigkeit können die Kinder es sich nicht aussuchen, welche Sorte von Streicheleinheiten sie erhalten. Sie sammeln gierig alles, was sie von der Familie angeboten bekommen: positive, negative oder 'crooked' (unehrliche) Streicheleinheiten — selbst wenn Gift mitgeliefert wird. Für das Kind, das nicht gerade daran stirbt, bedeuten diese wie auch immer gearteten Streicheleinheiten die häusliche Kost, die ihm das Überleben ermöglicht, und an die es sich gewöhnt.

Ein kleines Kind ist dem Kind-Ich der leiblichen Eltern besonders verbunden. Deshalb hat jede verdeckte Botschaft des elterlichen Kind-Ich, die mit Streicheleinheiten zusammen vermittelt wird, eine größere Einwirkung als die offene Nachricht.

Wenn mit dem Streicheln immer wieder solche verdeckten Botschaften mitvermittelt werden – und das ist natürlich der Fall, da sie ja starke Gefühle des mütterlichen oder väterlichen Kind-Ich repräsentieren – dann werden sie vom Kind ich als 'Überlebensregeln' erlebt; es sind nonverbale Ge- oder Verbote von allmächtigen und willkürlichen Herrschern, Riesen oder olympischen Göttern, die Gewalt über Leben und Tod besitzen.

Übersetzt man diese Überlebensregeln in Worte, so findet man eine Abstufung von „Leide und schreie!" über „Sei hilflos verwirrt!" und „Sei wie tot!" bis zum „Stirb!". Dieses letzte Gebot wird sogar von einigen Kindern befolgt, indem sie in früher Kindheit sterben. Andere, die Koliken, Asthma oder sonst irgendein Leiden entwickeln, erhalten dadurch einige zusätzliche Streicheleinheiten von einem fürsorglichen Eltern-Ich, so daß sie entdecken, daß sie die Auswirkung möglicher Lebensbedingungen vermeiden können – aber dafür einen Preis zahlen.

Sie überleben und wachsen körperlich, entwickeln aber ein künstliches Hilfssystem, um Streicheleinheiten zu erlangen – was zu emotionalen Erpressungsmechanismen bzw. Ausbeutungstransaktionen führt – und sie internalisieren die Gebote als bestimmende Faktoren für ihr künftiges Fühlen und Verhalten.

Es mag dem Leser unglaubhaft erscheinen, daß ein Kind, selbst unter starkem Zwang, in der Lage sein sollte, Verträge im Sinne von „jetzt nehmen, später zahlen" einzugehen, die seine Zukunft verpfänden. Im Märchen findet man jedoch dieses Handlungsprinzip häufiger, und die Kinder haben keinerlei Schwierigkeiten, es zu verstehen, da es so sehr ihrem eigenen inneren Erleben entspricht. So webt zum Beispiel Rumpelstilzchen Gold für die Heldin unter der Bedingung, daß sie verspricht, ihm später ihr Kind zu geben. Der Frosch beschafft den goldenen Ball der Prinzessin unter der Bedingung, daß sie ihn später mit in ihr Bett nehmen wird usw. Natürlich finden sich in den Märchen auch mehr oder weniger erfolgreiche Versuche, der Erfüllung solcher erzwungener Versprechen auszuweichen; das ist aber ein anderes Thema. Wichtig ist in diesem Zusammenhang, daß kleine Kinder recht gut wissen, was es bedeutet, gezwungenermaßen Verpflichtungen einzugehen, die eine massive Belastung ihrer Zukunft darstellen. Die gefährlichen Überlebensschlußfolgerungen (survival conclusions) kommen daher und auch die 'hot-potato'-Transaktionen im späteren Leben.

Die verinnerlichten Gebote werden im Kind-Ich des erwachsenen Menschen verwahrt und bestimmen das ganze Leben lang seine Gefühle und sein Verhalten – es sei denn, sie werden irgendwann aufgedeckt und durch eine Neuentscheidung unter Verwendung des Erwachsenen-Ich gelöscht. Tragische Verläufe zeigen uns, daß das Kind-Ich eines Erwachsenen miteinander unvereinbare Überlebensschlußfolgerungen beinhalten kann bis hin zu einer so widersinnigen Regel wie: „Um zur Kenntnis genommen (gestreichelt) zu werden, muß ich... mich umbringen, getötet werden, jemanden töten" usw.

Zusätzlich hält das Kind-Ich des Erwachsenen an der Überzeugung fest, daß die spezielle Form der Streicheleinheiten, die seine Kindheit bestimmten, die einzig wertvolle überhaupt ist. Das ist günstig für jemanden, der mit einem hohen Anteil positiver Streicheleinheiten aufgewachsen ist, da er diese dann auch künftig anerkennen und so häufig wie möglich austauschen wird. Er wird dabei – auch wenn er es gar nicht darauf anlegt – in Transaktionen mit anderen stets reichlich positive Streicheleinheiten erhalten und er wird sich o.k. fühlen („Wer hat, dem wird gegeben werden...").

Tragisch ist, daß die Regel, daß man immer wieder auf seine 'gewohnte Diät' zurückgreift, auch für die Menschen gilt, die mit einem großen Anteil negativer Streicheleinheiten aufgewachsen sind. Solche Menschen erstreben ständige Bestrafung, zum Beispiel indem sie straffällig oder süchtig werden und sich erwischen lassen.

Ganz ähnlich suchen Menschen, die mit einem hohen Anteil von unehrlichen Streicheleinheiten aufgewachsen sind, diese immer wieder zu erlangen. Das Rezept für unehrliche Streicheleinheiten ist allerdings kompliziert, da es sowohl eine offensichtliche Eltern-, als auch eine verdeckte Kind-Botschaft beinhaltet. So inszenieren Menschen, die mit dieser Diät aufgewachsen sind und sie sich wieder verschaffen wollen, sogenannte Spiele, mit denen sie ihre Mitmenschen veranlassen wollen, mit ihnen in eine Transaktion einzutreten, die ihren Kindheitserfahrungen entspricht.

Ausbeutungstransaktionen stellen den anhaltenden Versuch dar, künstlich eine Serie fortlaufender Komplementär-Transaktionen eines bestimmten Typs aufrechtzuerhalten. Diese Transaktionen stellen eine Wiederholung des in frühester Kindheit eingeübten Streichelmusters dar, unter Einbeziehung des damals entwickelten künstlichen Hilfssystems. Auch ein Spiel ist eine Wiederholung kindlicher Erfahrungen. Es stammt jedoch aus einem etwas später liegenden Abschnitt der Kindheit, in dem sich schon ein zusammenhängendes Eltern-Ich ausgebildet hatte.
Im Unterschied zu Ausbeutungstransaktionen gehört zu einem Spiel per definitionem ein plötzlicher Wechsel im Ich-Zustand des Spiels (vgl. das Diagramm auf S. 10). Das Spiel endet immer mit einer gekreuzten Transaktion. Daher erfordert das Ende eines Spiels keine Streicheleinheiten, aber es wiederholt die früheren Erfahrungen des Entzugs von Streicheleinheiten. Das Ende eines Spiels hat einen Trostpreis. Die Person gibt sich selbst innere Streicheleinheiten, indem sie sagt: „So ist es immer.“ Sie bestätigt damit die aus dem dritten Lebensjahr stammende existentielle Position, mit der wir uns an anderer Stelle befassen.

Wir können zum Beispiel an Stella beobachten, wie sie jetzt mit siebenundzwanzig Jahren ständig bemüht ist, Ausbeutungstransaktionen mit einer Mutter-Figur zu inszenieren, um die archaischen unehrlichen Streicheleinheiten zu erlangen, mit denen sie aufgewachsen war. (Ihre Mutter liebte sie nicht und gab ihr Todesbotschaften aus ihrem Kind-Ich und falsche tröstende Streicheleinheiten aus ihrem schuldgeplagten Eltern-Ich, wenn Stella jammerte, weil sie sich als gute Mutter zeigen wollte.)

Mit George wollte Stella nur mit einer gekreuzten Spiel-Transaktion enden, denn dadurch wiederholte sie mit ihrem Eltern-Ich das kritische Benehmen, das ihre Mutter dem Vater gegenüber gezeigt hatte, und das sie als Kind ständig miterlebte. Den größten Teil ihrer Kommunikation bestritt Stella mit einem immer wiederkehrenden Klagelied, einem „Ach, ich Unglückliche“—Ersatzgefühl (bevorzugt von Frauen), wobei sie Sympathie signalisierende Streicheleinheiten von einem fürsorglichen Eltern-Ich (hier Gina) suchte. Sie pflegte dies — wenn möglich — solange fortzuführen (das hatte sich in früheren Gruppensitzungen gezeigt), bis das Kind-Ich des eingespannten Partners insgeheim verbittert wurde, woraufhin sie diesen Betreffenden mit noch mehr Tränen zu überschwemmen pflegte, so daß sie durch das endliche Drängen der anderen Person auch die Exasperation der

Mutter wieder empfinden konnte. Hieraus können wir folgern, daß Stella ihre frühkindlichen Streicheleinheiten von einem weiblichen schuldgeplagten und fürsorglichen Eltern-Ich erhielt, dessen Kind-Ich darüber verbittert war, daß es für Stella sorgen sollte. Offenbar war sie von der Mutter mit unehrlichen Streicheleinheiten aufgezogen worde (vordergründig positiv, verdeckt jedoch negativ). Da Unglück durch Männer Stellas bevorzugte Strategie zur Erlangung von Streicheleinheiten darstellte, könnten wir auch zusätzlich vermuten, daß Stella als Kind schon spürte, daß gestörte Beziehungen mit ihrem Vater ihre Aussichten auf Streicheleinheiten durch die Mutter verbesserten – anders gesagt: daß das Kind-Ich der Mutter es gern sah, wenn Stella über den Vater unglücklich war.

Stellas Gesicht zeigte immer einen Anflug von einem Lächeln, wenn sie über ein besonders abstoßendes Verhalten eines ihrer Freunde berichtete, unddies bestätigte die Vermutung, daß das Kind-Ich der Mutter froh war – und dies sich auch im Gesicht der Mutter ausdrückte – wenn Stella ihren Vater zurückwies oder von ihm zurückgewiesen wurde, und daß die Mutter es übelnahm, wenn Stella positive Gefühle für den Vater zeigte.

Die letztere Schlußfolgerung entspricht der Tatsache, daß eine zusätzliche Ausbeutungstransaktion darin besteht, ersatzweise Streicheleinheiten aus den mit dem künstlich inszenierten Ersatzgefühl verbundenen Gefühlen zu erlangen. Mit diesen Gefühlen werden andere in der Kindheit als verboten deklarierte Empfindungen zugedeckt. Wir konnten vermuten, daß das mütterliche Kind-Ich Stella auf subtile Weise davon abgehalten hatte, positive Gefühle für ihren Vater zu äußern, denn in der Gruppe hatte sich Stella – obwohl sie sich zu Bill hingezogen fühlte – von diesem abgewandt, um lieber eine Transaktion mit Gina zu arrangieren. Wann immer es ihr nicht gelang, einen Partner für ein racket zu angeln (wie zu sehen war, hatte Gina im einleitenden Dialog nicht sofort 'angebissen'), wechselte Stella in ihr Eltern-Ich. Sie reproduzierte dabei das Eltern-Ich der Mutter, wie sie es durch Identifikation internalisiert hatte.

Aus dem Ergebnis des Spielgewinns, das Stella anstrebte, als sie sich im Eltern-Ich befand, konnten wir im Hier und Jetzt sehen, daß eine typische gekreuzte Transaktion zwischen ihrer Mutter und ihrem Vater abgelaufen sein mußte: Das Spiel spiegelt häufig einen Mikro-Ausschnitt aus einer für die Kindheit typischen Dreiecksszene. So war klar, daß die kleine Stella gelernt hatte, sich an die Mutter zu wenden, um den Vater anzugreifen, wann immer er sich nicht als fürsorglicher Elternteil verhielt. Obwohl die Mutter Stella mit ihrem Kind-Ich nicht liebte, war sie doch in ihrem Eltern-Ich eine verantwortungsvolle Mutter. Im Karpman-Dreieck sah sich Stella als Opfer und den Vater als Verfolger. Dann wurde die Mutter die Retterin, obwohl sie sonst Stella oder dem Vater gegenüber in der Verfolgerrolle war. In diesem Fall waren die Rollen Opfer/Retter zwischen dem Vater und Stella geteilt.

In der Gruppe hatte Stella immer stärker darauf hingearbeitet, von den Frauen racket-Streicheleinheiten zu erhalten und von den Männern Spielgewinne zu ergattern. Beschleunigung und Intensivierung von Spielen sind Warnzeichen, daß ein Patient eventuell auf ein schmerzliches oder sogar tragisches Lebensziel zusteuert.

Rückblenden auf Stellas frühe Kindheit bestätigen einiges von dem, was wir sahen. Stella berichtete uns, daß ihre Mutter – heute eine erfolgreiche Schriftstellerin – zum Zeitpunkt von Stellas Geburt hart um ihre Existenz zu kämpfen hatte. Sie war zur Häuslichkeit verurteilt mit einem Ehemann, der – wie Stella ihre Mutter zitierte – „unverantwortlich, arbeitslos und obendrein ein Säufer" war. Die Mutter hatte ihn schließlich „hinausgeworfen", als Stella im Schulalter war und sie ihn nicht länger als „Babysitter" brauchte.

Man kann hieraus vermuten, daß das Kind-Ich der Mutter über den Vater wütend und über Stellas Existenz – die sie zur Fortführung der Ehe zwang – in Konflikt geraten war, und vielleicht hatte Stella in den Streicheleinheiten etwas davon gespürt. Natürlich hatte Stella uns das nicht so ausführlich berichten können, da das Eltern-Ich der Mutter offensichtlich für sie gesorgt hatte, besonders wenn sie weinte. Das Muster setzte sich bis in die gegenwärtige Beziehung fort, etwa dadurch, daß die Mutter lange und sorgenvolle Briefe schrieb, in denen sie Stella wegen ihrer Schwierigkeiten mit Freuden bedauerte.

Stella hatte nur verschwommene Erinnerungen an ihren Vater. Es hatten sich einige Bilder eingeprägt, die ihn auf dem Spielplatz zeigten, wie er sie fröhlich schaukelte. Andere Gefühle waren ambivalent. Sie erinnerte sich, mit ihm gelacht zu haben, während sich die Mutter im Arbeitszimmer eingeschlossen hatte. Manchmal war er unberechenbar, wenn er mit ihr spielte. Bei solchen Gelegenheiten pflegte sie auszurufen: „Vati ist betrunken!" und: „Geh weg, Vati!" Dann kam in der Regel die Mutter und zog ihn weg. Sie konnte sich auch daran erinnern, daß sie ihn, nachdem er schließlich von der Mutter hinausgeworfen worden war, schrecklich vermißte und viel um ihn weinte. Sie sah ihn nur noch einmal, als er volltrunken durch das Fenster in ihr Zimmer zu steigen versuchte (sie war sechs Jahre alt). Die Mutter hörte den Lärm und vertrieb ihn, indem sie mit der Polizei drohte.

Wir können sehen, wie Stellas Ersatzgefühle und Spiele zusammengenommen uns nicht nur einen Blick in ihre ganz frühe Vergangenheit ermöglichen, sondern auch auf eine verhängnisvolle Zukunft hinweisen, auf die wir später bei der Behandlung ihres Skripts eingehen werden.

Durch die Beschreibung von Transaktionsspielen in der Umgangssprache in seinem Bestseller „Spiele der Erwachsenen" wurde Eric Berne 1964 populär und umstritten. Da seine Sprache die des Mannes auf der Straße war, übersahen viele etablierte Therapeuten Bernes Genie und sein entschlossenes Engagement für eine effektive Behandlung, das ihn dazu führte, seine gesicherte Praxis als Psycho- und Einzeltherapeut aufzugeben zugunsten der stark exponierten Arbeit mit TA, einem Behandlungsverfahren, das in einer Gruppe erfolgt, in der die Patienten lernen, dasselbe Handwerkszeug zu gebrauchen wie der Therapeut.

Bernes Erkenntnisse stammten aus der klinischen Praxis und aus seinen Erfahrungen als Armee-Psychiater im Zweiten Weltkrieg. Unter dem Druck, schnell eine Diagnose bei ihm unbekannten Soldaten stellen zu müssen, beobachtete er, wie seine intuitive Ahnung sich oft als genauer herausstellte als die Ergebnisse komplizierter Explorationen. Mit anderen Worten: Berne begann sich für die verschiedenen Aspekte des Phänomens zu interessieren, das er später den Kind-Ich-Zustand nannte. Er entdeckte sein eigenes Kind-Ich, das seiner Patienten und die Art, wie die Kind-Ich-Zustände zweier Menschen miteinander nonverbal kommunizieren. Er entschloß sich, dieses Phänomen verständlich zu formulieren und auch Wege zu finden, daß jeder Patient — nicht nur der Therapeut — intuitive Wahrnehmungen in ein System übersetzen könne, durch das man versteht, wie frühe Einflüsse das gegenwärtige Leben beeinflussen, und wie man sich ihrer Macht erwehren kann.

Bei diesem Unterfangen stellte sich dann folgende Frage: Was sind die wesentlichen Determinanten einer Kommunikation oder therapeutischen Intervention zu einem beliebig gegebenen Zeitpunkt? Berne entwickelte die Transaktionsanalyse als eine Methode, dieses Problem anzugehen. Der Gebrauch von TA ermöglicht dann die Skriptanalyse, durch die – wie wir später sehen werden – ein Patient Entscheidungen, die er in der Kindheit getroffen hat, und die seinen weiteren Lebenslauf beeinflussen, erkennen und – wenn er es will – verändern kann.

Ein Forscher, der die Grundannahme der TA durchmustert, wird Verbindungen zu allen Sparten dynamischer Psychologie finden: zu Freud, Sullivan, Erikson, Federn, Melanie Klein, Jung und Adler. Wir sehen auch, daß Jean Piagets Arbeiten über die Entwicklung des Denkens eine unumgängliche Grundlage sind.

Psychoanalytiker, insbesondere Erikson, haben die Stadien emotionaler Entwicklung herausgearbeitet, Piaget hat sich den Stadien der intellektuellen Entwicklung zugewandt. Es fehlt noch an Forschungen über die Korrelation dieser beiden Aspekte der kindlichen Entwicklung, obwohl sie in der Praxis unlösbar miteinander verzahnt sind. Für TA-Therapeuten, die in der Lage sind, den ständigen Wechsel der Kind- und Eltern-Ich-Zustände zu erkennen, wird es deutlich, daß archaische oder bestenfalls überholte Empfindungs- und Denkweisen jederzeit in einem Menschen auftreten können, unabhängig von seiner emotionalen oder intellektuellen Reife. Im Kind-Ich besteht das Denken aus kreativer Intuition und Vorahnungen – ebenso aber auch aus verschrobenem magischen Denken und aus bestimmten Panikzuständen. Ähnlich repräsentieren Werturteile – sowohl gesunde als auch Vorurteile – das Denken im Eltern-Ich. Das Verhalten wird nicht nur durch die Gefühle, sondern auch durch verstandesmäßige Entscheidungen bestimmt. Überlebensschlußfolgerungen und Entscheidungen, die im Kind-Ich entstehen, sind stark verschieden von solchen, die von derselben Person wenige Minuten früher oder später aus dem Eltern-Ich entstehen – und wieder anders von möglichen Schlußfolgerungen im Erwachsenen-Ich. Ein TA-Therapeut, der mit Erikson und Piagets Entwicklungsstufen vertraut ist, kann besser erkennen, wie das Fühlen und Denken eines Patienten ineinanderfließen, wenn er sich in einer schwierigen Situation befindet. Daher kann er in jedem Augenblick den günstigsten Ansatz für eine Intervention wählen.

Bernes ganz persönliches Verdienst jedoch war die besondere Kombination von Theorie und Praxis, das Umsetzen der komplizierten Theorien von zahlreichen Autoren in eine Methode, die dem betroffenen Patienten seinen 'Fall' voll verständlich macht, so daß er ein verständiger, aktiver Co-Therapeut in seiner eigenen Behandlung sein kann.

Die Übung im genauen Unterscheiden zwischen Ich-Zuständen wird zum ersten Werkzeug des TA-Therapeuten. Im Gegensatz zu Es, Ich, Über-Ich, Ich-Ideal, die abstrakte Persönlichkeitskonzepte darstellen, sind Ich-Zustände beobachtbare, phänomenologische Wirklichkeiten, die in der Gegenwart operieren. Zusätzlich bieten sie — wie viele Umkehrperiskope, die mit Laserstrahlen ausgerüstet sind - einen direkten und sofortigen tiefen Einblick in Gefühle und Überlebensschlußfolgerungen, an die sich der Patient nicht erinnert, weil sie sich in der Zeit vor seinem sechsten Lebensjahr ereigneten. Es sind diese ganz alten Gefühle, die im Heute entmündigende oder destruktive Verhaltensmuster bewirken, wie zum Beispiel Stellas Ersatzgefühle und Spiele.

Transaktionsanalytiker arbeiten mit Verträgen. Wie 'krank' ein Patient auch sein mag: Es ist immer möglich, einen Behandlungsvertrag mit seinem Erwachsenen-Ich (aber man hüte sich, jemals mit seinem Eltern-Ich!) zu schließen. Therapeut und Patient akzeptieren von vornherein ein realistisches Therapieziel. In vielen Fällen wird die Vertragsverhandlung zum schwierigen ersten Schritt, bei dem es darauf ankommt, den Patienten mit seinen unrealistischen Weihnachtsmann-Phantasien zu konfrontieren. Um die meisten Verträge durchzuführen, wird der Patient sein natürliches, sein lebhaftes, kreatives Kind-Ich (Spunky) befreien müssen. Das Gruppensetting bietet hierzu Gelegenheit und gleichzeitig auch ein Übungsfeld zum Erkennen, wie man besser sein Erwachsenen-Ich benutzen kann, um mit den Krisen oder der Realität umzugehen, als weiterhin auf das veraltete internalisierte Eltern-Ich infolge kindlicher Gewohnheiten zurückzugreifen. Der Therapeut hat zahlreiche Transaktionen mit jedem Patienten der Gruppe, wobei er offen darlegt, was er sieht und denkt. Er identifiziert den Typ von Streicheleinheiten, den die Patienten suchen und formuliert intuitiv Vermutungen oder Gefühle und Gedanken, die vielleicht in der frühen Kindheit des Patienten wirksam waren. Solche intuitiven Vermutungen sind nicht suggestiv. Sie beschleunigen die Therapie, selbst wenn eine Vermutung nicht zutrifft, da das Erwachsenen-Ich des Patienten damit aufgefordert wird, sich zu überprüfen und die Verantwortung für seinen Zustand zu übernehmen. Falls er gewohnheitsmäßig unkritisch mit seinem angepaßten Kind zustimmt, wird dies ein zusätzlicher Schwerpunkt für seine Behandlung. Die Freiheit des Therapeuten, seine eigene Intuition auch dann zu äußern, wenn er sich nicht sicher ist, hilft dem Spunky-Kind des Patienten, seine Vermutungen über sich selbst und andere zu äußern. Dies sind oft hervorragende Einsichten und Beiträge, so daß die Behandlungssitzungen lebhaft sind.

Das Erwachsenen-Ich des Therapeuten behält jedoch die Verantwortung für die Behandlung aufgrund des Kontraktes, den er mit jedem Patienten hat; er delegiert diese nicht an die Gruppe, und so gibt es keine Sündenböcke. Wenn er die Kind-Eltern-Transaktion eines Patienten mit seinem Erwachsenen-Ich durchkreuzt, was oft als therapeutisches Durchkreuzen angewandt wird, um unrealistische Vermutungen von Patienten zu konfrontieren, dann weiß er, daß dies Frustration oder Ärger verursacht und ist bereit, sofort mit diesen Gefühlen zu arbeiten, um das Sammeln von 'braunen Rabattmarken', von unausgesprochenen Vorwürfen durch den Patienten zu vermeiden.

Wenn Patienten in anachronistischer Weise kommunizieren, ermöglicht eine ständige Konfrontation mit dem Erwachsenen-Ich des Therapeuten, daß sie ihr eigenes Erwachsenen-Ich ausreichend bereinigen und auf diese Weise Experten darin werden, für sich die Verhaltensweisen zu identifizieren — und aufzugeben — durch die sie ihre eigenen Probleme erzeugen. Wenn der Behandlungskontrakt erfüllt ist, können sie ihre eigenen Wege gehen und sind in der Lage, ihr eigenes Erwachsenen-Ich therapeutisch zu nutzen. In unserem Beispiel war Bill schon in der Lage, sein eigenes Erwachsenen-Ich zu gebrauchen, um sein Kind-Ich zu stützen, das durch die Zurückweisung Stellas verletzt worden war. Er mußte nicht mehr in seine alten Gekränktheitsgefühle zurückfallen, weil er sehen konnte, daß Stella in ihrer negativen Reaktion von ihren eigenen Problemen bestimmt war.

Bei anderen Patienten, wie zum Beispiel bei Stella, reicht dieser Ansatz nicht aus, um ihnen Informationen des Erwachsenen-Ich nahezubringen. Sie sind dazu nicht in der Lage, in zwischenmenschlichen Beziehungen ihr Erwachsenen-Ich für ein lebenswertes Leben zu benutzen. Sie vermitteln immer wieder, daß sie ein 'Schicksal' oder eine 'Bestimmung' haben und nichts dagegen machen können, daß sie in ihrer Art handeln. Sie halten verzweifelt an ihren Ersatzgefühlen und Spielen fest. Es wird notwendig, jene Aspekte ihres Lebensskripts (ihres Drehbuchs für das Leben) zu überprüfen und außer Kraft zu setzen, die verhängnisvoll ihr gegenwärtiges Verhalten beeinträchtigen und ihr künftiges Leben vorausbestimmen.

Durch die Techniken der Transaktionsanalyse (wie zum Beispiel die oben beschriebene Art, rückblendend Einblicke in das frühkindliche Erleben eines Patienten zu erhalten) ist es immer deutlicher sichtbar geworden, daß im Alter zwischen drei und sechs Jahren das Kind ein Skript wie ein Filmdrehbuch festlegt, mit dem es den Verlauf des vor ihm liegenden Lebens strukturiert und vorausbestimmt. Darin sind einbegriffen, welche Art zwischenmenschlicher Beziehungen es haben wird, seine Ziele, die Besonderheiten seiner Leistungen – oder Fehlschläge – und nicht zuletzt die Art und Weise, wie es darüber fühlen wird.

Um die Ausbildung eines Skripts zu verstehen, müssen wir auf die sogenannte Strukturanalyse zweiter Ordnung zurückgreifen, d.h. auf die Struktur eines Kindes unter sechs Jahren, die das Skript prägt und sich später als Kind-Ich des Erwachsenen manifestiert.

Hierzu ist es nützlich, eine schematische Unterscheidung zwischen drei getrennten Aspekten des Kind-Ich zu treffen, die sich sowohl zeitlich aufeinander folgend als auch in Wechselwirkung miteinander entwickeln. Zur leichteren Darstellung haben wir sie personifiziert und Sleepy (schläfrig), Spunky (lebhaft, kreativ) und Spongy (absorbtionsfähig, assimilierend) genannt.

Sleepy repräsentiert den ursprünglichsten, den regressiven Teil des Kindes. Sein Überleben hängt völlig von Streicheleinheiten ab. Mit diesen introjiziert es basale Botschaften des Angenommen- und des Abgelehnt-Seins. Es erfährt, ob es im Leben willkommen war oder nicht. Diese Erfahrungen bilden die Grundlage für spätere Lebensgefühle, wie zum Beispiel: „Ja, das Leben ist schön." „Ich habe ein Recht zu leben." oder in negativer Hinsicht: „Ein schlimmes Schicksal erwartet mich." „Das Leben wird schwer sein." „Ich glaube nicht, daß ich es schaffen kann."

Spunky ist der wichtige, zentrale Aspekt des natürlichen Kindes. Es ist mit

Ein Kind unter sechs Jahren: Strukturanalyse zweiter Ordnung

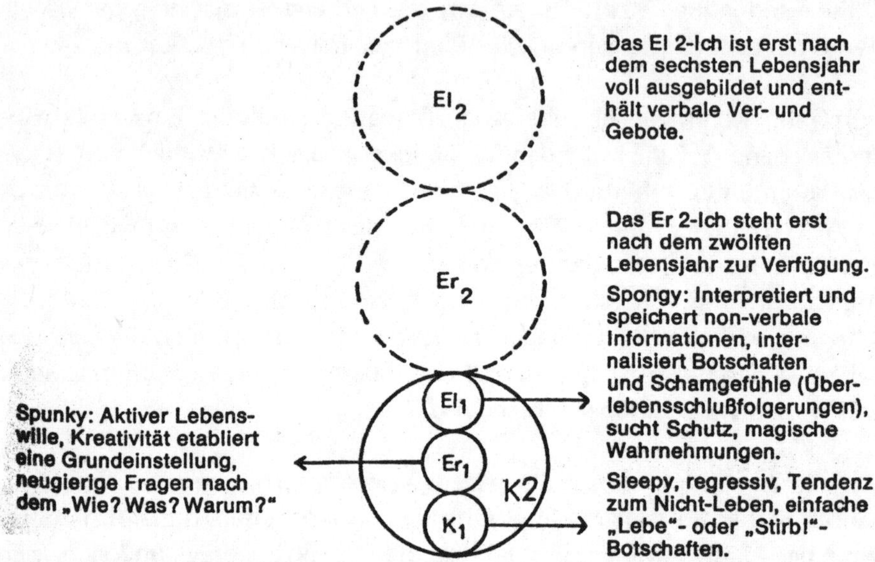

einem starken Lebenshunger ausgestattet und von unersättlicher Neugier erfüllt. Spunky treibt das Kind vorwärts in das Leben, und selbst wenn Sleepy mit einem regressiven Zug zum Nicht-Leben wirkt, so wird das von Spunkys Lebensdrang kompensiert. Beobachten Sie ein kleines Kind, das unerschrocken vorwärts kriecht und zielstrebig seine Umgebung untersucht. Es ist der Vorläufer von Columbus und Einstein, aber auch von Amelia Earhart, die in ihrer Unternehmungslust mit ihrem Flugzeug Bruchlandung machte. Neugier und Risikobereitschaft sind die Voraussetzungen für Kreativität und Erfolg, aber sie sind auch gefährlich. Spunky ist dem expansiven Leben, dem Jetzt, dieser Sekunde mehr verbunden als dem Überleben. Deshalb mag es als Kleinkind vergnügt in die Meeresbrandung krabbeln und dort ertrinken, wenn man es nicht aufhält, da es keinen verläßlichen biologischen Selbsterhaltungssinn besitzt wie andere Lebewesen. Es muß physisch zurückgehalten werden, eventuell zeigt das ganze Kind die Fähigkeit, auf Stimmfall, Gesichtsausdruck, Gesten und schließlich auch auf Worte der Bezugsperson zu reagieren. Die Mutter ruft: „Nicht! Halt!" und es besteht die Möglichkeit, daß der Einjährige gerade noch darauf verzichtet, den Finger in den laufenden Ventilator zu halten, unmittelbar bevor es ihn erwischt. Nach einer ausreichenden Anzahl solcher Episoden zeigt er traurig mit dem Finger auf den glänzenden Ventilator und murmelt:„Ni-n... a-alt!" Er hat nun Mutters Botschaft integriert, nicht weil er die Gefahr verstanden hat, sondern weil er die Emotion der Mutter gespürt hat. Er hat keine Erlaubnis, den Ventilator zu berühren. Bei anderen Gelegenheiten lächelt sie und gibt Erlaubnis... (den Schlüssel herumzudrehen, die Treppe zu erklimmen etc.). Das zeigt, daß, obwohl Spunkys abenteuerliche Neugier zu den Wurzeln menschlicher Kreaturen gehört, das Kind geschützt werden muß durch äußere und später innere Kontrollen, damit es sich nicht selbst zerstöre durch puren Forschungsdrang.

Spongy ist derjenige Teil des Kindes, der die Stöße von Spunky fernhält, da er derjenige ist, der auf die emotionalen „Tu das!" und „Tu das nicht!" der Bezugsperson reagiert, noch bevor er sie versteht, und der sie internalisiert. Soweit repräsentiert Spongy denjenigen Teil des Kindes, der das menschliche Äquivalent für den biologischen Selbsterhaltungstrieb enthält. Leider kann es keine Unterschiede zwischen den Botschaften machen, und alle, die es registriert, werden so angenommen, als seien sie beschützend, selbst wenn sie zerstörend sind, Spongy formuliert und entwickelt die Ge- und Verbote, die zuvor in Sleepy durch Vermittlung der 'Überlebens-Streicheleinheiten' in der Kindheit introjiziert wurden, und es beinhaltet alle zusätzlichen beschützenden Informationen, selbst wenn sie sich für das Sehen, Hören, Berühren, Fühlen, Denken usw. als schädigende Verbote herausstellen. Fühlen kann ärgerliche, ängstliche oder fröhliche oder sexuelle Gefühle einschließen; Denken kann scharfsinnig, kreativ, ausdrucksvoll, forschend und erfolgreich sein bedeuten.

Man sagt ihm:„Höre nichts Böses, sieh nichts Böses" etc. und „Nicht berühren!" „Sei ruhig!" „Wenn du..." etc. „Der schwarze Mann" und „die Flammen der Hölle". Er internalisiert auch Botschaften, die das andere Extrem bedeuten; wir nennen sie die 'verrückten Erlaubnisse' gemäß dem Motto:„Mach weiter so und gerate in Schwierigkeiten" (im Amerikanischen kurz GAGIT genannt, 'Go Ahead and Get Into Trouble'), wenn die Eltern zum Beispiel lächelnd sagen:„Nur zu, mein Liebes, faß in's Feuer und sieh, wie es dir bekommt!" oder:„Warte nur, bis du siehst, was es mit Männern auf sich hat!"

Natürlich ist die augenscheinliche Absicht der leiblichen Eltern, die GAGIT-Erlebnisse oder einengende Verbote zu vermitteln, nicht notwendig böswillig. Oft sind sie selbst psychisch gestört. Einige dieser schädlichen Verbote kommen von ihrem eigenen fehlgeleiteten Eltern-Ich, einige kommen aus ihrem unglücklichen, verstörten oder verrückten Kind-Ich. Manchmal sind sie selbst an ein unheilvolles Skript gebunden, das sie zu dem Wunsch bringt, erschreckenden Ge- oder Verboten, die in ihrem eigenen Kind-Ich beschlossen sind, zu entkommen, indem sie sie an einen zu opfernden Sündenbock weiterreichen – ein Vorgang, den man im Amerikanischen 'episcripting' nennt, und der etwa durch Abraham illustriert wird, der willens war, seinen Sohn Isaak zu töten, als er unterwürfig glaubte, Gott mit seinem Opfer zu gefallen.

Mag das sein wie es will, Spongy ist derjenige Teil des Kind-Ich, der die schützenden Einprägungen und Erlaubnisse trägt, aber auch archaisch introjizierte, destruktive Gebote, einengende Verbote und GAGIT-Erlaubnisse. Im Jargon der TA spricht man von Hexen- oder Troll-Botschaften, was die schlechten angeht und von Erlaubnissen oder Gute-Fee- bzw. Zauber-Botschaften für die guten. Spongy hat die Fähigkeit zu Furcht und Scham und deren Folgen: Panik, Ängstlichkeit und Hemmung. Diese Gefühle werden zu einem späteren Zeitpunkt im Lebensplan eines Menschen dazu veranlassen, die Hexen-Botschaften, mit denen er programmiert ist, auszuführen. Sie werden ihn veranlassen, während seines ganzen Lebens in Übereinstimmung mit Überlebensschlußfolgerungen zu handeln, die er unter dem Druck völliger Abhängigkeit getroffen hat. Diese Überlebensschlußfolgerungen existieren innerhalb des Kind-Ich in Form von Schichten. Es handelt sich um Serien von Schlußfolgerungen, die unterschiedliche Wirkung haben. Sie alle wurden in der frühen Kindheit, im Alter zwischen vier und sechs Jahren, getroffen. In dieser Zeit kann es vorkommen, daß einige der Schlußfolgerungen sich verbinden und zu Lebensentscheidungen werden. (In Stellas Fall lautete sie:„Ich muß mit Frauen in Beziehung treten, selbst wenn sie böswillig sind. Ich darf eine Beziehung mit einem Mann nicht genießen, selbst wenn ich von ihm angezogen werde. Männer sind unfähig und letztlich gefährlich".)

Neben den Lebensentscheidungen wirken einige der frühen Überlebensschlußfolgerungen in ihrer ursprünglichen Form fort. Viele dieser Überlebensschlußfolgerungen und die damit verbundenen Entscheidungen kön-

nen sich für die Zukunft der Person als schädlich erweisen: Für den Kinderverstand aber sind es Strategien, dasjenige Verhalten zu fördern, das als optimale Möglichkeit zum Überleben innerhalb der vorgegebenen Lebenssituation erscheint. Das hat zur Folge, daß ein Mensch später im Leben, obwohl in einem völlig anderen Kontext, sich genötigt fühlt, den archaischen Überlebensschlußfolgerungen entsprechend zu handeln und derartige Entscheidungen auszuführen.
(Falls der Leser Schwierigkeiten hat, dieses Prinzip anzuerkennen, möge er berücksichtigen, daß dieses Phänomen experimentell dargestellt werden kann, indem man jemanden hypnotisiert, d.h. ihn beeinflußt, während er in einem hilflosen Kind-Ich-Zustand ist, und er sich später auf unerklärliche Weise 'getrieben' fühlt, mit irrationalem Verhalten fortzufahren, von dem ihm nicht erinnerlich ist, daß er ihm unter Hypnose zugestimmt hat.)

Die Entscheidungen sind zu 'Glaubenssätzen' geworden. Sie basieren auf den Geboten der 'Götter'. Wehe dem, der sie mißachtet!

Der Impetus für ein Skript stammt aus dem Spunky-Teil des Kindes, um seinen angeborenen Lebenshunger und seinem Bedarf nach Zeitstrukturierung zu entsprechen. Ein Skript also entspringt dem Bedürfnis des Kindes, die Grenzen und 'Verkehrszeichen' für die Reise durch das Leben, in das es so seltsam hineingestoßen wurde, zu erkennen. Dieses Bedürfnis zeigt sich in der unbarmherzigen Fragerei kleiner Kinder: Was? Warum? Wann? Wo? – immer weiter. Das sind die Fragen, die Philosophen zum Grübeln bringen. Der arme Fünfjährige sucht die Antworten zum Rätsel des Lebens. Er möchte wissen: Wer bin ich? Wo bin ich? Was soll ich morgen tun? Und was die ganze Zeit nach morgen? ... Was ist das, was die Götter verfügt haben? Was sagt das Orakel von Delphi?

Auch der Spongy-Teil des Kindes benötigt eine Struktur, in der er die Entscheidungen, die er getroffen hat – gute oder schlechte – einfügen kann, um, entsprechend seinen Kenntnissen, das Überleben zu sichern.

In unsicherer Allianz kämpfen Sleepy, Spunky und Spongy, um ein Gesamtmuster bzw. eine übergreifende Struktur für die Zukunft zu entwikkeln, die den sehr divergierenden Tendenzen und Richtungen, die jeder von ihnen repräsentiert, gerecht wird. Diese divergierenden Tendenzen heben sich nicht gegenseitig auf, da sie nicht logisch oder wissenschaftlich verarbeitet werden. Das Denksystem des kleinen Kindes ist sehr unterschiedlich von dem eines Erwachsenen; das hat Piaget deutlich aufgezeigt. Ein Kind kann nebeinander völlig gegensätzliche Zusammenstellungen von Gefühlen Zwängen und Glaubenssätzen haben, weshalb wir diese als Sleepy, Spunky und Spongy personifiziert haben, um die jeweiligen Auswirkungen besser betrachten zu können. Wie wir erklärten, denkt das Kind synkretistisch, indem es zufällige Analogien, zufällig Übereinstimmendes (sonst Unterschiedliches) und einander ähnliche Erscheinungen zusammenfaßt. Dieser Prozeß hilft Spunky, weil es zu kreativen Kombinationen und raschem Aufblitzen von Intuition führt, unbehindert von schwerfälliger und deduktiver Logik. Aber dies führt auch zu magischen Ursache-Wirkung-Schlüssen, wobei Spongy Rückschlüsse und Entscheidungen für die Zukunft beinhaltet, die die ganze Person ins Unglück führen können.

Das Material für den Inhalt des Skripts kommt aus der Umgebung. Dieses Material schließt alles ein, was das Kind hört und sieht, versteht oder mißversteht. Darunter fallen Märchen, Comics, Tiergeschichten, Bibelgeschichten, Fernsehsendungen und Allerwelts-Redewendungen, die es wörtlich nimmt, wie zum Beispiel:„Das bricht mir das Herz" oder:„Du wirst mein Tod sein.." usw. Realität und Phantasie sind völlig vermischt. Hexen, Trolle und Menschenfresser, gefährliche, feuerspeiende Drachen, Zaubersprüche, Flüche, magische Fallgruben und Fluchtwege, freundliche Zauberer, schöne Feen und Schutzgeister, die Wünsche erfüllen — sie sind alle ebenso glaubhaft existent und ihr Erscheinen wahrscheinlich, wie das sprudelnde Wasser aus dem Hahn, das plötzliche Feuer beim Reiben eines Streichholzes, Menschen, die fremde Worte sprechen oder Flüsse, Berge und Straßen, die es vielleicht auf Bildern sah, bevor es damit in der Realität zusammengetroffen ist. Durch einen komplexen, sich einpendelnden Prozeß der Gleichgewichtung (wie er bei Piaget bei der Erläuterung, wie sich Konzepte im Kleinkind entwickeln, beschrieben ist) etabliert es die umfassende Strukturierung seiner Zukunft. Eines Tages hört es ein Märchen oder eine Tiergeschichte oder sieht einen Zeichentrickfilm im Fernsehen — und es paßt genau! Die noch vage Struktur oder Konfiguration seines Lebens hat nun eine allgemein gehaltene, sichtbare und verbale Form gewonnen — das Skript wurde geboren. Es repräsentiert Spunkys Vorwärtsdrängen und seine Sehnsüchte und es enthält auch Spongys Beiträge, die beschützenden Botschaften und Erlaubnisse, die aber unglücklicherweise auch mit allen irgendwie gegebenen Hexen- oder Troll-Botschaften verbunden waren. Es gibt dabei auch eine gefürchtete Strafklausel: „Du wirst schon sehen, was passiert" – der unsagbare Fluch, der sich erfüllen wird, wenn du nicht entsprechend den Überlebens-Entscheidungen, denen du dich selbst verpflichtet hast, lebst.

Die drei Personifikationen des Kind-Ich wirken zusammen bei der Gestaltung ihrer eigenen Version der Geschichte, indem sie Merkmale und Symbole finden für das, was jede für wichtig hält, und indem sie einen Rollenentwurf erarbeiten, der die künftigen Beziehungen repräsentiert: Die guten und die schlechten. Nimmt es da wunder, daß Kinder sich auf Märchen mit ihrem komplizierten Auf und Ab in den Abenteuern des Helden oder der Heldin beziehen? Eine Ansammlung von Sleepys regressiven Wünschen, Spunkys draufgängerischem, abenteuerlichen Schwung und Spongys kontrollierenden Entscheidungen müssen in ein und derselben Geschichte untergebracht werden. Dann stellt das Kind fest: „Ja, das bin ich. Nun weiß ich Antworten, die ich suchte. Ich kann sehen, wie mein Leben laufen wird. Aha, dann ist das also mein Schicksal? Na schön, vielleicht mit einigen kleinen Abweichungen? Aber – das ist es!" In diesem frühen Alter, vor seinem siebten Lebensjahr, hat das Kind ein Skript entwickelt, durch das es selbst seine Zukunft strukturiert und auf ein Verhaltensmuster oder eine Richtung hin vorbestimmt, die es später als Zufall, Glück, Schicksal oder Bestimmung erleben wird.

Wenn das Kind aufwächst, wird die gewählte Geschichte scheinbar vergessen, weil neue Denkstrukturen entwickelt werden: Das Eltern-System, später dann das Erwachsenen-System. Aber das zugrundeliegende Schema verbleibt in dem, was nun eher als einheitliches Kind-Ich erscheint. Dasselbe Kind-Ich reagiert eines Tages auf eine komplexere Geschichte: eine Sage, eine Novelle, eine Biographie oder einen Film. Einmal mehr entsteht das Gefühl: „Aha, das stimmt." Es taucht als eine starke oft überraschende emotionale Reaktion auf das Handlungsgerüst, den Helden oder den Schurken auf. Der Betroffene mag es nicht bemerken, aber es ist – eingekleidet in neue, mehr verbale Symbole – das Thema, das er in seiner längst vergessenen Vergangenheit wählte, während jener Lebensperiode, die er einmal vor langer Zeit durchlebte, in einem Reich der Magie, dem Reich der Drei- bis Siebenjährigen, das von den allmächtigen, riesenhaften Göttern regiert wurde.

Manchmal können sich Patienten an Grundzüge eines Lieblingsmärchens aus ihrer Kindheit erinnern, manchmal können sie die spätere Version aus der Adoleszenz erzählen; eine Überprüfung zeigt, daß das Thema sich in ihrem Leben widerspiegelt. Es stellt das Muster des Individuums im Hinblick auf seine emotionalen Beziehungen in seiner Kindheit dar und im Hinblick auf die Art und Weise, wie es sie in die Zukunft projiziert. Auf diese Weise vermag das phantasierte Ende der Geschichte ihr künftiges Lebensschicksal vorauszusagen. Das ist so, weil das prächtige, einfallsreiche, aber manchmal auch erschreckte kleine Mädchen oder der kleine Junge von fünf Jahren, an den sich jetzt kaum jemand erinnert, aber der vor langer Zeit so intensiv in jenem besonderen Reich lebte — weil dieses Kind nicht einfach in staubigen Fotoalben oder in das Unbewußte der Träume verbannt wurde, sondern weil dieses mit magischem Denken erfüllte Kind auch noch in der Gegenwart lebt, atmet, fühlt und denkt, nämlich im Kind-Ich-Zustand, erregt oder in panischem Schrecken, kreativ oder eingeschüchtert und zerrend, um sie bei Versäumnissen dahin zu bringen, das dramatische Skript einer Geschichte auszuführen, die es in der Vergangenheit festgelegt hat, um sie in der Zukunft aufzuführen. Oft ist diese Geschichte aufregend und verspricht Abenteuer, Aufregungen und Lösungen, manchmal ist sie eintönig, traurig oder tragisch.

In solchen Fällen ist es wichtig, daß der erwachsene Mensch, der jetzt über Kräfte verfügt, die er mit fünf Jahren noch nicht besaß, sein Skript notfalls drastisch in eine andere Richtung umorientiert, indem er seine früheren Entscheidungen und Glaubenssätze im Lichte der augenblicklichen Realität überprüft und mit seinem Erwachsenen-Ich neu entscheidet, was seine wahren Voraussetzungen für autonomes Überleben, Intimität und Kreativität sind. Diesen Prozeß einzuleiten und zu fördern, ist das Ziel der Skriptanalyse.

Es ist wichtig, an dieser Stelle daran zu erinnern, daß das Kind, noch bevor es sein Skript für das Leben ausgebildet hat, bereits mit etwa drei Jahren seine existentielle Grundhaltung festlegt und diese Grundhaltung zum Fundament aller Beziehungen wird, die im Rahmen dieses Skripts gestaltet werden.
Ich habe an anderer Stelle in diesem Buch die vier Grundhaltungen dargestellt, wie sie Berne beschrieben hat und ich habe noch eine fünfte Möglichkeit als Position aufgezeigt. Ich habe in diesem Zusammenhang darauf

hingewiesen, daß Personen, die nicht die positive 'Ich bin o.k.–Du bist o.k.–realistisch'–Position erreichen können, dahin tendieren, defensive Haltungen aufzubauen, um die hoffnungslosen, erschreckenden und totalen 'Ich bin nicht o.k.'–Gefühle abzuwehren. Die beiden Negativ-Einstellungen 'Ich bin nicht o.k.–Du bist o.k.' und 'Ich bin o.k.–Du bist nicht o.k.' haben im Grunde einen defensiven Charakter. Sie scheinen manchmal wie auf einer Wippe abwechselnd zu dominieren.

Diesen Eindruck vermittelte Stella, als sie bei George einen raschen Spielgewinn anvisierte. Wie wir sehen werden, wehrte Stella verzweifelt eine tief verwurzelte 'Ich bin nicht o.k.–Du bist nicht o.k.'–Einstellung ab, indem sie versuchte, ihr 'Ich bin so unglücklich'–Ersatzgefühl aus einer 'Ich bin nicht o.k.–Du bist o.k.'–Einstellung heraus zu spielen. Aber selbst diese defenisve Einstellung brach zusammen und bewegte sich mehr und mehr auf eine 'Ich bin nicht o.k.–Du bist nicht o.k.'–Position hin, indem sie ihr tragisches Skript ausführte.

In der Skriptanalyse ist es nicht notwendig, das ganze Skript zu ändern – oder es sogar im Detail zu verstehen –, sondern eher, dem Patienten zu helfen, die Struktur des Skripts zu erkennen und aus ihm die gefährlichen Hexen- und Troll-Botschaften oder die schädlichen Entscheidungen herauszulösen, wenn ihn diese ins Unglück steuern. Diese Änderungen helfen, seine existentielle Einstellung neu auszurichten auf 'Ich bin o.k.–Du bist o.k.–realistisch', und hiervon ausgehend kann er später die kreativen Aspekte seines Skripts entwickeln. Oft sind die negativen Seiten eines Skripts nichts weiter als das Gegenteil von Aspekten, die ein produktives Potential haben. So lag zum Beispiel hinter Stellas Art und Weise, Männer zurückzuweisen und anzugreifen, ihre Fähigkeit, für sie stimulierend und erregend zu sein.

Es gibt zahlreiche Wege, um der Struktur eines Skripts auf die Spur zu kommen. Manchmal benutzen wir eine Skriptmatrix, d.h. eine graphische Darstellung, mit der Patient und Therapeut arbeiten, um die frühen nonverbalen Transaktionen und Botschaften des Patienten in offene verbale Informationen zu übersetzen. Man kann zum Beispiel frühkindliche Programmierungen mit unehrlichen Streicheleinheiten in der TA sehr schnell erkennen, wenn der Patient einen unangemessenen Affekt zeigt, wenn er lächelt bei dem Bericht über eine traurige Erfahrung, oder wenn er traurig

aussieht, während man ihn lobt. Dies zeigt, daß sein Kind-Ich – vor der Zeit, an die er sich erinnern kann – Affekte eines Elternteils, die nicht mit seinen eigenen Emotionen übereinstimmten, introjizierte, und es können einige frühe Botschaften daraus abgeleitet werden.
Manchmal benutzen wir ein modifiziertes Psychodrama oder auch gestalttherapeutische Techniken, oder – unter besonderer Anleitung – kreative Medien. Oft erfragen wir auch eine Reihe von Lieblingsmärchen und anderen Geschichten.

Stella erinnerte sich an ihr Lieblingsmärchen in folgender Form: Es war einmal ein sehr schönes Mädchen namens Rapunzel. Eine Hexe schloß sie in einen hohen Turm ein. Die Hexe brachte ihr Nahrung, indem sie an den Zöpfen von Rapunzels langem goldenen Haar hinaufkletterte. Eines Tages kletterte, kurz nachdem die Hexe Rapunzel verlassen hatte, ein Königssohn, der vorbeiritt, schnell an Rapunzels Zöpfen hoch, bevor sie sie wieder hochgezogen hatte. Zunächst war sie erschrocken, aber dann war sie einverstanden, daß er gehen und Seidenbänder für eine Leiter bringen wollte, auf der sie hinabsteigen und mit ihm gehen könnte. Bevor er zurückkehrte, kam jedoch die Hexe zurück, und diese nahm Rapunzel fort in die Wildnis, wo das arme Mädchen in noch größerem Elend lebte. Stella konnte sich an nicht viel mehr erinnern, außer an irgendetwas in dem Sinne, daß der Prinz sie lange suchte, aber im weiteren Verlauf das Augenlicht durch Dornen verlor, und Rapunzel in der Wildnis verblieb, Jahre über Jahre, weinend und klagend.

Diese Geschichte paßt sich in Stellas frühkindliche Erfahrungen ein; die Hexe, ihre Mutter, nährt sie nur unter der Bedingung, daß sie allein bleibt und für die Nahrung von ihr abhängig bleibt. Der Prinz (Vater) kann sie nicht wirksam treffen, tatsächlich führt die Tatsache, daß er sie findet, zu einer Verschlechterung für Rapunzel (Wildnis). Obwohl Rapunzel schön ist und einen Prinzen anzieht (die Hoffnung von Spunky in dieser Geschichte) bedeutet das Ende, daß sie der Hexe hätte gehorchen müssen. Diese Überlebensschlußfolgerung spielte Stella wieder und wieder durch ihre Ausbeutungs-Transaktionen aus. Sie hatte versucht, die Therapeutin auf diese Art und Weise auszunutzen. Sie versuchte es bei Gina. Sie würde immer wieder mit älteren Frauen in racket-Beziehungen eintreten, bis diese ihrer überdrüssig würden und anfingen, sie zu schelten und zu kritisieren. Auf diese Weise würde sie sich von den Streicheleinheiten einer üblen alten Hexe abhängig fühlen, genau wie Rapunzel abhängig war von der Nahrung, die ihr die Zauberin brachte.

Da das Ziel der Skriptanalyse darin besteht, im voraus zu erkennen, auf welches Ziel der Patient hinsteuert, so daß er schädliche Entscheidungen überprüfen kann, suchen wir nach der inhaltlichen Tendenz eines Skripts, indem wir ergänzend nach besonders beliebten oder eindrucksvollen Geschichten der späteren Jahre suchen, nach Biographien, Theaterstücken oder Novellen etc.
Die Märchen der Kinder finden ihr Äquivalent häufig in solchen Sagen. Sie repräsentieren in der Sprache oder Handlungsweise der Erwachsenen die Streubreite der Problemsituationen, mit denen alle kleinen Kinder in ihrer eigenen vor-erwachsenen Begriffswelt umgehen müssen.

Stelle erinnerte sich, durch die Erzählung von Scylla gefesselt worden zu sein, die ihr im Gesdhichtsunterricht begegnet war. Sie faßte sie folgendermaßen zusammen:
Eines Tages sah Glaucus, der stattliche Meeresgott (halb Mensch, halb Fisch) die liebliche Nymphe Scylla beim Bade. Er verliebte sich in sie, aber sie wollte nichts von ihm wissen. Glaucus fragte die Zauberin Circe nach einem Liebestrunk, um damit Scyllas Herz zu erobern. Stattdessen vergiftete Circe das Wasser, in dem Scylla baden wollte. Sobald diese in das Wasser eintauchte, wurde sie in ein schreckliches Ungeheuer verwandelt. An ihrem Körper wuchsen Schlangen und gräßliche Hundeköpfe. Sie blieb an einem Felsen verwurzelt in unsagbarem Elend und haßte und zerstörte alles in ihrer Reichweite – eine Gefahr für alle Seeleute, die nahe vorbeikamen.

Hier ist wieder das Thema vom hübschen Mädchen, das auf den stattlichen Gott anziehend wirken kann. Er aber (der Vater) ist, halb Fisch, abschrekkend (der Vater war Alkoholiker) undschwach gegenüber der Zauberin (der Mutter). Wie Rapunzel wird Scylla seinetwegen von einer mächtigen bösen Frau, der Hexe Circe, bestraft. Sowohl für Rapunzel als auch für Scylla ist das Ergebnis Einsamkeit, obwohl Rapunzel wenigstens die Hexe hat, von der sie ernährt wird.
Die Entwicklung der ersten zur nächsten Geschichte ist für Stellas Leben nicht ermutigend. Rapunzel selbst wurde als Ergebnis der Tatsache, daß sie den Prinzen traf, nicht zum Schlechteren verwandelt (außer, daß sie

klagt und weint, nachdem sie ihn verloren hat, wie es auch Stella tat, nachdem der Vater vor die Tür gesetzt worden war), Scylla aber wurde nicht nur unglücklich, sondern auch noch ein Monster und gefährlich. Wir können hier sehen, wie der eine frühe Spunky-Aspekt des Skripts – Rapunzels/Scyllas starke Attraktivität für Männer – zerstört wird durch das Gift der Hexe/Circe, so daß die Heldin nicht nur auf tragische Weise in Einsamkeit gerät, sondern sich auch in eine haßerfüllte, angewurzelte, unbewegliche Monströsität gegenüber den Männern (eine Gefahr für alle Seeleute) entwickelt.

War dies das Ziel, auf das Stella zusteuerte?
Stellas gegenwärtige Transaktionen schienen dies anzudeuten. Sie suchte verzweifelt, das alte Ersatzgefühl aus der 'Ich bin nicht o.k.–Du bist o.k.' –Einstellung heraus wieder aufzunehmen mit einem unechten fürsorglichen Eltern-Ich, das der Hexe entsprach (zum Beispiel Gina). Da dies aber die einzige Form von Streicheleinheiten war, die sie sich im Heute wahrzunehmen erlaubte, bekam sie nicht genug davon. Zum größten Teil waren es sowieso unehrliche Streicheleinheiten, da die Partner in diesen rackets zunehmend wegen ihres anhaltenden 'nicht o.k.'–Gejammers verärgert wurden, das ihnen vielleicht als Ausbeutung erschien. Dies führte zu vermehrter Frustration, von der sie sich immer rascher durch ihre gegen Männer gerichteten Spiele befreite (zum Beispiel gegen Bill und George).

Die Spiele entlasteten Stella auch in ihrem Ärger über das Verlassenwerden durch den Vater und in ihrer aufgestauten Wut und Frustration über ihre Mutter, die ihr die lebensnotwendigen Streicheleinheiten meistens als unehrliche Streiheleinheiten gab. Im gleichen Moment aber blockieren sie ihr auch die Möglichkeit, positive Streicheleinheiten auszutauschen, hauptsächlich mit Männern, so daß es ihr niemals möglich werden kann, mit einem Mann Intimität oder sogar Vergnügen zu erleben. Auf diese Weise zeigen Spiele die Ausrichtung eines Skripts und treiben es auch voran. Die Beschleunigung und Intensivierung von Stellas antagonistischen Spielen mit Männern war zum gegenwärtigen Zeitpunkt und in dieser Behandlungsphase deutlich sichtbar. Sie spielte immer deutlicher Scyllas Verwandlung – eine Gefahr für alle Seeleute, die nahe vorbeikamen, zu werden – indem sie ihre Freunde (John und David und in der Gruppe Bill und George) vertrieb. Alle standen stellvertretend für ihren 'wertlosen' Vater, den Prinzen und Glaucus.

Ein wichtiger Aspekt beider Geschichten ist, daß beide Heldinnen keinerlei Aktivität ergriffen. Beide wurden passiv und hilflos von anderen bewegt (von Hexe, Prinz, Glaucus, Circe). Hinsichtlich der Diagnose ist das bedeutsam. Die meisten Geschichten, sogar die tragischen, enthalten irgendeine, die Geschichte weiterführende Tätigkeit oder Begeisterung, vom Helden oder von der Heldin ausgehend, die das Spunky-Kind repräsentieren, auch wenn seine Bemühungen vereitelt werden. Aber hier wagte es Stellas Spunky-Kind nicht einmal in der Phantasie, irgendetwas Positives zu riskieren – nicht einmal eine Antwort auf die Bewunderung durch den Prinzen und Glaucus; es findet sich nur passiver Jammer und eventuell festgewurzelte Abscheulichkeit.

Dies bestätigt die Vorstellung, daß Stella in ihrer frühen Kindheit keinen ausreichenden Spielraum hatte, ihre wirklichen Gefühle spontan auszudrücken. Es waren ihr jeder verbale oder nonverbale Ausdruck und sogar das Bewußtwerden von Frustration und Ärger der Mutter gegenüber verboten, auf deren Versorgung sie angewiesen war, auch wenn es sich um Hexen-Nahrung handelte. Und sie erlebte weder ausreichende Reaktion noch Schutz von ihrem Vater, demgegenüber es sich nicht lohnte, positive Gefühle zu zeigen, besonders in Gegenwart der Mutter, da dies mit Lebensgefahr verbunden war durch den drohenden totalen Entzug von Streicheleinheiten.
Darin lag der Fluch. Stellas mitleidheischendes Skript wehre – nach Meinung ihres Kind-Ich – ein noch schlimmeres Schicksal ab, das eintreten würde, wenn sie es wagte, den Kompromiß, den das Skript repräsentierte, zu verletzen. „Stirb!"war das zugrundeliegende Gebot, das im Kleinkindalter nonverbal durch das Kind-Ich der Mutter vermittelt worden war. Als Säugling und Kleinkind hatte Stella gegen dieses Gebot gekämpft und mühsam auf der Basis von irgendwelchen unehrlichen Streicheleinheiten überlebt, die sie dem schuldbewußten Eltern-Ich der Mutter entlockte, wenn sie aus irgendwelchen Gründen schrie. (Dies war die Grundlage für das „Ich bin so unglücklich"–Ersatzgefühl, das sie auch in der Gegenwart wiederholte, das ihr aber keine ausreichende Unterstützung geben konnte.) Obwohl sie gelegentlich, aber unberechenbar, einige Streicheleinheiten vom Vater erhalten hatte (daher die passive Sehnsucht nach dem Prinzen) bot er ihr nicht genügend. Irgendwann zwischen drei und sechs Jahren muß Stella entdeckt haben, daß anhaltendes Jammern, das wahrscheinlich ihre einzige frühkindliche Methode war, um Streicheleinheiten zu bekom-

men, nicht mehr ausreichte, um die dringend benötigten Streicheleinheiten zu bekommen, und daß Zuneigung zum Vater, der meistens betrunken war, ihr sehr wenig einbrachte. Sie konnte indes gute Streicheleinheiten vom Eltern-Ich und vom Kind-Ich der Mutter bekommen, indem sie den Vater angriff („Geh weg, Vati, du bist betrunken"). Damit konnte Stella relativ echt ihre Gefühle ausdrücken und gleichzeitig eindeutige Streicheleinheiten bekommen.
Diese Konstellation gab den eigentlichen Anstoß für ihre Spiele. Mit der typischen Schlußfolgerung einer Sechsjährigen, hatte Stellas Kind-Ich eine Entscheidung getroffen: Der einzig sichere Weg zum Überleben und um einige Gefühle ausdrücken zu können, ist der, den Männern zu entsagen und sie zurückzuweisen, selbst wenn ich dadurch furchtbar erschreckend und gemein zu Männern, wie zu meinem Vater, werde, denn sie geben nur sehr wenig und bringen mir nur Gefahr und Frustration (wie Vaters Kind-Ich, das Stella anstachelte, die Mutter zu provozieren, die dann ihrerseits drohte, Stella zu verlassen).

Die zwei Geschichten, die uns Stella erzählte, repräsentieren zwei Versionen des kindlichen Skripts. Es enthält die Hoffnung, von Stellas Spunky-Kind, daß sie ein liebender Mann finden möge, auch wenn sie keine Initiative ergreifen darf. Aber es sind jetzt die irreführenden Überlebens-Entscheidungen, die vorwiegend die Fortentwicklung von der einen zur anderen Geschichte bestimmten. Die Veränderung von Rapunzels Ende zu demjenigen Scyllas spiegelt den Hinauswurf des Vaters wider, als Stella fünf oder sechs Jahre alt war, aber sie bestätigt auch vorausschauend, daß Stellas Leben sich weiter verschlechtern würde, wenn sie nicht jetzt hinsichtlich Überlebensfragen und Ausdruck von Gefühlen neue Entscheidungen treffen würde.
Zum gegenwärtigen Zeitpunkt konnten wir sehen, wie sie zielstrebig ihre Tragödie in die Zukunft hinein fortführt, da ihr Kind-Ich am archaischen Glauben festhält, daß sie es nicht wagen darf, die Entscheidungen zu mißachten, selbst in kleinen Fragen nicht, wenn nicht der Fluch wirksam werden sollte, da ja der Befehl „Stirb!" die elementare Botschaft gewesen war, die sie als Kleinkind vom Kind-Ich der Mutter erhalten hatte.

Selbst im schützenden Rahmen der Gruppe weigerte sich Stella beharrlich, sich irgendwelche Gefühle des Ärgers über die Therapeutin einzugestehen, selbst wenn das Erwachsenen-Ich der Therapeutin Stellas ausbeuterische

Kind-Eltern-Transaktionsversuche durchkreuzte, was wiederholt geschah. Kein Wunder! Die defensive 'Ich bin nicht o.k.–Du bist o.k.'–Einstellung, die sie der Mutter gegenüber bezogen hatte, wehrte die Wut und Verzweiflung der frühkindlichen 'Ich bin nicht o.k.–Du bist nicht o.k.'–Position ab, die sie nur mühsam überwunden hatte. Sie konnte der 'göttlichen' Therapeutin, der gegenüber sie sich unentwegt in der Rolle des angepaßten Kindes befand, nie ernsthaft böse sein. Sie mußte die Hexe zufriedenstellen.
Selbst im Verlauf der Therapie fühlte sie, daß die Therapeutin sie unbarmherzig strafen würde, wenn sie es jemals wagen sollte, irgendwelche Frustrationsgefühle zum Ausdruck zu bringen.
Die meisten Patienten, die in ihrer Kindheit Todesbotschaften erhalten haben, können in der Therapie nicht über einen bestimmten Punkt hinauskommen, weil sie ihre archaischen Ängste in der Beziehung zum Therapeuten wiederholen. Sie gelangen damit in eine Blockierung, die nur schwer überwunden werden kann.
Stella zerstörte durch ihre immer schneller ablaufenden Spiele jede Möglichkeit, fördernde, ehrlich positive Streicheleinheiten von irgendwelchen Männern, zu denen sich ihr Spunky-Kind hingezogen fühlte, wahrzunehmen, zum Beispiel durch die Art, wie sie sich Bill und George gegenüber verhalten hatte. Ihre immer verzweifelteren Versuche, ihr defensives Ersatzgefühl fortzuführen (vielleicht, indem sie lesbisch würde, wie sie 'im Scherz' andeutete), tendieren dahin, daß sie innerlich fühlte, schließlich einsam ihr Leben beschließen zu müssen, als ein erstarrtes Ekel in einer 'Ich bin nicht o.k.–Du bist nicht o.k.'–Einstellung, wie Scylla in der Geschichte. Diese Position ist derjenigen ähnlich, die sie abzuwehren versuchte, indem sie sich weigerte, echte Gefühle im Hier und Jetzt wahrzunehmen.

Als Stella in die Therapie kam, wurde im Behandlungskontrakt vereinbart, den zunehmend heftigen Migräne-Kopfschmerz anzugehen, der sich in den letzten Jahren entwickelt hatte. Durch neurologische Untersuchungen war ein Hirntumor ausgeschlossen worden. Berücksichtigen wir das, was wir jetzt wissen, ist das Symptom nicht mehr überraschend. Eine gewaltige Auseinandersetzung fand in ihrem Kopf statt: Gegenskript und Ersatzgefühl waren gemeinsam immer weniger in der Lage, das zerstörerische Überhandnehmen des tragischen Skripts abzuwehren.
Gegenskript ist – wie der Name andeutet – ein Lebensmuster, mit dem

jemand mit einem ungünstigen Skript an seine vergangene Kindheit anknüpft, dort, wo es offene verbale Instruktionen (im Unterschied zu den Ge- und Verboten) von einem Elternteil internalisiert hat, und zwar oft vom Eltern-Ich desselben Elternteils, dessen Kind-Ich für die zerstörerischen Gebote verantwortlich ist. Oft bietet das Gegenskript einem Menschen für lange Zeit Unterstützung, indem es täglich Aktivität anbietet, aber wenn sich unter der Oberfläche ein tragisches Skript befindet, übernimmt eventuell irgendwann die Konzeption dieses tragischen Skripts die Führung, begünstigt durch die Art der Transatkionen, die der Patient mit der Umwelt eingeht.

Als Stella aufwuchs, erhielt sie in ihrer Erziehung von der Mutter Ermutigung und Unterstützung. Stella war eine gelehrige, in allen Bereichen vorbildliche Schülerin. Ihr Gegenskript veranlaßte sie, in der Schule gut mitzuarbeiten, allerdings zwanghaft und mit gelegentlichen somatischen Problemen. Sie wurde später dementsprechend auch eine gewissenhafte Lehrerin. Aber die Kopfschmerzen beeinträchtigten sie so sehr in ihrer Arbeitsfähigkeit, daß sie um ihre Karriere fürchtete. Kurz vor Behandlungsbeginn hatte Stelle von einer Schule mit einer sehr „sympathischen" Leiterin zu einer anderen gewechselt, an der sie große Schwierigkeiten mit dem „inkompetenten" Leiter hatte, obwohl dieser ihre Arbeit lobte. Der Wechsel hatte natürlich die Wirksamkeit ihres Skripts beschleunigt, obgleich sie zu jener Zeit nichts über die Gründe wußte, und sich lediglich darüber beklagte, daß durch ihn weitere Probleme zu ihren täglichen Sorgen hinzugefügt wurden.

Es war deutlich, daß einfache Transaktionsanalyse oder irgendeine andere Therapieform nicht ausreichen würden, um Stella zu zeigen, wie man ehrliche Transaktionen mit Männern und Frauen ohne Ersatzgefühle und Spiele, die sie unweigerlich isolieren würden, eingehen kann. Was notwendig war, war nicht weniger als eine komplette Annullierung der tragischen Entscheidungen in ihrem Skript durch eine Neuentscheidung.

Für eine Patientin wie Stella ist es wegen der von früher fehlenden Erlaubnis zu irgendeiner Spontaneität nicht leicht, diese Neuentscheidung zu fällen. Dies war ein Unterschied zu Bill, dem in seiner Kindheit doch eine gewisse Menge bewußter Wahrnehmung und der Ausdruck einiger spontaner Gefühle erlaubt gewesen waren, auch wenn andere verhindert wurden.

Deshalb hatte sein Erwachsenen-Ich, als er in der Therapiegruppe ständig mit der Tatsache konfrontiert wurde, daß einige seiner Reaktionen und Transaktionen auf anachronistische Weise eher von seinem Eltern-Ich bestimmt wurden als durch unverfälschte Antwort auf das 'Jetzt', dies zunehmend erkannt und sein Spunky-Kind verstärkt, andere Arten von Transaktionen zu erproben. Er konnte allmählich unechte, scheinbar beschützende Glaubenssätze aufgeben, ohne sich gefährdet zu fühlen, und deshalb benötigte er keine Skriptanalyse.

Was Stella betraf, so lag die archaische Entscheidung, tief vermengt mit Überlebensschlußfolgerungen, in ihrem Spongy-Kind und sogar in ihrem Sleepy-Kind, also auch in dem Teil des Kind-Ich, durch den sich ein Mensch lebendig fühlt. Falls sie ehrliche Gefühle und geradlinige Transaktionen riskierte, genau also das, was ihr hätte helfen können, fühlte sich ihr totales jetziges Kind-Ich, als ob es sterben müsse; deshalb wagte sie es einfach nicht.

Das Dilemma wird kurz in Tennysons Gedicht „The Lady of Shalott" (natürlich auch eines von Stellas Lieblingswerken) beschrieben. Die Lady of Shalott ist mit einem Fluch beladen. Sie darf nicht hinausgehen in die Welt, sie bleibt in ihrem Zimmer und schützt sich vor der Versuchung, indem sie niemals aus dem Fenster schaut. Sie betrachtet die Außenwelt nur durch einen Spiegel. Eines Tages aber sieht sie in ihrem Spiegel Sir Lancelot. Er sieht so gut aus, daß sie ihr Gelöbnis vergißt, sich umwendet und ihn direkt betrachtet. „Sie ließ den Dämmer, ließ den Traum, sie tat drei Schritte durch den Raum. Sie sah die Wasserlilien blühn... die Lady von Shalott". Der Anblick des Lebens treibt sie weiter. Sie verläßt den Raum, doch plötzlich fühlt sie es:„Der Fluch, er trifft mich, schrie da laut ... die Lady von Shalott". Und tatsächlich endet das Gedicht tragisch: Der Körper der toten Lady treibt den Fluß hinab.

Würde vielleicht auch für Stella ein solcher Fluch wirksam werden, falls sie ein Wagnis einginge?
Das ist nicht nur eine frivole oder rhetorische Frage. Sie erklärt, warum es Menschen gibt, die nach bestimmten, hochfliegenden Gruppenexperimenten in psychotische Zusammenbrüche, Autounfälle oder Selbstmordsituationen geraten. 'Charismatische' Gruppenleiter propagieren oft eine übermäßig enthusiastische Risikobereitschaft, ohne sich dessen bewußt zu sein,

daß eine einengende oder tragische Skriptentscheidung möglicherweise zur Abwehr einer noch schlimmeren Strafklausel oder von GAGIT-Erlaubnissen dient. Nichtsdestoweniger muß — wenn das Risiko so klar überschaubar ist — die im Skript enthaltene 'verrückte Entscheidung' energisch herausgelöst werden. Wenn der magische Glaube sehr tief sitzt, wie in Stellas Fall, muß Magischem mit Magischem begegnet werden. Die Hexe muß ausgetrieben werden. Um dies zu erreichen, wird der Therapeut — mit der Autorität, die ihm zuvor durch den mit dem Erwachsenen-Ich des Patienten geschlossenen Behandlungskontrakt verliehen wurde — zum Merlin (zum Zauberer), d.h. er übernimmt eine mit magischen Kräften ausgestattete, allmächtige Eltern-Rolle, aus der heraus er mit dem Kind-Ich des Patienten verhandelt und vermittelt, daß er mächtiger ist als die alte Hexe, die nun weit weg ist im Reich der Sechsjährigen, während er, der Therapeut, hier ist, um das Kind jetzt zu beschützen. Das Kind wird daran erinnert, daß es einen neuen, eigenen Schutz besitzt, den erwachsenen Körper, der ihm physische Beweglichkeit und die Anwendung des elementaren know-how ermöglicht, um sich die zum Überleben im jetzigen Leben notwendigen Dinge zu verschaffen: Nahrung, Kleidung, Schutz und echte Streicheleinheiten.

Als sie jung und hilflos war, mußte Stella sich für Streicheleinheiten verkaufen. Nun kann sie sich selbst die Streicheleinheiten verschaffen. „Gib dir die Erlaubnis zu fühlen, was du fühlst", fordert die Theapeutin auf. „Gib dir Erlaubnis, zur Kenntnis zu nehmen, wie du fühlst. Gib dir Erlaubnis, echtes Streicheln und echte Transaktionen zu erleben und zu suchen. Gib dir Erlaubnis zum Leben." Und, sehr wichtig:„Gib dir Erlaubnis, dich nicht selbst verletzen zu müssen."

Besonders diese letzte Erlaubnis muß mit äußerstem Nachdruck gegeben werden und auch wiederholt werden, da bei Patienten wie Stella die anderen Erlaubnisse als Aufforderung für GAGIT-Situationen mißverstanden werden könnten, Aufforderungen, wie Stella sie vom Kind-Ich des Vaters erhalten hatte, die den gefürchteten Fluch heraufbeschwören.

Der Therapeut muß in der Lage sein, dem aufgeschreckten Kind-Ich des Patienten Schutz zu geben. Der angebotene Schutz muß eindrucksvoller sein als der falsche Schutz durch die Hexe, die sie zwingen würde, sich selbst umzubringen als Bestrafung für die Mißachtung der alten Gebote. Um wirksam zu sein, muß das Erwachsenen-Ich des Therapeuten zunächst genau erkannt haben, was das Ziel seiner Intervention ist, so daß keine

Fremdeinflüsse durch die Motivationen des Therapeuten erfolgen (vgl. Gegenübertragung!). Dadurch kann er während der ganzen Therapie volles Vertrauen in seine therapeutische Wirksamkeit bewahren. Dies ist nicht mit Omnipotenz zu verwechseln, obwohl es — für eine kurze Zeit — nützlich für einen Patienten sein kann, dies so mißzuverstehen, solange sich der Therapeut nicht selbst überheblich fühlt und sehr bald bereit ist, die vorübergehende Macht, die er über das Kind-Ich des Patienten hat, an dessen Erwachsenen-Ich weiterzugeben.
Hilfreich ist dabei, daß die anderen Mitglieder der Therapiegruppe, die sich in einem anderen Stadium der Behandlung befinden, nicht alle vom Zauberer-Eltern-Ich des Therapeuten beeindruckt sind. Wenn jedoch der Gruppenprozeß vom Therapeuten und oft auch von anderen Gruppenmitgliedern gut verstanden wird, ist es möglich, eine starke magische Einwirkung auf das Spongy-Kind eines bestimmten Patienten auszuüben und das mitten in einem ganz normalen TA-Setting, das üblicherweise mehr auf rationaler Basis arbeitet.

Bei Stella gab genau die Tatsache, daß die Therapeutin sich zuvor geweigert hatte, die unecht mitfühlende Mutterrolle in ihrem „Ich bin so unglücklich"-Ersatzgefühl zu spielen, ihrem Angriff auf die magischen Inhalte der Hexenbotschaften und auf die anachronistischen Entscheidungen, die sie in Stellas Spongy-Kind bewirkt hatten, zusätzliches Gewicht. Die Therapeutin konnte Stellas aufgeschrecktem Kind-Ich uneingeschränkt wirksamen, wirklich einfühlenden Schutz bieten.

Wenn der Therapeut in der vorübergehenden Elternrolle 'Hexenaustreibung' betreibt, ist es für ihn sehr wichtig, offen die Risiken und Schutzmechanismen im derzeitigen Leben des Patienten zu erörtern und das in einer fürsorglichen Weise, mit der leibliche Eltern mit ihren Kindern Fragen der physischen Sicherheit besprechen. Die energische nachdrückliche Erlaubnis „Verletze dich nicht selbst" wird oft ausgesprochen, während mit dem Erwachsenen-Ich des Patienten, das auf dem Plan ist, obwohl das Kind-Ich es nur unwillig zur Kenntnis nimmt, die notwendigen Grundregeln über reale Gefährdungen, denen der Patient ausgesetzt ist (Autofahren, Alkohol) besprochen werden.
Über solche Angelegenheiten werden verschiedene Unterverträge abgeschlossen. Indem es diese Unterverträge erfüllt, stellt das Spunky-Kind des Patienten mehr und mehr fest, daß in Wirklichkeit sein eigenes Erwachse-

nen-Ich Schutz bietet, eher als das Eltern-Ich des Therapeuten. Er kann es sich leisten, seinen festen Glauben in magische Kräfte fallenzulassen — seien es die des Therapeuten oder die seiner eigenen archaischen Hexen-Botschaften, die nur Verdrehungen von Botschaften waren, die ursprünglich beschützenden Charakter haben sollten.

Nachdem der Patient den Gebrauch seines Erwachsenen-Ich im Alltag erprobt hat, muß er sich nicht mehr dauernd an sein Eltern-Ich wenden, auch nicht, um mit den Ängsten von Spongy fertigzuwerden. So kann er entscheiden, welche Teile seines Gegenskripts trotzdem brauchbar sind und kann auch zulassen, daß sich die kreativen Aspekte seines Skripts entwickeln.

Während dies geschieht, müssen Therapeut und Patient darauf vorbereitet sein, daß dieser Prozeß die defensive existentielle Grundhaltung des Patienten erschüttert; die frühen 'Ich bin nicht o.k.—Du bist nicht o.k.'—Gefühle leben wieder auf. Der Patient wird in dieser Behandlungsphase in mehr oder weniger starkem Ausmaß Wut und Verzweiflung durchleben. Oft braucht es zusätzliche Arbeit, wenn diese Gefühle an die Oberfläche kommen. Paradoxerweise ist diese Krise die Vorhut des Erfolges; der Patient hat Schwierigkeiten, dies zu erkennen, aber er hat Werkzeuge, mit den Frustrationen des realen Lebens umzugehen, die er als Kleinkind nicht hatte. Er hat sein Erwachsenen-Ich (vgl. Kapitel 5).

Die Krise um ihre existentielle Grundhaltung war erschreckend für Stella, aber von relativ kurzer Dauer. Sie enthielt deftige Wut auf die Therapeutin, aber endete mit einer 'Ich bin o.k.—Du bist o.k.—realistisch'—Einstellung.

Um mit dieser Krise fertigzuwerden, war Gestalttherapie als Verfahren notwendig, damit Stella erleben konnte, wie sie ihr archaisches Mutterbild auf die Therapeutin projizierte. Es gibt viele derartige Fälle, bei denen Gestalttherapie unerläßlich ist, wenn nämlich der Patient erleben und nicht nur verstehen soll, wie die frühen irrationalen Mechanismen wirken, die ihm in seiner Kindheit das Überleben ermöglichten.

Schließlich entwickelte Stella eine bewußtere Wahrnehmung ihrer wahren Gefühle und lernte, lieber mit ihnen umzugehen, als sie durch künstliches

Jammern zuzudecken. Dadurch begann sie, mehr geradlinige Transaktionen zu haben und auch angenehme Streicheleinheiten mit Frauen und Männern auszutauschen, ohne dafür einen Preis zahlen zu müssen, wie sie es in der ersten Gruppensitzung getan hatte, als sie sich genötigt sah zu weinen und sich, mitleidheischend an Gina wandete, kurz nachdem ihr Bills Kind-Ich positive Streicheleinheiten geboten hatte. Ihr Kopfschmerz verschwand einfach und — was wichtiger war — es wurde aus ihren Transaktionen innerhalb der Gruppe und ihren Beziehungen außerhalb der Gruppe deutlich, daß sie nicht länger ihre tragischen Entscheidungen ausführte. Ihr Spunky-Kind entwickelte zunehmend Kreativität in dem Maße, wie sich ihre Fähigkeit verbesserte, echte Intimität in ihren Beziehungen zu entwickeln.

Wir haben Stellas Skriptanalyse sowie den Prozeß der Neu-Entscheidung ausführlich dargestellt, weil dieses Verfahren zur Zeit noch eine neue Technik ist, die sorgfältiges Training und sorgfältige Überwachung verlangt. Die Skriptanalyse hat sich aus der Transaktionsanalyse entwickelt, da es unmöglich wäre, genau und sicher das Skript eines Patienten ohne gründliche Kenntnisse der Strukturanalyse zweiten Grades zu bearbeiten und ohne die diagnostischen Überlegungen, die sich ergeben, wenn man die Bedeutung der jeweiligen Transaktionen, Ersatzgefühle und Spiele erkennt.

Berne selbst begann mit der Ausarbeitung der Skriptanalyse erst wenige Jahre vor seinem Tod. Er wußte, ebenso wie seine Nachfolger, daß noch viel Forschungsarbeit auf der Basis vorwiegend klinischer Erfahrungen notwendig ist. Immerhin eröffnet die Skriptanalyse die Möglichkeit, eine vorausschauende Arbeit mit den Patienten und der eigenen Person in einer Art durchzuführen, wie das in anderen therapeutischen Verfahren nicht denkbar ist. Sie bildet weiterhin eine Herausforderung, nicht nur für die Therapeuten und ihre Patienten, sondern auch für Sozialwissenschaftler, die sich mit sozialer Kontrolle und den das Lebensschicksal bestimmenden Determinanten befassen.

Hinter der Skriptanalyse liegen die grundlegenden existentiellen Fragen der Menschheit verborgen. Was ist Bestimmung? Was ist Autonomie? Die Skriptanalyse beschränkt sich darauf, mit denjenigen Aspekten von Schicksal und Autonomie eines Menschen zu arbeiten, die von ihm selbst wesentlich beeinflußt werden; es stellt sich dabei heraus, daß dies erheblich mehr sind als wir normalerweise glaubten.

Die Strukturanalyse zweiter Ordnung eröffnet mit ihrer sorgfältigen Unterscheidung zwischen den drei Teilen des Kind-Ich und der Herausarbeitung der unterschiedlichen Tendenzen die Möglichkeit, menschliche Kreativität in einer Weise zu erforschen, wie es bisher nicht möglich war. Die Probleme, die an Stellas Fall dargestellt wurden, betreffen uns mehr oder weniger alle, je nachdem, wo, wann und warum Spunkys expansive Lebenslust durch Spongys archaische Prägungen unterbunden oder in Gefahr gebracht werden, und wie das gesamte Kind-Ich sich dann, in Verzweiflung an das anachronistische Eltern-Ich um Hilfe wendet, statt die Werkzeuge zu benutzen, die vom Erwachsenen-Ich angeboten werden.

Selbst ohne Kenntnis der Strukturanalyse zweiter Ordnung hat sich die bloße Unterscheidung der Persönlichkeit im Hier und Jetzt in Kind-Ich, Eltern-Ich und Erwachsenen-Ich, sowie das Konzept der Transaktionen zwischen den unterschiedlichen Ich-Zuständen für sehr viele Menschen in allen Bereichen menschlicher Kommunikation als äußerst wertvoll erwiesen. Es ist für viele Leute eine besondere Erfahrung gewesen, zu erfahren, daß wir den Ich-Zustand, mit dem wir in einem gegebenen Augenblick antworten oder fühlen, wählen können, statt uns durch alte Verhaltensmuster in unserer Antwort festgelegt zu fühlen.

Als Therapiemethode schließen die Transaktionsanalyse und die Skriptanalyse sowohl rationale als auch emotionale Ansätze der humanistischen Psychologie ein. Wir erforschen tiefgreifende Gefühle und zögern nicht, an ausgewählten Stellen der Behandlung mit Imaginationstechniken zu arbeiten, zum Beispiel benutzte ich Gestalttherapie, um Stella das Ausdrücken elementarer Wut gegen die Mutter zu erleichtern. Immer aber halten wir uns an das TA-Prinzip, daß der Patient früher oder später Gelegenheit erhalten muß, alles Wesentliche mit seinem Erwachsenen-Ich voll zu verstehen. Es ist nämlich sein Erwachsenen-Ich und nicht der Therapeut und auch nicht sein Eltern-Ich, das vorzugsweise seine Entscheidungen bestimmen wird – möglichst im Dienste des eigenen sich entfaltenden Kind-Ich.

Der Vorteil der Transaktionsanalyse als Therapiemethode ist, daß sie klar, direkt und effektiv ist. Patienten können ebensogut wie Therapeuten Ich-

Zustände und Transaktionen identifizieren und bald selbst abschätzen, was gerade geschieht. So wird die Therapie entmystifiziert, und die Tätigkeit des Therapeuten wird offen überprüft.

Sein Vertrag verlangt, zu jedem Zeitpunkt sein Erwachsenen-Ich bereit zu haben, während die Patienten ermutigt werden, ihr Spunky-Kind freizusetzen. Die Patienten können ihren Therapeuten ständig genau überprüfen, ob seine Interventionen auch nützlich sind oder nicht. Dies bedeutet an sich schon einen erheblichen Fortschritt in der Psychotherapie.

Da TA das Training professioneller und halbprofessioneller Mitarbeiter im Sozialbereich erheblich beschleunigen kann, wird damit rasche und effektive Arbeit in Gemeindeämtern, Kliniken, Hospitälern und anderen Rehabilitationseinrichtungen ermöglicht.

Bedauerlicherweise hat genau die Tatsache, daß das Erkennen der Ich-Zustände und Transaktionen so leicht gelehrt werden kann, auch unvermeidlich den Weg dazu bereitet, daß Transaktionsanalyse für bestimmte Bestrebungen mißbraucht wird, deren Ziel es ist, Angulär-Transaktionen zu verwenden, um damit das angepaßte Kind oder das Eltern-Ich eines naiven Kunden dazu zu bringen, zweifelhaften Geschäften wider seinen eigenen Vorteil zuzustimmen. Bedauerlicherweise ziehen Verbesserungen, ganz gleich auf welchem Gebiet, solche Erscheinungen nach sich.

Ein motorisiertes Gefährt ist gefährlicher als ein Pferd mit Wagen, wenn es gewissenlos benutzt wird. Ich möchte deshalb den Leser vor leichtfertigen Kursen durch auf diesem Gebiet unqualifizierte Ausbilder, die sich einfach nur Tricks angeeignet haben, warnen. Dies war eine Entwicklung, die Berne befürchtet hatte. Die International Transactional Analysis Association (ITAA) strebt deshalb an, eben wegen der enormen Beliebtheit, deren sich TA erfreut, Standards für verantwortungsvolle Arbeit zu setzen.

Die Anforderungen der Gesellschaft für die 'advanced membership' sind erheblich und schließen mindestens ein Jahr TA-Praxis unter Supervision ein, sowie den Nachweis der Qualifikation durch Tonband-Gruppenprotokolle und Prüfungen.

Kapitel 2
SLEEPY, SPUNKY UND SPONGY
EIN ÜBERARBEITETES SCHEMA ZUR UNTERTEILUNG DES KIND-ICH UND ZUR SKRIPTMATRIX

Eric Berne hat drei Arten körperlich-seelischer Bedürfnisse von den rein körperlichen Bedürfnissen abgetrennt, und zwar das Bedürfnis nach Anerkennung, das Bedürfnis nach Stimulierung und das Bedürfnis nach Zeitstrukturierung.
Um das erstgenannte Bedürfnis nach Anerkennung zu erfüllen, gehen wir Transaktionen mit Mitmenschen ein und tauschen Streicheleinheiten aus. Die Transaktionsanalyse lehrt uns hierüber mehr.
Die Spiel- und Skriptanalyse vermittelt uns Einblicke, wie wir das letztgenannte Bedürfnis nach Zeitstrukturierung befriedigen.
Dem Bedürfnis nach Stimulierung ist bisher nicht ausreichend Beachtung geschenkt worden, da man annahm, daß dieses durch Streicheleinheiten und Zeitstrukturierung ausreichend befriedigt werde.

Das ist jedoch nur teilweise richtig. Der Hunger nach Stimulierung drückt sich durch eine expansive Neugier aus, die über die Befriedigung durch Streicheleinheiten oder Zeitstrukturierung weit hinausgeht. Alle Eltern kleiner Kinder können bestätigen, daß kleine Kinder von einem hartnäckigen Entdeckerdrang beseelt sind, ständig irgendwelche Dinge zu erforschen und zu überprüfen — und dies über das Bedürfnis nach Streicheleinheiten und Zeitstrukturierung hinaus.

Diese ruhelose Neugier ist eine speziell menschliche Eigenschaft. In anderen Lebewesen, deren Instinkte zuverlässiger arbeiten, ist diese Neugier, wenn überhaupt, nur sehr gering ausgebildet. Darüber hinaus bleibt diese aktive Neugier im Kind-Ich während des ganzen Lebens lebendig. Sie zeigt sich bereits beim Kleinkind, das überall hinkriecht und alles in Reichweite Befindliche berührt, oder sogar noch früher im Säugling, der nach der Klapper oder nach dem Mond greift. Später wird er dann vielleicht ein Columbus oder einer der Brüder Wright. Die Neugier ist als angeborener Trieb ein wichtiger Wachstumsfaktor, der schließlich zur Kreativität hinführt, durch die sich menschliche Errungenschaften auszeichnen.

Sowohl ontogenetisch wie phylogenetisch führt Neugier zu Entdeckungen, und Entdeckungen führen zur Kreativität und Erfindungen. Ich meine zum Beispiel, daß der frühgeschichtliche Mensch den Gebrauch von Werkzeugen vielleicht so entdeckt hat, daß er zunächst mit irgendwelchen Gegenständen herumspielte, um dann später die Anwendung des Hebels und das Rad zu erfinden. Ganz ähnlich spielt das Kind mit Tassen und Aschenbechern: Es entdeckt dabei komplexe naturwissenschaftliche Gesetze zur Schwerkraft, Gestalt, Materie usw., und vielleicht mündet seine Kreativität schließlich in die Entwicklung einer verbesserten Mausefalle. Während des Heranwachsens wird es eine Unmenge neuer Informationen aufnehmen. Jedoch wird die Bereitschaft zum Lernen auch weiterhin durch Neugier genährt, und es wird später nur in dem Maße Informationen kreativ statt mechanisch verarbeiten, wie diese Neugier in ihm lebendig geblieben ist.

Wohlwollende oder aufgeklärte Bezugspersonen sprechen, beobachten sie Anzeichen dieser Neugier am Kind, von 'Freude am Spiel' oder 'Lebendigkeit' bzw. verstehen sie als Zeichen von Intelligenz. Andere Eltern erleben diese Anzeichen als Gefährdung, in Schwierigkeiten zu geraten,'verrückt zu werden' oder als absichtlichen Ungehorsam. Sowohl die wohlwollenden wie die unzufriedenen Eltern beobachten an ihren Kindern, daß Energie und Ausdauer, mit der die Kinder stets forschen und ausprobieren, sich auch dann nicht mindern, wenn keinerlei Mangel an Streicheleinheiten besteht. In der Tat sind es gerade die Kinder, die durch gesteigerte Freude am Spiel aktiv nach Befriedigung ihres Hungers nach Stimulierung suchen, denen erheblich mehr Streicheleinheiten zuteil werden, ob sie nun positiv oder negativ seien. Die Suche gilt also keineswegs nur Streicheleinheiten, obwohl die als Nebenprodukt angefallenen positiven oder negativen Streicheleinheiten bei manchen Menschen den Anstoß zur Ausbildung von Ersatzgefühlen oder Spielen geben mag. Dies dürfte davon abhängen, wieviele und welche Streicheleinheiten im Gedächtnis registriert worden sind.

Es besteht in der Tat ein direkter Zusammenhang zwischen einer frühzeitig und von den Eltern als schützend verstandenen Erlaubnis, Freude am Spiel wahrzunehmen und der späteren Fähigkeit, Risiken einzugehen. Zwar mag Risikobereitschaft einerseits auch Gefährdung bedeuten, jedoch ist sie andererseits auch die unabdingbare Voraussetzung für die Kind-Kind-Transaktionen der Intimität.

In der Strukturanalyse zweiter Ordnung wird derjenige Teil des Kind-Ich, der nach Befriedigung seiner Neugier sucht, als Erwachsener 1 bezeichnet und stellt das Erwachsenen-Ich des noch nicht fünfjährigen Kindes dar. Sobald es kann, benutzt es seine Sinnesorgane, um ganz aktiv Gerüche, Berührung, optische Wahrnehmungen und Geräusche aufzunehmen und zu fragen – zunächst nonverbal, dann mit Worten: Was? Warum? Wann? Wie? Erwachsener 1 wurde scherzhaft auch 'der kleine Professor' genannt, um der intuitiven Klugheit des kleinen Kindes Rechnung zu tragen. Wir haben ihn in Spunky umbenannt, um damit die aktive Neugier, die sich in ihm, sogar angesichts erheblicher Schwierigkeiten, ausdrückt, hervorzuheben. Spunky nimmt begierig auch die kleinste Information auf, deren es in seiner Umgebung habhaft werden kann. Dann verknüpft seine Intuition diese Informationsfetzen mit den Schlußfolgerungen und Gestalten (im gestalttherapeutischen Sinne), zu denen es durch synkretistisches Denken gelangt ist und die, so hofft er, ihm bei der Bewältigung seiner Umwelt hilfreich sein werden.

Ich benutze heute eine veränderte Nomenklatur in der Strukturanalyse des Kind-Ich und habe hierzu ein neues Modell entwickelt, das sich zwar nicht wesentlich, jedoch in Einzelheiten vom ursprünglichen, durch Berne erarbeiteten Modell unterscheidet. Die drei Teile des Kind-Ich: Kind 1, Erwachsener 1 und Eltern 1 tragen nun die Namen Sleepy, Spunky und Spongy. Ihre Beziehung zueinander ist aus dem Diagramm Seite 22 ersichtlich, das ein fünf- oder sechsjähriges Kind darstellt.

Das spätere Erwachsenen–Ich (Erwachsener 2) ist durch einen unterbrochenen Kreis dargestellt, da es in diesem Alter noch nicht sehr wirksam ist – die Wahrnehmung der Realitäten ist noch unzureichend,und das Kind hat noch nicht die Fähigkeit zum logischen Denken.

Eltern 2, das Eltern-Ich, ist ebenfalls als unterbrochener Kreis gezeichnet. Das fünfjährige Kind hat bereits ein wohlausgestattetes Vokabular und internalisiert viele verbale und nonverbale elterliche Verhaltensmaßregeln. Sie werden jedoch nur als sehr allgemeine und unverdaute Anregung zur Nachahmung aufgenommen und weniger als konkrete Handlungsanweisungen. So kann zum Beispiel ein Vierjähriger einen Zweijährigen tadeln und dabei wie die eigene Mutter klingen. Es handelt sich jedoch um eine Nachahmung und nicht um eine Transaktion aus dem eigentlichen Eltern-Ich, aus dem heraus er in seinem späteren Leben sich selbst schelten wird,weil er seine Hausarbeiten „endlich machen sollte" oder aus dem heraus er einen anderen kritisiert, der „nicht über seine Verhältnisse leben sollte".

Ich habe die drei Bestandteile des Kind-Ich mit Namen und Erklärungen versehen. Jeder hat seine Besonderheit und seine besondere Ausrichtung, obwohl sie sich in Wechselwirkung miteinander ausbilden. Alle drei Bestandteile werden sich zu Kind 2, dem Kind-Ich des erwachsenen Menschen, ergänzen. Um mit Skriptanalyse zu arbeiten, ist es jedoch notwendig, sie auseinanderzuhalten und als Sleepy, Spunky und Spongy erkennen zu können.

Spunky (Erwachsener 1) wurde bereits geschildert. Ich werde mich noch häufiger darauf beziehen, da Spunky ausschlaggebend für das Skript ist. Es repräsentiert den begeisterungsfähigen, schöpferischen Teil des Kind-Ich, der vorwärts drängt, neugierig ist und das Risiko nicht scheut. Spunky ist der Held aller Märchen und Mythen.

Sleepy (Kind 1) ist der ursprünglichste Teil im Kind-Ich. Da seine körperliche Entwicklung noch unzureichend ist, ist das Kleinkind in hohem Maße davon abhängig, daß es versorgt wird. Sein Überlebenswille äußert sich durch Saugen, Schreien und Bewegungen des Körpers. Durch seinen körperlichen Zustand ist es jedoch zwangsläufig mehr passiv als aktiv, und sobald es nicht mehr ausreichende Streicheleinheiten erhält, droht der Tod oder Marasmus. Daraus folgt, daß jedes Kind, das älter als sechs Jahre und nicht autistisch ist, von seinen Eltern klare Überlebens-Botschaften in Form von Streicheleinheiten bekommen haben muß. Mag sein, daß die Botschaft „Zum Teufel, überlebe!" oder:„Überlebe, denn ich wage nicht, dich sterben zu lassen!" geheißen hat. Immerhin muß es ein „Überlebe!" in der einen oder anderen Form gewesen sein, anderenfalls hätte das Kind die frühe Kindheit nicht überlebt.

Ich bin der Meinung, daß diese Tatsache, daß Kleinkinder durch Mangel an Streicheleinheiten sterben, obwohl sie ausreichend Nahrung oder Schutz hatten, ein schwerwiegendes Argument dafür ist, daß das noch unentwickelte Kind über einen ausgeprägten regressiven Trieb verfügt, der sich nicht nur auf den Mutterleib, sondern sogar auf das, was dem Mutterleib vorausging, nämlich das Nicht-Leben, richtet.

(Wenn ich einen regressiven Trieb zum Nicht-Leben abgrenze, so ist damit nicht dasselbe gemeint wie das Postulat eines Todestriebes. Ich will damit nachdrücklich betonen, daß das Kleinkind, wird es nicht aktiv durch Streicheleinheiten am Leben erhalten, automatisch aus dem Überleben zurücksinkt in das Nicht-Leben.)

Spongy (Eltern 1) vertritt die im Kind schon früh angelegte Fähigkeit zu internalisieren und zu symbolisieren. Dies ist ein notwendiger Bestandteil seiner Persönlichkeit, da das ältere, zum Beispiel sechs- bis neunmonatige Kind weniger physische Streicheleinheiten in Form von Halten, Füttern oder Windeln erhält. Es muß nun die symbolisierten Streicheleinheiten wahrnehmen lernen, die ihm als Lächeln, Stirnrunzeln oder verbale Äusserungen zuteil werden. Es registriert sie als Botschaft und verbucht sie zum Teil als nonverbale Überlebensnahrung, die ihm über die längeren Durststrecken ohne Streicheleinheiten helfen sollen.

Unglücklicherweise sind genau diese sehr nützlichen Fähigkeiten, zu symbolisieren und Botschaften festzuhalten, auch dafür verantwortlich, daß sich ein Spongy ausbildet, jenes anachronistische Gespenst, das im späteren Leben immer wieder mit Spunkys Kreativität in Konflikt geraten wird. Dies hängt damit zusammen, daß Spongy völlig wahllos alle Arten Streicheleinheiten registriert und aufbewahrt, seien sie nun positiv, verwirrend oder destruktiv. Sie werden alle gleichermaßen internalisiert, als hätten sie den gleichen Überlebenswert: Oft werden schädliche Botschaften aus dem Kind-Ich der Eltern gleichzeitig mit beschützenden Streicheleinheiten aus dem fürsorglichen Eltern-Ich aufgenommen. So kann zum Beispiel eine Mutter, die jedesmal, wenn sie ihr Kind, das bei seinen Gehversuchen hingefallen ist, aufhebt, lacht, möglicherweise eine „Scheitere!"-Botschaft vermitteln, die eng an das Überleben gebunden ist. Die Botschaft zum Scheitern kann dabei verdeckt mehr Kraft entfalten als die Überlebensbotschaft, wenn das Kind auf die erstere emotional stärker anspricht. Ich nenne die von Spongy internalisierten Botschaften Überlebensbedingungen. Im Unterschied zu Steiner, der sie auf eine einzige, machtvolle Botschaft zurückführt, halte ich es für nützlicher, von einem ganzen Bündel Botschaften verschiedenartiger Qualität und Einflußstärke zu sprechen. Einige dieser Botschaften oder Überlebensbedingungen werden allerdings tatsächlich als Fluch oder Verwünschungen erlebt. Jedoch existieren in der Regel auch ergänzende Botschaften, die die ersteren modifizieren.

Märchen und Mythen zeichnen ein sehr anschauliches Bild von den bunt zusammengewürfelten wechselhaften oder gar widersprüchlichen Botschaften, die in Spongy vereint sind. Man findet in der Regel eine Anzahl guter und böser Riesen oder Feen, die abwechselnd einmal Hilfe, einmal Verwünschungen, dann wieder Nahrung, dann wieder Leid anbieten. Der Einfluß der verschiedenen Botschaften hängt nicht nur vom elterlichen Ich-Zustand ab, aus dem heraus sie formuliert wurden, sondern auch vom Zeitpunkt erfahrener Verstärkung, der Verfügbarkeit anderer Eltern-Figuren (zum Beispiel Großeltern) und der Aufnahmebereitschaft von Spongy. Zusätzliche Verwirrung entsteht dadurch, daß Spongy oft Informationen mißversteht und einfache Worte in magische Bilder uminterpretiert.
Ein Beispiel: Eine in den USA geborene jüdische Patientin hatte die Schwärmerei ihres Vaters für das jüdische Ghetto, in dem er in Europa aufgewachsen war, festgehalten. Sie heiratete später einen Farbigen mit der Erwartung, daß sie der Umzug in das (schwarze) Ghetto sehr glücklich machen würde. Sie versuchte damit, eine in Spongy bewahrte Botschaft umzusetzen, ohne sich bewußt zu sein, daß sie dem Wort 'Ghetto' eine anachronistische und magische Bedeutung zuordnete.

Nachfolgend die veränderte Skriptmatrix, wie ich sie benutze, unter Einbeziehung von Spongy, Spunky und Sleepy:

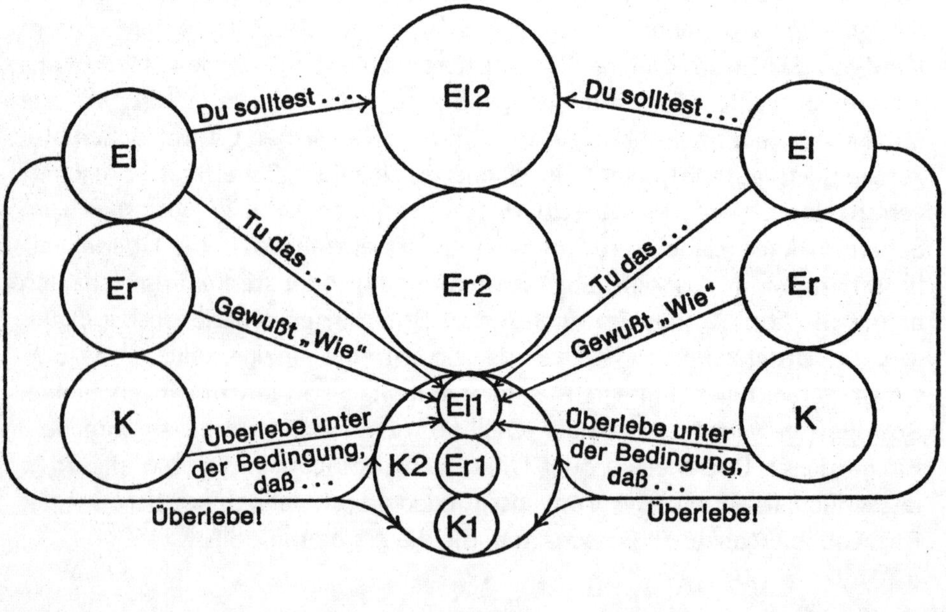

Leser, die mit der zuvor gebräuchlichen Skriptmatrix vertraut sind, werden die nachfolgenden Unterschiede bemerken:
Es liegt mehr Nachdruck bei der Überlebensbotschaft durch die fürsorglichen Eltern-Ichs.
Das Kind-Ich der Eltern ist verantwortlich für die nonverbalen Überlebensbedingungen. Diese können mehr oder weniger einflußreich sein, wohlwollend oder böswillig. Jeder Mensch übernimmt eine Anzahl Bedingungen und nicht nur eine einzige, wenn auch bei manchen Menschen nur eine oder zwei Überlebensbedingungen von ausschlaggebendem Einfluß sind. Weil er zahlreiche Bedingungen unterschiedlicher Art vermittelt bekommt, kann der Mensch schließlich Skriptalternativen entwickeln. Eine dieser Skriptalternativen ist mit der Erwartung verbunden, die ungünstigsten Überlebensbedingungen an irgend jemand anderen weiterreichen zu können. Dies wurde von mir an anderer Stelle als Episkript-Konzept beschrieben (vgl. Kapitel 14).
Das Erwachsenen-Ich und das Eltern-Ich der Eltern beantworten die mit „Warum?" und „Wie?" beginnenden Fragen des kleinen Kindes. Wahrscheinlich werden die meisten verbalen Antworten in Eltern 2 internalisiert, aber wenn das Kind noch sehr klein ist, werden sie in Spongy (Eltern 1) aufgenommen, oft auf so undifferenzierte und entstellte Weise, wie ich es oben beschrieben habe.
Die Linie mit dem „Du solltest" führte vom Eltern-Ich der Eltern zu Eltern 2 im Kind. Hierdurch werden offene verbale Instruktionen aufgenommen. Beispiel: „Putz deine Zähne täglich". Möglicherweise entsteht hieraus die Grundlage für das Gegenskript.

Ich bin überzeugt, daß das Skript von Spunky (Erwachsener 1) entwickelt wird, um damit festzulegen, wie es leben will — das heißt, wie es über die Befriedigung seiner Bedürfnisse nach Streicheleinheiten und Zeitstrukturierung hinaus seine Neugier und Kreativität zum Ausdruck bringen will. Spunky muß den regressiven Trieb von Sleepy überwinden. Deshalb glaubt es, die in Spongy verankerten Lebensbedingungen berücksichtigen zu müssen. Spunkys Rezept bei der Entwicklung seines Skripts heißt: „Um zu leben, muß ich überleben." Seine Frage lautet: „Muß ich wirklich alle diese Überlebensbedingungen von Spongy erfüllen? Ich will Leben verwirklichen können, deshalb werde ich die Überlebensbedingungen erfüllen, wenn es sein muß, es sei denn... sagtest du nicht, Therapeut, ich hätte die Möglichkeit zu wählen? Wie lauten diese Möglichkeiten? Wie fange ich an?"

Kapitel 3
DIE ÄNDERUNG DER GRUNDEINSTELLUNG DES SKRIPTS

In seiner Arbeit „Classification of Positions" stellt Berne fest:„Eine natürliche Einteilung der Spiele ergibt sich aus der Grundeinstellung des Patienten... Sie ist die entscheidende Variable des menschlichen Lebens... Die Grundeinstellung wird in der frühen Kindheit zwischen dem dritten und siebten Lebensjahr festgelegt, um damit eine Entscheidung zu rechtfertigen, die aufgrund früherer Erfahrungen gefällt wurde... Auf dieser Grundeinstellung fußen sowohl Skript als auch die von ihm abgeleiteten Spiele."

Anschließend führt Berne die Grundeinstellungen auf:'Ich bin o.k.–Du bist o.k.'; 'Ich bin o.k.–Du bist nicht o.k.'; 'Ich bin nicht o.k.–Du bist o.k.'; Ich bin nicht o.k.–Du bist nicht o.k.'. Dann stellt er fest:„Jedes Spiel, Skript oder Schicksal gründet sich also auf einer dieser vier Grundeinstellungen."

Berne definiert Skript als einen unbewußten Lebensplan. Er behauptete, daß jeder Mensch ein Skript habe und weigerte sich, den Begriff des Skripts ausschließlich auf schädliche Skripte einzuengen (mündliche Mitteilung auf einem Seminar, August 1969). Ich selbst verwende den Begriff Skript im gleichen Sinne.

In den letzten Jahren habe ich mich im Rahmen meiner therapeutischen Arbeit besonders damit beschäftigt, solche Skripte zu erkennen, die die Patienten wegen allzu einengender Konsequenzen verändern wollten. Es war – berücksichtigt man Bernes oben zitierte Äußerung – keineswegs überraschend, daß sich die Grundeinstellung, die von diesen Patienten eingenommen wurde, als entscheidend und wichtig erwies.

Zu meinem Kummer entdeckte ich, daß – selbst wenn ein Skript erkannt und beeinflußt werden konnte – die Aufgabe, die Grundeinstellung auf ein stabiles 'Ich bin o.k.–Du bist o.k.–realistisch' hin zu beeinflussen, schwieriger war, als ich zunächst angenommen hatte.

Manchmal gehen Patienten nur vorübergehend oder scheinbar zur Position

des 'Ich bin o.k.–Du bist o.k.–realistisch' über, um unter Belastungen dann wieder zur vorherigen Grundeinstellung zurückzukehren.
In diesen Fällen muß man vermuten, daß der Wechsel in erster Linie dem Therapeuten zum Gefallen war (der Wechsel ist dann als Auswirkung der Übertragungssituation zu verstehen). Dies kann vorübergehend sehr nützlich sein oder sogar die Grundlage für ein neues, wesentlich annehmbareres Gegenskript ergeben. Jedoch berührt der Wechsel – ebenso wie das Gegenskript – nicht das ursprüngliche Skript, und so ist die neue Einstellung äußerst unzuverlässig.

Dies hat mich dazu veranlaßt, den Prozeß wieder zu überdenken, der zur Festlegung der Grundeinstellung führt. Die Mehrzahl der Patienten, mit denen ich arbeite – ambulante Patienten einer Privatpraxis – hatten offenbar keine 'Ich bin nicht o.k.–Du bist nicht o.k.'–Einstellung. Diese Selektion ergibt sich übrigens dadurch, daß ein Mensch mit 'Ich bin nicht o.k.–Du bist nicht o.k.'–Einstellung sich typischerweise im Krankenhaus oder im Gefängnis befindet, weil er entweder deutlich Regression oder Autismus im Sinne einer Schizophrenie zeigt, oder aber suizidale oder gemeingefährliche Verhaltensweisen, offen oder auch verdeckt, zum Beispiel im Sinne einer Drogenabhängigkeit hat.

Zur Behandlung kommen also Patienten, die entweder eine 'Ich bin nicht o.k.–Du bist o.k.'–Einstellung haben oder eine 'Ich bin o.k.–Du bist nicht o.k.' –Einstellung.
Diese beiden Einstellungen werden tatsächlich bereits in der Kindheit festgelegt. Jedoch sind sie eine Abwehr der noch früheren Einstellung 'Ich bin nicht o.k.–Du bist nicht o.k.', die dem prinzenhaften 'Ich bin o.k.-Du bist o.k.' folgte. Sie droht, wieder wirksam zu werden, wenn Lebenskrisen vorkommen.

Ich denke dabei an Phasen der frühkindlichen Entwicklung, wie sie von Melanie Klein beschrieben wurden. Sie hat die depressive Phase des sechsmonatigen Kindes beschrieben. Diese steht in Beziehung zur kindlichen Erfahrung, daß die Quelle der Zuwendung die gute (Mutter-)Brust ist, während es als die Qzelle der Frustration die schlechte (Mutter-)Brust, die sich zurückzieht, erlebt. Das Kleinkind ist deshalb ärgerlich über die schlechte Mutter ('Du bist nicht o.k.'), aber da diese gleichzeitig auch die gute Mutter ist, fühlt es sich wegen des Ärgers selbst nicht o.k.

Das Kind kommt dann in ein Entwicklungsstadium (um zwei Jahre), in dem es – nach Erikson – entweder ein Gefühl von Autonomie entwickelt oder ein Gefühl grundsätzlichen Selbstzweifelns. Dies ist das Entwicklungsstadium, das dem Altersabschnitt vorangeht, in dem die Grundeinstellung festgelegt wird, wie Berne meint.

Um ein Gefühl für Autonomie zu entwickeln, müssen die elterlichen Verhaltensweisen dem Kind vermitteln, daß sein Körper ihm selbst gehört. Es kann in seinem eigenen Bereich unabhängige Entscheidungen treffen; später kann sich daraus die Fähigkeit, komplexere Entscheidungen zu treffen, entwickeln. Einige wenige glückliche Menschen, deren elterlicher Einfluß ihnen eine starke Entwicklung zur Autonomie ermöglichte, behalten einen großen Teil der 'Ich bin o.k.–Du bist o.k.'–Einstellung bei. Diese Menschen werden nicht als Patienten auftreten und uns im Rahmen dieser Arbeit beschäftigen, obwohl eine Untersuchung auch aufschlußreich wäre. Gandhi könnte ein Beispiel sein. Das biographische Material deutet darauf hin, daß er von der Mutter ein Skriptgebot mitbekommen hat:„Biete Widerstand, aber töte niemals!" Als Kind entschied er sich, den Briten Widerstand zu leisten. Aber er hielt sich an die 'Ich bin o.k.–Du bist o.k.'–Einstellung sogar im Gefängnis und zeigte, daß er auch die Engländer für genügend o.k. hielt, daß sie von seinem Hungerstreik eher beeindruckt sein würden als ihn einfach verhungern zu lassen.

Wenden wir uns wieder jenen Menschen zu, die die 'Ich bin o.k.–Du bist o.k.'–Einstellung nicht aufrechterhalten konnten. Zweifel an sich selbst und an den Mitmenschen bewegen den Zwei- bis Dreijährigen und erneuern das alte 'Ich bin nicht o.k.–Du bist nicht o.k.'–Gefühl. Er sucht eine bessere Grundeinstellung.

„Ich werde niemals liebenswert sein." ('Ich bin nicht o.k.–Du bist o.k.'), oder:„Ich werde nie mehr einem Menschen vertrauen" ('Ich bin o.k.–Du bist nicht o.k.') sind vielleicht ungünstige Entscheidungen, aber sie bieten wenigstens eine verläßliche Basis, auf der eine Grundeinstellung aufgebaut werden kann, mit der das entsetzliche 'Ich bin nicht o.k.–Du bist nicht o.k.'–Gefühl abgewehrt werden kann. Und nun wird auch ein Programm entwickelt, um die Entscheidung und die Grundeinstellung zu stützen und die Botschaften einzufügen, die von den Eltern kommen. Es wird festgelegt, wie das Leben gestaltet werden muß, um all das zu berücksichtigen.

Dieses Programm verleiht zusätzliche Sicherheit, daß das Selbst nicht in der Hoffnungslosigkeit des 'Ich bin nicht o.k.–Du bist nicht o.k.' untergehen wird.

Daß dieses Programm oder diese Spiele vielleicht auch Schwierigkeiten verursachen und so – Jahre später – den Patienten schließlich unsere Behandlung suchen lassen, ist in diesem Vorgang natürlich nicht berücksichtigt.

Große Spiele weisen auf ein tragisches Skript hin, und sowohl der Therapeut als auch der Patient können es erkennen. Man kann jedoch schlechte Überlebensschlußfolgerungen ändern und damit die Zukunftsaussichten verbessern. Und dann hoffen beide, daß die 'Ich bin o.k.–Du bist o.k.–realistisch'–Einstellung Oberhand gewinnen wird. Falls nicht, wird ein zusätzlicher Anstoß des Therapeuten, zum Beispiel in Form einer besonderen Erlaubnis oder eines Schutzangebotes, nötig sein.

Aber so schnell geht es meistens nicht! Es handelt sich um das uralte 'Ich bin nicht o.k.–Du bist nicht o.k.'–Gefühl, jene Grundeinstellung, die so archaisch ist, daß sie im innersten Gefühlsbereich erlebt wird.

Manchmal tritt starke Verzweiflung auf, manchmal auch ein völlig irrationales Verhalten. Meiner Meinung nach ist der Grund für eine solche Verzweiflung darin zu suchen, daß bei einer Veränderung des Skripts auch die Grundeinstellung wieder in Bewegung gebracht wird und das 'Ich bin nicht o.k.–Du bist nicht o.k.' wieder an die Oberfläche kommt.

Wäre es möglich, die Grundeinstellung von 'Ich bin o.k.–Du bist nicht o.k.' oder 'Ich bin nicht o.k.–Du bist o.k.' direkt in 'Ich bin o.k.–Du bist o.k.–realistisch' umzuwandeln, dann gäbe es keine Verzweiflung, sondern nur Zufriedenheit und Zuversicht. Auch ist das frühe 'Ich bin o.k.–Du bist o.k.' nicht mehr erreichbar, weil es das nur in der unrealistischen frühen Kindheit gab.

Bisher haben viele TA-Therapeuten, denen die beschriebene Verzweiflung wohl bekannt ist, sie der Furcht des Kind-Ich zugeschrieben, das nicht wagt, die Hexen-(Mutter-)Gebote fallenzulassen, die im Skript enthalten sind.

Ich will diese Erklärung nicht anzweifeln, da Botschaften der Eltern, ob psychisch abnorm oder gesund, in jedem Fall die wichtigste Quelle des Schutzes für das Kind waren. Ich finde allerdings, daß diese Erklärung nicht ausreichend der außerordentlichen Intensität der Emotionen Rechnung trägt, die auftreten, wenn das Skript von Menschen verändert wird.

Die besondere Verzweiflung, von der ich rede, ist eng verbunden mit dem Wiederauftreten der mächtigen 'Ich bin nicht o.k.–Du bist nicht o.k.'–Einstellung, die im Kind-Ich verschlossen lag und nun wieder wirksam wird, wenn die defensive Einstellung 'Ich bin nicht o.k.–Du bist o.k.' oder 'Ich bin o.k.–Du bist nicht o.k.' erschüttert wird. Die in Frage gestellten Grundhaltungen waren ungefähr im dritten Lebensjahr festgelegt worden als Ersatz für das 'Ich bin o.k.–Du bist o.k.', das mangels Autonomie nicht aufrechterhalten und infolgedessen nicht ausreichend gegen die 'nicht o.k.' Gefühle des sechsten Lebensmonats verteidigt werden konnte.

Das therapeutische Vorgehen beinhaltet in dieser Situation vorrangig das Angebot von neuem Schutz. Allerdings muß sich der Therapeut gleichzeitig bewußt sein, daß der Patient sich nun in einer 'Ich bin nicht o.k.–Du bist nicht o.k.'–Grundeinstellung befindet, d.h. in einer noch gefährlicheren Position als bisher.

Selbstmord, Tötungshandlungen oder auch psychotische Reaktionen sind denkbar. Der Gefahr solcher Reaktionen muß sich der Therapeut in dieser Situation klar bewußt sein, selbst wenn es sich um einen unauffälligen Neurotiker handelt, der nie zu extremen Handlungen neigte.

Sollten sich in einer solchen Situation Hinweise auf derartige Zwischenfälle ergeben, so sind sie nicht als Auswirkung gefährlicher Skriptgebote zu verstehen, sondern als Folge der erdrückenden 'Ich bin nicht o.k.–Du bist nicht o.k.'–Grundeinstellung, die der Patient zuvor hatte abwehren können, und als Ausdruck seiner verzweifelten Suche nach Hilfe (in Fällen scheinbar psychotischen Verhaltens) oder als Zeichen seiner Resignation gegenüber den auf den Tod gerichteten Tendenzen der 'Ich bin nicht o.k.–Du bist nicht o.k.'–Einstellung.

Mögen sein Skript und die im Skript enthaltenen Gebote auch noch so erdrückend gewesen sein, so können sie doch als das kleinere Übel erschei-

nen gegenüber der 'Ich bin nicht o.k.–Du bist nicht o.k.'–Position, in der sich der Patient jetzt befindet.
Dies ist ein echtes Dilemma der Behandlung, das dadurch verschlimmert wird, daß der Schutz, den der Therapeut – er genoß zuvor volles Vertrauen – anbietet, einem Patienten, der dieses Angebot aus einer 'Ich bin nicht o.k.–Du bist nicht o.k.'–Einstellung heraus wahrnimmt, eventuell nicht viel bedeutet.

Wenn der Patient jedoch Teile seines Skripts wirklich ändern will und muß, dann muß er durch diese Behandlungsphase hindurchgehen.Nur so kann er die Erfahrung der Autonomie nachholen, die ihm in seiner frühen Kindheit vorenthalten wurde. Nur so wird er in der Lage sein, wirksame Neu-Entscheidungen zu treffen. Und ein neues, stabiles 'Ich bin o.k.–Du bist o.k.–realistisch' benötigt eine klare, neue Entscheidung, die auch die verschiedenen damit verbundenen Schwierigkeiten bewußt in Kauf nimmt, die volle Verantwortung für das eigene Leben inbegriffen.

Aber zunächst gerät der Patient in Gefahr, wenn er radikale Änderungen in seinem Skript vornimmt. Was soll man tun? Es gibt keine einfache Antwort. Das ist für Therapeut und Patient gleichermaßen unbequem.

Ich möchte dennoch einige Gedanken dazu anbieten:

1. Der Therapeut muß durch solche Krisen nicht überrascht werden. Es gibt deutliche Anzeichen, daß die zuvor maßgebende Grundeinstellung ins Wanken geraten und oft auch aufgegeben worden ist, bevor die 'Ich bin nicht o.k.–Du bist nicht o.k.'–Gefühle so machtvoll durchbrechen. So scheint jemand, der eine 'Ich bin nicht o.k.–Du bist o.k.'–Einstellung aufrechterhielt, zu 'Ich bin o.k.–Du bist nicht o.k.' überzuwechseln.
Es saß zum Beispiel eine schrecklich ängstliche 'Märtyrerin' mit einem geduldigen Griseldis-Skript regelmäßig wie ein Denkmal von Geduld, das zu allen Sorgen nur lächelt, in der Gruppe. Als sie begann, ihr Skript zu verändern, verlegte sie sich auf endlose Anklagen im Stile von „Ist es nicht schrecklich..." gegen die Ehemänner (Wechsel von 'Ich bin nicht o.k.–Du bist o.k. zu einem 'Ich bin o.k.–Du bist nicht o.k.'). Nicht lange danach zeigte sie tiefste Verzweiflung und befand sich in einer 'Ich bin nicht o.k. –Du bist nicht o.k.'–Position.
Das Gegenbeispiel lieferte eine Studentin, die begann, sich bittere Vorwür-

fe zu machen wegen ihrer Undankbarkeit gegenüber dem „wunderbaren" Vater, den sie zuvor nicht genug herabsetzen konnte (Wechsel von 'Ich bin o.k.–Du bist nicht o.k.' zu 'Ich bin nicht o.k.–Du bist o.k.'). Sie war mit ihrem 'Lady Macbeth'–Skript konfrontiert worden und verfiel dann in ein 'Ich bin nicht o.k.–Du bist nicht o.k.'.

2. Mitunter wird der Patient, statt die Grundeinstellung zu wechseln, bevor das 'Ich bin nicht o.k.–Du bist nicht o.k.' auftaucht, hartnäckig und mit einem Ausdruck von Panik darauf bestehen, daß er sich in der 'Ich bin o.k.–Du bist o.k.'–Position befindet. In einer solchen Situation kann der Therapeut mit seinem eigenen Kind-Ich gut erspüren, ob diese Versicherung echt gemeint ist oder als Warnung vor der Krise zu verstehen ist.

3. Wenn ich solche Wechsel in der Grundeinstellung beobachte, wie sie zuvor beschrieben wurden, dann begrüße ich sie als Vorboten einer wichtigen Veränderung, aber ich mache mich gleichzeitig gefaßt auf das, was nachfolgt.

4. In einem Marathon lösen sich Einstellungswechsel manchmal in verwirrend schneller Folge ab wegen der in einem solchen Rahmen beschleunigten Entwicklung. Die Krise ist dann in dieser beschleunigten Form meist schmerzhafter und dramatischer für den Patienten, aber die Marathon-Situation bietet auch einen besonderen Schutz. Ich kann im Augenblick noch nicht beurteilen, ob die raschere oder die langsamere Entwicklung für den Aufbau einer stabilen 'Ich bin o.k.–Du bist o.k.'–Einstellung wirksamer ist. Für beide Ansichten habe ich günstige Beispiele erlebt.
Die Studentin, die ich zuvor erwähnte, war ziemlich lange in meiner Behandlung und konnte sich nicht von ihrer festen 'Ich bin o.k.–Du bist nicht o.k.'–Position lösen. Alle oben beschriebenen Veränderungen ereigneten sich während eines Marathons. In der Nacht verübte sie – aus der 'Ich bin nicht o.k.–Du bist nicht o.k.'–Einstellung heraus – einen Selbstmordversuch, der rechtzeitig vereitelt wurde. Dieses Mädchen hatte kein zum Selbstmord führendes Skript. Ihr Skript legte sie auf Aggressivität gegen Männer fest. Am Ende des Marathons hatte sie zu einem noch zaghaften 'Ich bin o.k.–Du bist o.k.–realistisch' gefunden, das sich inzwischen so stabilisiert hatte, daß ich keine Gefahr für Selbstmord oder selbstmordgefährdendes Verhalten mehr sehe.

5. Da es sich in derartigen Krisensituationen um handfeste Risiken handelt, befindet sich der Therapeut in einer sehr belastenden Situation. Er muß in der Lage sein, seine eigene 'Ich bin o.k.–Du bist o.k.–realistisch'–Einstellung gerade auch in dieser Situation aufrechtzuerhalten. Falls es ihm aus irgendwelchen Gründen nicht möglich ist, sollte er sich mit dem Patienten abstimmen, möglichst vor der Krise, so daß das Erwachsenen-Ich des Patienten oder sogar dessen Eltern-Ich mobilisiert werden kann, um die defensive Grundeinstellung vorübergehend wieder herzustellen. Es wäre auch legitim, sich auf ein Aussteigen zu einigen und kollegiale Hilfe in Anspruch zu nehmen. Dies kann ebenfalls zu einer Wiederverfestigung der alten, an das Skript geknüpften Grundeinstellung führen, aber das ist eine Übergangslösung und besser als eine Tragödie.

6. Um mit der Krise umzugehen, muß der Therapeut nach meiner Meinung selbst den gewaltigen Kampf kennengelernt haben, den es kostet, um eine echte 'Ich bin o.k.–Du bist o.k.–realistisch'–Position zu erlangen. Dieser Kampf ist innerlich und schwer zu beschreiben. Für diejenigen, die Erfahrung mit Gestalttherapie haben, läßt er sich mit Gestalterlebnissen vergleichen, nur ist es in TA ein wesentlich langsamerer, bedächtiger und voll bewußter Prozeß, im Unterschied zu der raschen, erlebniszentrierten Gestaltarbeit. Um bezüglich Autonomie und Fähigkeit zu echter Intimität wirklich echt zu werden, muß der Patient durch die Implosionsphase (Verzicht auf die defensive Position). Er findet sich in der Sackgasse des 'Ich bin nicht o.k.–Du bist nicht o.k.', die er über eine Explosion (die ängstigende Krise, von der wir weiter oben sprachen, die Verzweiflung oder extremes Verhalten beinhaltet) überwinden kann, um zum Aha-Erlebnis zu gelangen ('Ich bin o.k.–Du bist o.k.–realistisch'). Wir haben hier die typischen Phasen eines Gestaltprozesses auf eine TA-Behandlung übertragen.

7. Nach meinen Erfahrungen hat es sich als wirksame Hilfe für den Patienten erwiesen, die durch die mit der Grundeinstellungs-Änderung verbundene Krise gehen, daß sie wissen (meist nonverbal vermittelt), daß auch ich durch eine ähnliche Hölle gegangen bin und das 'o.k.'–Gefühl erreicht habe. Ich bange mit ihnen wegen der Schmerzen, die sie ertragen müssen, bin aber auch zuversichtlich, daß sie daraus mit einem neuen 'o.k.'–Gefühl hervorgehen werden. Schmerz und Arbeit kann ich dem Patienten nicht abnehmen. Ich bin nur der Zeuge, der den Schmerz sieht.

Wenn der Patient die Krise überwindet und zum 'Ich bin o.k.–Du bist o.k. –realistisch' gelangt, so ist dies mit der Erfahrung verbunden, es allein geschafft zu haben, auf der Basis der eigenen Entscheidung und durch die Schrecken der Konfrontation mit dem Selbst.

Sein neu erworbenes o.k.–Gefühl ist nicht genau dasselbe wie das des unschuldigen, zweijährigen Prinzen – mit der noch ungetrübten Hoffnung und dem freudigen Erstaunen. Er glaubt nicht mehr an den Weihnachtsmann.

„He! Weißt du was? Ich bin ein mieser Vogel. Ich bin gemein und selbstsüchtig, aber... ich kann auch lieben! Ich bin o.k. Und du – Du bist auch nicht gerade der Größte oder Hilfsbereiteste... Aber was soll's: Du bist o.k.

Kapitel 4
SCHAM UND SOZIALE KONTROLLE

In seinem Werk „Kindheit und Gesellschaft" befaßt sich Eric Erikson mit den sich von der Geburt an aufbauenden Stufen der emotionalen Entwicklung. Er arbeitet die Einstellungen heraus, die auf jeder Stufe erworben werden.. Dabei stellt er die positivste der negativsten gegenüber. Das bedeutet, daß wir beim Aufwachsen eine tiefliegende Schicht von Einstellungen erwerben, die dem emotionalen Zustand entspricht, den wir auf jeder Stufe entwickelt haben.
Die erste Stufe zum Beispiel heißt Vertrauen gegen Mißtrauen. In der Terminologie der TA bedeutet das: Hat ein Kleinkind in adäquater Weise Liebe und Zuwendung (Streicheleinheiten) für sein Kind-Ich erhalten, dann sprechen wir von einer Grundtendenz in Richtung Vertrauen – einem fundamentalen Zutrauen zu sich selbst und zu anderen im Gegensatz zu einer Grundtendenz zum Mißtrauen.
In der Regel entwickeln die meisten Individuen natürlich beide Tendenzen und zwar entsprechend der Qualität der frühen Zuwendung, die sie erhalten haben. Das heißt, daß die meisten von uns unter gewissen Umständen sich selbst und/oder anderen vertrauen, unter anderen Umständen aber Mißtrauen zeigen. Der springende Punkt also ist, daß sich jeder von uns in Übereinstimmung mit einer zugrundeliegenden fundamentalen Einstellung gemäß dem Vertrauen–Mißtrauen–Kontinuum verhält und daß diese fundamentale Einstellung schon in der frühen Kindheit erworben wird.

Das gleiche gilt für die nächste Stufe, die Erikson Autonomie versus Scham und Zweifel nennt. Diese Stufe erscheint etwa im Alter von zwei Jahren und wiederum ist es so, daß ein Kind zu der nächsten Stufe entweder mit einem fundamentalen Verständnis von Autonomie (ich bevorzuge in diesem Kontext das Wort Selbstvertrauen) schreitet oder mit einem fundamentalen Zweifel an sich selbst und einer Tendenz, sich für alle möglichen Gefühle und Verhaltensweisen zu schämen. Dies würde dann eine Neigung zur Überanpassung mit sich bringen. Es handelt sich hier wieder um ein Kontinuum: Als Erwachsene haben wir auf manchen Gebieten Selbstvertrauen und auf anderen Gefühle des Zweifels an uns und der Scham vor anderen.

Das Phänomen der Scham, d.h. die menschliche Fähigkeit, Scham zu erleben, verdient Aufmerksamkeit. Deshalb möchte ich gerade zu diesem Begriff einige Ausführungen machen.

Zunächst ist es nützlich zwischen Scham und Schuld zu unterscheiden. Es läßt sich aus dem Stufenschema von Erikson entnehmen, daß Scham, von der Entwicklung her gesehen, ein viel ursprünglicheres Gefühl als Schuld ist. Vor allem enthält sie physiologische Komponenten, die bei der Schuld nicht vorkommen. Das Schuldgefühl ist ein Ersatzgefühl, das Zorn verbirgt. Selbst wenn das Schuldgefühl kein Ersatzgefühl wäre, kann es doch durch intellektuelle und verbale Erklärungen ausgedrückt werden. Wenn jemand sich schuldig fühlt, ist er gewöhnlich bereit, in aller Breite darüber zu reden, worüber er sich schuldig fühlt. Nicht so bei der Scham. Bei der Scham ist die erste Reaktion physiologisch. Man errötet und schwitzt, das Herz schlägt schneller, der Atem ändert sich, man spürt Kreislauf- und andere Körperveränderungen, so daß zeitweise das Sprechen und/oder Handeln oder die Verständigung behindert sind. Sich schämen heißt psychosomatisch reagieren.

Ein einfaches Experiment soll diesen Punkt näher erläutern. Bedienen Sie sich Ihres Eltern-Ichs und brüllen Sie eine Gruppe an mit den Worten: „Schämt euch!“, während die Leute Ihnen zuhören. Ein großer Teil von ihnen wird unmittelbar die Erfahrung physischer Reaktionen machen, und das, obwohl Sie ihnen keinen Grund für ihre Scham genannt haben. Keiner wird in der Lage sein, genauer zu beschreiben, weswegen er sich plötzlich schämte. Man reagiert so, weil die Fähigkeit, Scham zu fühlen, als physiologische Reaktion auf einer frühen Altersstufe (ein bis zwei Jahre) entsteht, d.h. auf einer Stufe im Leben, die der Vernunft und/oder dem Handeln des Erwachsenen-Ich vorausgeht. Nach dem zweiten Lebensjahr fährt der Spongy-Teil im Kind-Ich fort, die Aufnahmebereitschaft für die Scham weiter zu übertragen. Sie kann mehr oder weniger aktiviert werden, je nachdem, wieviel Scham in der frühen Kindheit erfahren wurde. Für die Scham fühlen wir uns alle verantwortlich. Gradmäßig und inhaltlich unterscheidet sie sich von Individuum zu Individuum und von Kultur zu Kultur. Gerade durch unsere Fähigkeit, Scham zu empfinden, passen wir uns den Eltern, den uns Überlegenen und allen ihren Tabus an, auf jeden Fall mehr als durch unsere Fähigkeit, uns zu fürchten oder durch unser Bedürfnis nach Zuwendung.

Einen interessanten Aspekt der Scham sehe ich darin, daß nur die Kinder der Menschen sich schämen. Obwohl die Scham wie die Furcht eine primitive Reaktion ist, ist nur die Furcht, die im Überlebensinstinkt gründet, uns und den Tieren gemeinsam.
Möglicherweise bilden Hunde eine Ausnahme, aber sie sind auch die einzigen Tiere, die eine fast menschliche Fähigkeit haben, sich menschlichen Eltern anzupassen. Bei Hunden kann man jedoch argumentieren, daß das typische Einziehen des Schwanzes nach einem Fehlverhalten mehr Furcht vor Strafe darstellt als eine verfügbare Fähigkeit zur Scham, wie sie in diesem Artikel diskutiert wird. Außerdem schämen sich Hunde nicht voreinander.

Warum reagieren gerade Kinder auf Scham mehr als auf eine reale Gefahr? Um eine mögliche Erklärung zu erhalten, müssen wir noch eine andere menschliche Tendenz heranziehen: die unersättliche Neugier und Abenteuerlust des Spunky-Kind. Wie schon früher gezeigt, riskiert Spunky gefährliche Situationen im Dienste übersprudelnden kreativen Forschungsdranges, wie es kein junges Tier tun würde. Ohne Kontrolle würde das Kind weglaufen, verletzt werden oder verloren gehen. Heute besteht die Möglichkeit, die elterliche Kontrolle durch Aufpassen und durch Maßnahmen für die physische Sicherheit auszuüben, beispielsweise das Aufbewahren des Kindes in einem Laufstall usw. Aber wie war es in früheren Zeiten, als die Menschen mit vielen Kindern am Wickel in Stämmen umherzogen? Die Erziehungspraxis der Eskimos bietet einen Hinweis: Das allererste Mal, wenn der Fuß eines kleinen Kindes über dünnes Eis gleitet, versammelt sich die Familie um das Kind, zeigt mit dem Finger auf das Kind und lacht und macht sich lustig – als Ergebnis wird sich das Kind schämen. Lange bevor das Eskimokind alt genug ist, um die reale Gefahr zu erkennen, die eine so dünne Eisdecke darstellt, lernt es mit absoluter Sicherheit, nicht auf dünnes Eis zu gehen. Das ist schlecht, darüber muß man sich schämen, es ist das Schlimmste, was passieren kann.
Dadurch wird das Kind wirkungsvoll für den Rest seiner Lebens von dieser Gefahr abgehalten. Automatisches Abschätzen, ob das Eis auf einem See tragfähig ist oder nicht, wird so zur zweiten Natur. Es beginnt, damit umzugehen wie mit einer Kraft, die einem angeborenen Überlebensinstinkt vergleichbar ist. Tatsächlich flößt der Prozeß des sich Schämens eine besondere Furcht ein, eine Furcht, die manchmal allen als eine Furcht vor Gott aufgebaut wird.

Diese Furcht läuft manchmal parallel zum Selbsterhaltungstrieb, wie ihn die Tiere besitzen oder tritt gar an seine Stelle. Die Vorkommnisse, für die wir potentiell Scham entwickeln können, erleben wir zu einer Zeit für unser Überleben als bedrohlich, in der das Erwachsenen-Ich noch nicht fähig ist, eine reale Gefahr genau zu erfassen. Es ist kein Zufall, daß Verknüpfungen in unserer Sprache die vorgestellte Verbindung zwischen Scham und Tod reflektieren:„Ich war zu Tode beschämt". „Ich dachte, ich versinke vor Verlegenheit". (Verlegenheit ist ein Euphemismus für Scham.) Für das Eskimokind bewirkt die Furcht vor Scham, daß es nicht über das Eis gleiten wird, wenn es nicht sicher ist, so daß wir von einer das Leben schützenden Funktion der Scham sprechen können in diesem Fall. Furcht vor Scham: Das mag tatsächlich der einzige Weg sein, auf dem diese Völkerschaft die Fähigkeit für das notwendige Umherziehen in gefährlichem Gelände entwickeln konnte. Aber auch in diesem Beispiel geht es nur um diesen Preis, daß das Kind eine spezifische Botschaft seiner Familie und/oder Kultur internalisiert. So fällt der Scham die Funktion zu, das Kind im Guten oder Bösen an die Lebensweise der Familie anzupassen.

In unserer Kultur schämt sich das zweijährige Kind, weil es mit Kot spielen oder auf den Teppich urinieren will. (Man nennt das gewöhnlich einen „Unfall" – das gleiche Wort benutzt man zur Bezeichnung einer zuweilen tödlich verlaufenden Begebenheit.) Schlimmer noch, ein zweijähriges Kind schämt sich möglicherweise für Verhaltensweisen, die später ganz angemessen sind, wenn es zum Beispiel mit einem Fremden oder einem Kind aus einer anderen Straße redet oder mit dem 'falschen' Spielzeug spielt (beim Jungen ist es die Puppe, beim Mädchen eine Spielzeugmaschine).

Dadurch kann ein erwachsener Mensch mehr irrational das Gefühl haben, daß er eher sterben würde, als nach Verhaltensweisen zu funktionieren, die sonst sein Erwachsenen-Ich tatsächlich befürworten würde. Der Grund, warum wir uns schämen, sitzt im Spongy-Kind, mit der Macht eines Instinktes, der über Leben und Tod entscheidet.

Je mehr sich ein Kleinkind schämt, umso mehr paßt es sich den rationalen oder irrationalen Erwartungen seiner Erzieher an und je mehr es sich über bestimmte Dinge und Gelegenheiten schämt, umso größer werden die Hemmungen für den generell kreativen Drang des Spunky-Kindes sein. Wir müssen uns ins Gedächtnis zurückrufen, daß das Spunky-Kind mit einer expansiven Neugier handelt, und daß das Sich-Schämen als eine Weise der Hemmung, Begrenzung und Kontrolle dieser Ausbreitungstendenzen wirkt. Wenn jemand als Kind sehr viel Scham erlebte, wird er später als Erwachsener mit seinem Kind-Ich gegenüber offener oder verschleierter Scham in Hier-und-Jetzt-Transaktionen physisch mit panischem Schrecken reagieren. Wenn dieser panische Schrecken auftaucht, wendet er sich möglicherweise zu seinem inneren Eltern-Ich. Einige agieren dann unter Umständen übermäßig aus dem kritischen Eltern-Ich, bei anderen bestraft vielleicht das Eltern-Ich das innere Kind-Ich, was zu einer übermäßigen Hemmung — ja fast zu einem Zustand der Lähmung bei diesen Menschen führen kann.

Für den Fall, daß jemand intensiv Scham erlebt hat, ist die oben genannte Reaktion am wahrscheinlichsten. Diese Menschen werden gegenüber der Hier-und-Jetzt-Kontrolle durch das Eltern-Ich anderer und/oder die gesellschaftlichen Normen, egal wie despotisch diese auch sein mögen, extrem verletzlich. Daraus ergeben sich enorme Konsequenzen für die Therapie. Scham-Signale werden im Eltern 1 (dem Spongy-Kind) internalisiert, und sie wirken dann zusätzlich und in Kombination mit den anderen Botschaften, zum Beispiel Geboten oder Vorschriften.

Gerade die Schamsignale sind oft repräsentativ für kulturelle Botschaften, die zuweilen sehr schädlich sind im Skript eines Menschen. Sie werden selbst von Eltern angewandt, die sonst grundsätzlich dem heranwachsenden Kind gegenüber wohlwollend eingestellt sind. Der Schaden besteht darin, daß die Schamsignale so total — ja selbst vom physiologischen Haushalt des Kindes — absorbiert werden. Sie wirken umso zaghafter, da sie schon früh im Leben verinnerlicht wurden. So haben zum Beispiel viele beeinträchtigende sexuelle Hemmungen, die durch eine Art Kettenreaktion bis zur Frigidität und Impotenz führen können, ihre Wurzel in Schamsignalen, die während des zweiten Lebensjahres im Zusammenhang mit Körperfunktionen, Nacktheit, Freude am Berühren oder an forschender Neugier verinnerlicht wurden.

An anderer Stelle werde ich über diagnostische Techniken schreiben, die sich auf die Feststellung von Scham-Zonen eines Menschen beziehen. Es geht darum, jene Bereiche herauszufinden, in denen jeder von uns bis zur Überanpassung erpreßt und kontrolliert werden kann. Es sollen auch Behandlungstechniken diskutiert werden, die in der Lage sind, die Reaktionen gegenüber dem Druck der Scham zu kompensieren. Im Augenblick will ich nur darauf hinweisen, daß oft die einfache Identifizierung mit Gefühlen und Verhaltensweisen, über die wir uns am meisten schämen, und die wir mit der kritischen Prüfung des Erwachsenen-Ich konfrontieren – sowohl unsere eigene Scham als auch die anderer Menschen sehr reduzieren und uns von der inneren Qual und Unfähigkeit befreien kann, die uns hindert, Selbstvertrauen, Autonomie und letztlich Intimität zu entwikkeln.

In diesem Artikel, der im Kontext von TA und sozialem Handeln geschrieben ist, möchte ich herausstellen, daß moderne Befreiungsbewegungen offensichtlich zu vergleichbaren Erkenntnissen im Hinblick auf unterdrückte Gruppen gekommen sind, und das, obwohl meines Wissens von ihnen weder die Funktion der Scham, noch der Prozeß des Sich-Schämens, noch die Art und Weise der Verinnerlichung durch 'scripting' in der frühen Kindheit dargestellt worden sind.

Psychologische Unterdrückung ist möglich, weil wir durch Scham verletzlich sind. Wenn man herausfindet, worüber ich mich schäme, kann man mich kontrollieren. Das kann auch ohne Worte durch verdeckte oder andere Transaktionen geschehen.

„Was, du willst Wohltätigkeit?" („Du solltest dich schämen, daß du arm bist. Sei arm aber stolz", d.h. schäme dich deiner Armut und verberge sie, dann kann ich mich spießig und wohl fühlen.)
„Ich habe so nette Neger getroffen." („Ich bin sicher, du schämst dich, daß du kein Weißer bist.")
„Prima". („Schäm dich, daß du anders bist als ich!")
Und nicht zuletzt: „Schamloses Flittchen!" („Wie können Frauen es wagen, sexuell zu sein, nur Männern sind sexuelle Wünsche erlaubt.")

Die Emanzipationsbewegungen haben intuitiv erkannt, daß sie sich mit kulturell überlieferten Schamsignalen auseinandersetzen müssen. Das hat zur Folge, daß ihre Mitglieder gegenüber subtiler negativer Kontrolle weniger verletzbar werden. In Amerika hat man heute treffende Slogans als Abwehr gegen Scham entwickelt: „Black ist beautiful" usw.
Selbst durch Lächerlichmachen, wie zum Beispiel durch das Verbrennen von Büstenhaltern, zeigen die Emanzipationsbewegungen, daß ihre Anhän-

ger die 'cover-ups' aufdecken wollen, die sie früher mit Rücksicht auf überlieferte, akzeptierte Normen sozialer Kontrolle gebrauchten.

Als Frau werde ich mir immer bewußter, wie Frauen über Jahrhunderte hinweg mit Mitteln der Scham in Unterdrückung gerieten, und wie auch heute noch die Scham viele von uns – mich eingeschlossen – innerlich und äußerlich kontrolliet. Ein Beispiel: Es schickt sich nicht für eine Frau, aggressiv oder ehrgeizig zu sein. Das sind Eigenschaften, die man in unserer Gesellschaft gern einem Mann zubilligt, und so versuche ich, mich selbst in bestimmten Bereichen herunterzuspielen, damit ich mich nicht schämen muß, wenn ein Mann mich als zu aggressiv, ehrgeizig oder sonst wie bezeichnet.

Bei den Frauen kommt noch hinzu, daß sie nicht nur in einer Art und Weise zur Scham gezwungen werden, die mit anderen Minderheiten vergleichbar wäre; ihre Unterdrückung wurde noch dadurch verstärkt, daß ihnen gerade auch wohlmeinende Eltern beibrachten, Scham sei die Eigenschaft, die ganz besonders gut zu Mädchen und Frauen passe. Als Synonyme benutzt man Wörter wie schüchtern, sittsam, bescheiden oder scheu. Vor Verlegenheit zu erröten ist niedlich und nett. Manche Frauen werden zur Scham gezwungen, wann immer sie die Rolle der Frau zurückweisen, obwohl die Definition dieser Rolle oft in gegensätzlicher Richtung modifiziert wurde, je nach Gesellschaftsschicht.

Barbara Ehrenreich und Deirdre English haben nachgewiesen, daß selbst in der gleichen Periode und der gleichen Gesellschaft für eine Frau der Unterschicht die angemessene Identität darin bestand, ein Achtzehn-Stunden-Arbeitspferd zu sein, während die rechte Identität für eine Frau der Oberschicht darin bestand, ein nutzloses Spielzeug zu sein.
In einem Haushalt könnte das so aussehen, daß das Dienstmädchen sich schämte, weil es zugab, erschöpft zu sein, während ihre Herrin sich für das Gegenteil schämte, nämlich sich gelangweilt zu fühlen in ihrem Nichtstun.

Die Scham hat selbst Einfluß auf wichtige normale biologische Funktionen ausgeübt.In den meisten Gesellschaften vertuschen Frauen ihre Schwangerschaft noch immer, und bis vor kurzem hätte sich eine schwangere Frau nicht im Badeanzug gezeigt. Nur wenige Frauen wagen es, ihre Babies in der Öffentlichkeit zu stillen. Das deutsche Wort 'Schamhügel' als

Bezeichnung für einen Teil des weiblichen Körpers ist in diesen Kontext einzuordnen. Auch das spanische Wort für Schwangerschaft heißt „embarazo" und wird auch gebraucht, um Verlegenheit zu bezeichnen, d.h. eine schwangere Frau befindet sich in einem verlegen machenden Zustand.

Zusammenfassung:
Die Fähigkeit, Scham zu fühlen, ist den Menschen anerzogen. Sie stellt einen Zivilisationseffekt dar, durch den das Kind sich seiner Familie und Kultur anpaßt. Die Schwierigkeit besteht darin, daß diese Fähigkeit bewußt oder unbewußt durch die Familie und die Kultur ausgebeutet wird, so daß manche Individuen und Gruppen zu ihrem Nachteil und manchmal sogar sinnlos kontrolliert werden können, und das auch in bezug auf die gegenwärtigen Ziele der jeweiligen Gesellschaft, in der sie leben. Scham fesselt wie Ketten an die archaischen Werte der Herren von ehemals. Autonomie kann erreicht werden, wenn heimliche Scham ans Licht gebracht wird, und wenn man sich mit dem Erwachsenen-Ich in jedem Augenblick fragen kann: „Ist diese Scham notwendig?"

Kapitel 5
DIE FÜNFTE POSITION:
ICH BIN O.K.–DU BIST O.K.–REALISTISCH

Eric Berne hat die 'o.k.–' und 'nicht o.k.–'Begriffe zur Kennzeichnung von bestimmten Einstellungen eingeführt. Er bezog sich damit auf die existentielle Grundeinstellung eines Menschen, d.h. die weitgehend konstante Haltung, die ein Mensch sich selbst und anderen gegenüber einnimmt, und weniger auf ein kurzlebiges Gefühl im Hier und Jetzt. Die Grundeinstellung charakterisiert die Farbtönung der Brille, durch die wir uns selbst und die Welt wahrnehmen.

Berne unterschied vier mögliche Grundeinstellungen: 'Ich bin o.k.–Du bist o.k.'; 'Ich bin nicht o.k.–Du bist nicht o.k.'; 'Ich bin o.k.–Du bist nicht o.k.'; 'Ich bin nicht o.k.–Du bist o.k.'.
Er gab keine spezielle Reihenfolge dieser Einstellungen an, da er sie als Haltungen verschiedener Menschen betrachtete. Er wies allerdings darauf hin, daß wir alle vom 'Ich bin o.k.–Du bist o.k.' ausgehen, uns als Prinz und Prinzessin erlebten, bevor wir in Frösche verwandelt wurden. Er äusserte die Hoffnung, daß wir alle ins Königreich des o.k.–Gefühls zurückfinden würden.

Thomas Harris versuchte nachzuweisen, daß wir alle eine Phase des 'Ich bin nicht o.k.–Du bist o.k.' durchleben müssen, aus der heraus wir zum ursprünglichen o.k.–Gefühl zurückfinden können. Er ging daher von der Annahme aus, daß das kleine Kind seine Wertlosigkeit im Vergleich mit den Eltern wahrnimmt. Aber die Studien von Piaget haben gezeigt, daß Kinder erst im Alter von zwölf Jahren zu solchen logischen Gedankengängen fähig sind.

In der Regel ist es für einen Menschen nicht möglich, zum ursprünglichen o.k.–Gefühl gänzlich zurückzukehren, es sei denn in ganz speziellen Situationen, zum Beispiel während einer Meditation, da diese frühkindlichen euphorischen o.k.–Gefühle einem phatamastischen Traumland angehören, in dem noch keine Auseinandersetzung mit der Realität notwendig sind.

Brownings Worte „Gott ist in seinem Himmel, und auf der Welt ist alles in Ordnung" kennzeichnen die glückseligen Empfindungen eines wohlversorgten Kleinkindes. Ohne Probleme und ohne Schwierigkeiten ist es noch eins mit dem Universum. Bei Erwachsenen mag sich diese Haltung schön ausnehmen, und sie wurde von Ophelia oder wenigen gleich glückseligen Heiligen verkörpert. Doch leider beschließen Menschen, die diese Haltung beibehalten, ihr Leben eher gewaltsam oder in der geschlossenen Abteilung einer psychiatrischen Klinik.

Es ist einfach ein Bestandteil menschlicher Entwicklung, daß ein Baby – gleich wie gut es versorgt wird – schon im ersten Lebensjahr Schmerz und Frustration erfährt. Der Magen mag zu voll oder zu leer sein, die Windeln scheuern, es gibt körperliche Schmerzen, Erkältungen, Injektionen, unangenehme Medizin, Temperaturschwankungen und Beschwerden durch das Zahnen – um nur einige der ganz üblichen Schmerzquellen aufzuzählen. Solange das Denkvermögen des kleinen Kindes noch wenig ausgeprägt ist, erlebt es Unbill sehr ähnlich wie ein Tier: es schreit oder jammert, wenn es Schmerz fühlt, kehrt aber auch bald wieder nach der Katastrophe in das Jetzt eines kreatürlich-friedlichen o.k.–Gefühls zurück. Mitunter lächelt es im Schlaf, bewegt seine Lippen wie zum Saugen, und wir vermuten, daß durch das noch unfertige Gehirn Bilder ziehen, Phantasien von einem „Land, in dem Milch und Honig fließen".

Während der Übergangszeit vom verständnislosen, undifferenzierten kleinen Wesen zum aufgeweckten Kind, das gelernt hat, zwischen sich und den anderen zu unterscheiden, erlaubt ihm seine Phantasie, Illusionen von Omnipotenz aufrechtzuerhalten. Es kann träumen, daß es nur seine Bedürfnisse auszusprechen brauche – und schon werden sie befriedigt. Da sich Realität und Phantasie vermischen, kann es vom Saugen nur träumen, aber trotzdem genauso befriedigt sein, wie durch reales Trinken. Es kann sich mächtig genug wähnen, Schmerz und Mißbehagen zu verbannen, es kann sich allmächtig fühlen. Mitunter mag es notwendig sein, zusätzlich zu weinen oder zu schreien, aber dann wirkt der Zauber ganz sicher. Es bemüht einen allmächtigen Helfer, einen Geist, wie Aladin mit der Wunderlampe, und dieser Geist erfüllt alle seine Wünsche. So erlebt das Kleinkind auch während der beginnenden Identitäts-Abgrenzung von der Mutter noch Omnipotenz-Phantasien.

Früher oder später allerdings erfährt es das Versagen seines Zaubers. Es wünscht den Bauchschmerz weg, aber er bleibt, und es kann auch nicht in den sanften Schlummer ausweichen, der den Schmerz vertreibt. Es schreit sich den Hals wund und selbst wenn der 'Geist' erscheint und es streichelt, bleibt doch der Schmerz.
Was ist passiert? Warum wirkt der Zauber nicht? Plötzlich sieht es so aus, als stimmte nichts mehr. Der Bauchschmerz hält an, wird vielleicht sogar noch schlimmer. Der Geist vergrößert vielleicht noch die Pein, indem er ihm Übelschmeckendes einflößt. Wie entsetzlich!

Die Allmacht ist dahin — es erlebt totale Ohnmacht mit den damit verbundenen Gefühlen von blanker Wut und schierer Hilflosigkeit. Ob sich diese Gefühle nun ändern oder andauern: Auf jeden Fall bewirken sie die Verzweiflung tiefster Hoffnungslosigkeit. Das Kind erfährt 'Ich bin nicht o.k. —Du bist nicht o.k.' in voller Stärke. Es erlebt sich als wertlos und seine potentiellen Helfer als ebenso wertlos.

Es gibt ganz einfach kein Wachstum für das Kleinkind, ohne daß es sich in einem bestimmten Ausmaß als ärgerlich oder hilfloser Frosch in einem schmutzigen und verhaßten Tümpel erlebt, selbst wenn es sich einen erheblichen Teil der Zeit als Prinz fühlen kann — mit einer schönen, liebenswerten und liebenden Prinzessin, die ihm seine Wünsche zu erfüllen sucht.

Die Beobachtungen von Rene Spitz und Melanie Klein sowie anderen Forschern bestätigen, daß Säuglinge keine Unterscheidung zwischen sich und anderen Menschen treffen können. Jeder, der sich mit Kindern beschäftigt, wird beobachten können, daß Säuglinge genauso ärgerlich schreien, wenn sie von ihren eigenen Nägeln gekratzt werden, wie von denen eines anderen Menschen, und daß sie das Nuckeln am eigenen Daumen genauso genießen wie das am Schnuller. Das 'Ich bin o.k.—Du bist o.k.' der frühen Kindheit ist also ein umfassendes und undifferenziertes Gefühl der Omnipotenz. Ganz ähnlich sind die oben beschriebenen 'Ich bin nicht o.k.—Du bist nicht o.k.'—Gefühle allumfassende und überwältigende Gefühle der Ohnmacht und Verzweiflung.

Zu dem Zeitpunkt, an dem das Kind zuverlässig zwischen sich und anderen unterscheiden kann, hat es bereits zwei extreme und umfassende Gefühlsschwankungen erfahren. Zweitweise während des 'Ich bin o.k.–Du bist o.k.', das eigentlich 'Wir sind o.k.' meint , verspürte es überschwengliche, glückselige Allmacht. Zu anderen Zeiten fühlte es sich ohnmächtig, von Wut und völliger Hilflosigkeit beseelt – das war dann 'Ich bin nicht o.k.– Du bist nicht o.k.', eigentlich 'Wir sind nicht o.k.'. Jede aufmerksame Mutter kann sich wahrscheinlich an solche Gefühlsäußerungen ihres Kindes erinnern. Ich erinnere mich noch deutlich an eines meiner Kinder, als es als Säugling Bauchweh hatte und mit erhobenen Fäusten und hochrotem Gesicht seine mörderische Wut hinausschrie, um anschließend erschöpft in ein hilfloses und hoffnungsloses Jammern zu versinken.

Irgendwann im Laufe seiner Entwicklung hat das Kind zwischen sich selbst und den anderen Menschen zu unterscheiden. Selbstverständlich erfolgt diese Abgrenzung allmählich und betrifft vornehmlich die nächste Bezugsperson. Spitz hat darauf hingewiesen, daß dem kindlichen Ich-Gefühl eine kindliche Bewußtheit für das Nicht-Ich vorausgeht. Dies entwikkelt sich im Alter von etwa drei bis vier Monaten. Er unterscheidet es von der bewußten Wahrnehmung des Selbst im Alter von etwa 15 Monaten. Zwischen der Entwicklungsstufe des dreimonatigen Kindes und des selbstbewußten fünfzehnmonatigen Kindes unterscheidet er eine Reihe von anderen Stufen, wobei er besondere Aufmerksamkeit einer Entwicklungsstufe widmet, die er die 'Angst des achten Monats' nennt, und in der das Kind das Getrenntsein von der Mutter sehr intensiv erlebt.

Spitz betont, daß das Erfahren von Frustration das Kleinkind dazu bewegt, sich von der Umwelt abzugrenzen – dies gilt gleichermaßen für das dreimonatige, wie für das fünfzehnmonatige Kind. Spitz meint, daß Frustration zwei gegensätzliche Bedürfnisse im Kind abwechselnd stimuliert: das Bedürfnis, sich abzugrenzen, und das Bedürfnis nach Eins-Sein und Anklammerung. „Es kann nicht genug betont werden, daß in jedem Kind von Geburt an entgegengesetzte Strebungen stets gleichzeitig wirksam sind", führt Spitz aus.

Obwohl Spitz und Melanie Klein zwei unterschiedlichen psychoanalytischen Schulen angehören, verweisen beide auf die widersprüchlichen Tendenzen und Erfahrungen des Kleinkindes und beide verweisen auch darauf, daß die vom Kleinkind erfahrene Frustration zusammen mit den sich entwickelnden Fähigkeiten, Wahrnehmungen und Gedächtnis, zu jener

Entwicklungsstufe führt, die Spitz die „Angst des achten Monats" nennt und die von Melanie Klein als „paranoid-depressive Haltung" bezeichnet wird. Zwar unterscheiden sich beide in der Terminologie und in den genauen Altersangaben, aber diese Differenzen sind für unsere Betrachtung ohne Bedeutung. Sie sind sich einig über die gewaltige und nicht erklärbare Widersprüchlichkeit, in der das Kleinkind die Welt wahrnimmt, unabhängig davon, wieviel Liebe und Pflege es erfährt, und sie sind sich auch einig darüber, daß es im ersten Lebensjahr des Säuglings eine Zeitspanne gibt, während der es von seinen Allmachtsphantasien Abschied nehmen muß.

Die gegensätzliche Gefühle der Verzweiflung aber sind fürchterlich. Zwischenzeitlich zeigen sich immer wieder Hoffnungsschimmer, scheint der alte Zauber wieder wirksam und das Wohlgefühl kehrt zurück. Das Problem ist nur,daß das Kind weder die Zauberformel genau erinnern kann, noch denjenigen, der sie ausführte, noch wie es sie wiederfinden könnte. Ob des Rätsels Lösung in ihm selbst liegt und er sie bei sich suchen muß? Oder bei den Geistern um ihn herum? Und – gleich wie – wie kann es nur diese narrensichere Zauberformel wieder erlangen?

Es gibt zahllose Märchen, die ähnlich wie die Geschichte von Aladins Wunderlampe verlaufen und in denen der Held Zauberkraft über einen Geist ausübt, diese Kraft aber aus unerklärlichen Gründen plötzlich verliert und dann bei den Versuchen, die Zauberformel wiederzufinden, zahlreiche Abenteuer erlebt; viele Abwandlungen schildern Wohlwollen oder Mißgunst des Geistes oder anderer Mächte, und die Ergebnisse – angefangen vom vollständigen Erfolg im Kampf mit all diesen Mächten bis hin zur völligen Niederlage, zur Vernichtung durch diese Mächte.

Berne schrieb, daß wir unsere existentielle Grundeinstellung etwa im dritten Lebensjahr festlegen, und jeder von uns hat tatsächlich in diesem Alter schon zahlreiche schwerwiegende Erfolge und Fehlschläge erfahren, während der Suche nach der Zauberformel des o.k.–Gefühls. Wenn das Kind nicht durch extremen Mangel an Zuwendung autistisch geworden ist, dann läuft es im Alter von drei Jahren umher, spricht, ißt selbst und erforscht die Umwelt. Seine Erfahrung und Erkenntnis mehrt sich, und es hat eine Reihe von Beziehungen zu anderen Menschen aufgebaut – inklusive die Ansätze zu Ersatzgefühlen und Spielen. Während dieser Zeit hat es stets die Schwankungen von 'o.k.–Gefühlen und 'nicht o.k.'–Gefühlen erfahren und hat auf die eine oder andere Weise gelernt — in Abhängigkeit von seiner Gesundheit, der erfahrenen Fürsorge und Botschaften, die ihm seine Familie vermittelte — wer die Macht innehat über wen und über was.

Manche Kinder erhalten so viele 'Stirb!'—Botschaften oder so viel Nichtbeachtung oder negative Zuwendung, daß sie — selbst wenn sie überleben — fest in der 'nicht o.k.'—Position völliger Verzweiflung verhaftet sind. Sie entwickeln sich zur Verkörperung ihrer negativen Prägungen. Es ist die Grundlage für ein tragisches Lebensprogramm, das vielleicht zu Mord, Selbstmord oder, als relativ günstige Form, zurVerwahrung wegen unbehandelbarer Sucht oder zur Isolierung führt, da unsere Gesellschaft Menschen mit absoluter 'nicht o.k.'—Einstellung fürchtet und sie abschiebt. Die Mehrzahl der Menschen, denen wir täglich begegnen, haben jedoch keine solche ausschließlich und beständig ungünstige Behandlung erfahren.

Sie haben allerdings auch nicht ununterbrochen die ideale Behandlung erlebt, da auch die bestmeinenden Eltern selbst mit allerhand Konflikten beladen sind, und darüber hinaus ein Kind — in die Realität des Lebens gestellt und mit einem Gedächtnis versehen — unvermeidlich sowohl zahlreiche Frustrationen und Niederlagen erfährt wie auch Erfolge, und dies bereits im Rahmen der Schwierigkeiten, die mit dem Laufenlernen und dem Erlernen der Sprache verbunden sind.

Die günstigste Grundeinstellung, die wir schließlich erreichen können, ist diejenige, die ich die „fünfte Grundeinstellung" nenne: 'Ich bin o.k.— Du bist o.k.—realistisch', mit der Fähigkeit, auch ein Wiederaufleben der Verzweiflung des achtmonatigen Kindes zu ertragen, wann immer wir uns unserer sehr begrenzten Macht bewußt werden hinsichtlich erwünschter Veränderungen in uns oder an anderen.

Ich glaube jedoch nicht, daß ein Dreijähriger bereits diese 'o.k.'—Einstellung erreichen kann, auch nicht unter den bestmöglichen Bedingungen, da er zu diesem Zeitpunkt noch nicht über ein ausreichend ausgebildetes Erwachsenen-Ich verfügt. Die Einstellung 'Ich bin o.k.—Du bist o.k. —realistisch'entsteht durch Konfrontation und Überwindung von Gefühlen der Verzweiflung mit Hilfe des Erwachsenen-Ich, manchmal unter vorübergehender Hilfe eines externalen Eltern-Ich (zum Beispiel das eines Lehrers oder eines Therapeuten), manchmal durch die Fähigkeit, sich an den eigenen Haaren emporzuziehen, nicht selten Folge eines Katastrophen-Erlebnisses, wie einer bedrohlichen Krankheit, einer Familientragödie, eines Krieges oder eines anderen großen Schicksalsschlages.

Dennoch bin ich mit Berne einig, daß die Grundeinstellung etwa im dritten Lebensjahr festgelegt wird. Klinische Erfahrungen haben mir gezeigt, daß die meisten Kinder, um nicht in der Hoffnungslosigkeit der 'Ich bin nicht o.k.–Du bist nicht o.k.'–Haltung des achten Lebensmonats zu verbleiben, eine der zwei abwehrenden Einstellungen annehmen:'Ich bin nicht o.k.–Du bist o.k.' oder 'Ich bin o.k.–Du bist nicht o.k.'. Ich bezeichne beide Einstellungen als abwehrend, da das Ziel beider ist, dem Kind eine Abwehr der überwältigenden Gefühle der Verzweiflung und Hoffnungslosigkeit zu ermöglichen. Diese abwehrenden Grundeinstellungen erlauben uns, die Hoffnung am Leben zu erhalten, daß wir die glückverheißende Zauberformel wiederfinden werden, sei es durch eigene Kraft, oder durch die Hilfe anderer. Diese Grundeinstellung bildet die Matrix für das Skript, den Lebensplan.

Die Wahl der Grundeinstellung richtet sich nach dem speziellen Muster an Streicheleinheiten, das dem Kind zwischen dem sechsten Monat und dem dritten Lebensjahr zuteil wurde, sowie nach den wichtigsten Transaktionen zwischen Kind und Mutter vor dem dritten Lebensjahr. Es besteht dabei eine Tendenz, die Grundeinstellung anzunehmen, die derjenigen der Mutter entgegengesetzt ist.
Wenn die Mutter zum Beispiel beherrschend, kontrollierend, rechthaberisch oder überfürsorglich war, dann wird das Kind eine 'Ich bin nicht o.k. -Du bist o.k.'–Einstellung entwickeln, mit der es unselbständig und überangepaßt bleibt. Im Gegensatz dazu wird eine Mutter, die von einer 'Ich bin nicht o.k.–Du bist o.k.'–Einstellung ausgeht, vielleicht überängstlich, nervös oder unentschlossen sein und dem Kind nicht ausreichend Schutz und Geborgenheit vermitteln können. Das Kind wird darauf hin eine 'Ich bin o.k.–Du bist nicht o.k.'–Einstellung entwickeln und unbeherrscht und anmaßend oder auch übermäßig um andere besorgt sein.

Die zuvor erwähnten Verhaltensmuster beschreiben extreme elterliche Handlungsweisen und umgrenzen eine breite Skala weniger extremer Verhaltensmuster. Deshalb sind einige von uns sehr eng an ihre Abwehreinstellung gebunden und andere nur sehr locker. Alle Menschen aber, soweit sie nicht im völligen 'nicht o.k.'—Gefühl befangen sind, haben sich im Alter von etwa drei Jahren für eine dieser beiden abwehrenden Grundeinstellungen entschieden, um später auf dieser Basis ihr Skript zu gestalten. Wir alle tragen mehr oder weniger deutlich diese unsere Grundeinstellung mit uns herum, besonders deutlich zeigt sie sich in belastenden Situationen.

Als Rousseau schrieb, daß jedes Kind entweder zum Sklaven oder zum Tyrannen gemacht werde, beschrieb er genau jene Tatsache, daß sich jeder von uns, um das Gefühl der Verzweiflung zu meiden, das wir im ersten Lebensjahr erfahren haben, in diejenige Abwehrposition flüchetete, die sich in den ersten Lebensjahren am besten bewährt hatte, und wir neigen dazu, immer wieder zu dieser typischen Haltung zurückzukehren, ob Sklave oder Tyrann, wann immer das Leben besondere Schwierigkeiten bietet.

Wenn Sie sich rasch ein Bild machen möchten von den zwei abwehrenden Grundeinstellungen, dann stellen Sie sich vor, Sie seien eine Lehrerin, die voller Ärger ihre Klasse fragt: „Wer hat die Fensterscheibe zerbrochen?" Sofort werden einige Kinder sagen: „Ich war es nicht" — aus einer abwehrenden 'Ich bin nicht o.k.—Du bist o.k.'—Position heraus. Andere Kinder werden Andeutungen machen wie: „Ich wette, Johnny war's". Sie befinden sich in der abwehrenden 'Ich bin o.k.—Du bist nicht o.k.'—Position. Ganz ähnlich werden sich, wenn Sie in einem mit Menschen gefüllten Raum plötzlich „Feuer" rufen, einige Leute ängstlich nach einer Autorität umsehen, ohne ihren eigenen Verstand zu benutzen, während andere darauf bestehen, daß sie besser als jeder andere wissen, was zu tun ist, unabhängig von der konkreten Situation. (Natürlich sind hoffentlich auch Menschen mit einer 'Ich bin o.k.—Du bist o.k.—realistisch'—Einstellung anwesend, die sich einige Sekunden Zeit nehmen, um die Situation einzuschätzen und dann anderen so gut wie möglich helfen, ohne sich verpflichtet zu fühlen, alle Welt zu retten. Aber selbst solche Menschen finden sich unter extremer Belastung in ihrer ursprünglichen Abwehreinstellung schneller als erwartet wieder.)

Da die Einstellungen 'Ich bin nicht o.k.—Du bist o.k.' und 'Ich bin o.k.—Du bist nicht o.k.' Abwehrhaltungen gegen das globale 'Ich bin nicht o.k. —Du bist nicht o.k.' darstellen, verbleiben wir nicht unsere ganze Zeit in ihnen. Aber jeder von uns wird einen weit größeren Anteil seiner Zeit aus dieser gewählten Grundeinstellung heraus handeln als aus einer anderen abwehrenden Einstellung. Wir werden in die für uns alternative Defensiveinstellung zum Beispiel durch die abschließende Transaktion eines Spiels geraten, aber schon wenig später wieder zur gewohnten Grundeinstellung zurückkehren.

Ein Mensch, dessen defensive Grundeinstellung heißt:'Ich bin nicht o.k.–Du bist o.k.', wird einen Großteil seiner Zeit aus dem angepaßten Kind heraus handeln, aber von Zeit zu Zeit zur Vollendung eines Spiels für kurze Augenblicke triumphierend in die Rolle des kritischen Eltern-Ich ('Ich bin o.k.–Du bist nicht o.k.') wechseln. Im Gegensatz hierzu wird jemand, dessen bevorzugte defensive Grundeinstellung ist:'Ich bin o.k.–Du bist nicht o.k.', wahrscheinlich überwiegend aus einem kritischen, rechthaberischen oder überfürsorglichen Eltern-Ich heraus handeln, aber gelegentlich, nach Kränkungen oder wenn sein Kind-Ich zu wenig Zuwendung erfahren hat, durch seine dominante 'Ich bin o.k.–Du bist nicht o.k.'–Einstellung, in den Zustand eines verwirrten Kindes abgleiten ('Ich bin nicht o.k.–Du bist o.k.'). Diese abwehrende Grundeinstellung bestimmt oft auch die Wahl des Lebensgefährten, indem wir Partner bevorzugen, die die gegensätzliche Defensiveinstellung haben. Das gewährt uns ein Maximum fortlaufender Komplementär-Transaktionen mit dem Partner, und sogar die Spielgewinne erweisen sich für die beiderseitigen Skripte als nützlich.

Beobachten wir zum Beispiel Macbeth;
Obwohl Macbeth als erfolgreicher Krieger vorgestellt wird, tritt er mit einer ehrerbietigen 'Ich bin nicht o.k.–Du bist o.k.'–Einstellung dem König, Banquo und insbesondere seiner Frau, Lady Macbeth, gegenüber. Lady Macbeth handelt aus einer 'Ich bin o.k.–Du bist nicht o.k.'–Einstellung heraus, indem sie ihrem Mann Anweisungen gibt, was und wie er zu handeln habe. Selbst wenn er ihre Anweisungenausführt und Duncan tötet, macht er es nicht recht, da er vergißt, die blutigen Schwerter bei den Wachen zu lassen, damit diese wegen des Mordes beschuldigt werden. Lady Macbeth muß in Ordnung bringen, was er durch seine Nervosität verdorben hat. Genauso muß sie einspringen, wenn er angesichts Banquos Geist die Nerven verliert. Schließlich aber findet sie sich in der gegenteiligen Position wieder, in hilfloser Verwirrung, nachdem ihr Überlegenheitsanspruch sie zu oft in die Rolle des kontrollierenden Eltern-Ich gezwungen hatte und dabei die Bedürfnisse des Kind-Ich in ihr völlig unterdruckt wurden. Sie kann ihre Gefühle nur mehr durch Schlafwandeln ausdrücken.

Ganz ähnlich, aber gegensinnig, wechselt Macbeth von seinem früheren 'Ich bin nicht o.k.–Du bist o.k.' zur arroganten 'Ich bin o.k.–Du bist nicht o.k.'–Einstellung und glaubt, von niemandem besiegt werden zu können.

Macbeth und Lady Macbeth repräsentieren die beiden gegensätzlichen Abwehreinstellungen und die wechselseitige Abhängigkeit – einer Wippe vergleichbar. Das Drama zeigt deutlich, daß eine zu große Starre in diesen Grundeinstellungen dazu führt, daß beide von dem abgewehrten, totalen 'nicht o.k.'–Gefühl schließlich umso mächtiger überwältigt werden. So endet Lady Macbeth, nach ihrem Wechsel in die 'Ich bin nicht o.k.–Du bist o.k.'–Einstellung mit Selbstmord und Macbeth wird,nachdem er zum sicheren 'Ich bin o.k.–Du bist nicht o.k.' gewechselt hatte, wo er sich unbesiegbar wähnte, von den herausgeforderten Gegnern überwältigt.

Im Verlauf einer Behandlung, die das Ziel einer 'Ich bin o.k.–Du bist o.k. –realistisch'–Einstellung hat, kommen manche Patienten in Kontakt mit der ihrer defensiven Grundeinstellung zugrundeliegenden 'Ich bin nicht o.k.–Du bist nicht o.k.'–Einstellung. Dadurch kann gerade im Zusammenhang mit entscheidenden und günstigen Veränderungen plötzlich das Gefühl tiefster Verzweiflung in den Vordergrund treten. Therapeut und Patient müssen auf diese Möglichkeit gefaßt sein, um den Patienten vor Panik und unüberlegten Reaktionen zu schützen, wenn er überraschend mit derartigen Gefühlen der Verzweiflung konfrontiert wird, nachdem er gerade erfolgreich einige alte Verhaltensmuster abgebaut hat.

Man muß mit solcher Verzweiflungsreaktion rechnen, wenn eine deutliche Veränderung bezüglich der defensiven Grundeinstellung des Patienten auftritt, d.h. wenn der Patient einen erheblichen Teil der Zeit in einer Grundeinstellung verharrt, die zuvor von untergeordneter Bedeutung für ihn war. Wenn also ein Klient, der normalerweise vom 'Ich bin nicht o.k.–Du bist o.k.' ausgeht, plötzlich vorwiegend aus dem 'Ich bin o.k.–Du bist nicht o.k.' handelt, oder umgekehrt, so zeigt dies an, daß eventuell die 'Ich bin nicht o.k.–Du bist nicht o.k.'–Einstellung auf dramatische Weise wieder wirksam und gefährdend wird, gerade in dem Augenblick, in dem sich alles zum Guten zu wenden schien.

Es ist günstiger, mit der Verzweiflung in Kontakt zu kommen im Verlaufe

einer Korrektur der eigenen defensiven Grundeinstellung zum 'Ich bin o.k. —Du bist o.k.—realistisch' hin, als starr an der Abwehreinstellung festzuhalten und in Belastungssituationen dann durch ein Wiederaufleben des extremen 'nicht o.k.'—Gefühls gefährdet zu werden. Es wird oft Schmerzen kosten, bis die 'Ich bin o.k.—Du bist o.k.—realisisch'—Einstellung erreicht ist, und manchmal mag es viel einfacher erscheinen, die abwehrende Grundeinstellung beizubehalten, aber es lohnt sich doch!
Mit einer 'Ich bin o.k.—Du bist o.k.—realistisch'—Einstellung kann der Klient in Krisen- und Belastungssituationen sein Erwachsenen-Ich wirksam einsetzen, ohne an sich selbst oder an andere Menschen illusionäre Erwartungen zu richten.

'Ich bin o.k.—Du bist o.k.—realistisch' erlaubt den Gebrauch des Erwachsenen-Ich zur Erkennung unserer eigenen Grenzen sowie unserer Mitmenschen, ohne daß wir uns in Phantasien flüchten müssen. Aber es beinhaltet auch Erlebnisse aus dem Kind-Ich. Mit diesen Phantasien müssen wir als Phantasien in Kontakt kommen und sie an das Erwachsenen-Ich weitergeben, um dort zu prüfen, ob sie auf irgendeine Weise realisierbar sind, was sich dann als produktive Kreativität auswirken könnte. 'Ich bin o.k.—Du bist o.k.—realistisch' erlaubt auch die Ausbildung eines erneuerten Eltern-Ich, das um die Kreativität des kind-Ich und die, die Phantasien des Kind-Ich umsetzenden Pläne des Erwachsenen-Ich bereichert ist. Ein solches Eltern-Ich kann dann auch seine Liebe freigiebig schenken, großzügig sein, aber auch, wenn nötig, ehrlich kritiseren, ohne das eigene oder das Kind-Ich eines anderen dabei zu vernachlässigen.

Zusammenfassung:
Wir alle durchleben eine Zeit ungeteilter euphorischer 'o.k.'—Gefühle und ebenso eine Zeit absoluter 'nicht o.k.'—Gefühle während eines Lebensabschnitts, in dem wir noch keine Abgrenzung zwischen dem Ich und der Umgebung speziell auch den Bezugspersonen, wahrnehmen können. Einige Menschen bleiben in diesen Gefühlen, die von Wut bis zur völligen Hoffnungslosigkeit reichen, verhaftet und bleiben bei der 'Ich bin nicht o.k.—Du bist nicht o.k.'—Einstellung, doch führt dies schließlich zur Verwahrung, sei es in einem Gefängnis, einer psychiatrischen Klinik oder in der Trinkerheilanstalt. Sobald wir uns weiterentwickeln und unser Selbst abzugrenzen lernen, versuchen wir der überwältigenden Verzweiflung zu entkommen, die wir im Alter von ca. acht Monaten erfuhren, als wir den

Traum von unserer Omnipotenz aufgeben mußten. So entwickelten wir im Alter von zwei bis drei Jahren eine von zwei möglichen Abwehreinstellungen: 'Ich bin nicht o.k.–Du bist o.k.' oder 'Ich bin o.k.–Du bist nicht o.k.', um das Wiederaufleben der alten verzweifelten 'Ich bin nicht o.k.–Du bist nicht o.k.'–Einstellung zu verhindern.
Falls wir lernen, unser Erwachsenen-Ich einzusetzen und mit Frustrationen wirklichkeitsgerecht umzugehen, können wir zur fünften Grundeinstellung gelangen:'Ich bin o.k.–Du bist o.k.–realistisch'. Jedoch neigen wir auch dann noch in Belastungssituationen dazu, in unsere bevorzugte Defensiv-Grundeinstellung zurückzufallen, und es ist gut zu wissen, welche der beiden uns näher liegt, zumal wir dazu neigen, Partner mit der gegensätzlichen Abwehreinstellung zu wählen.
Wird eine defensive Grundeinstellung zu starr festgehalten, so kann es zu einem Rückfall in die 'Ich bin nicht o.k.–Du bist nicht o.k.'–Einstellung kommen, mit der Gefahr einer Tragödie. Allerdings können auch im Verlauf einer Therapie Gefühle der Verzweiflung auftreten, sobald das Skript verändert wird oder die Grundeinstellung des Klienten sich aus der Defensivhaltung zum 'Ich bin o.k.–Du bist o.k.–realistisch' zu wandeln beginnt. Therapeut und Patient sollten die Anzeichen bevorstehender Verzweiflungsgefühle erkennen können, so daß sie von deren Auftreten nicht geängstigt werden und der Wachstumsprozeß des Klienten weiter gefördert wird.

Kapitel 6
DIE ERSATZLÖSUNG: ÜBER ERSATZGEFÜHLE UND ECHTE GEFÜHLE

(aus: Transactional Analysis Journal, Vol.1,Nr.4,Okt.71 und Vol.2,Nr.1,Jan.72)

Das, was die Transaktionsanalyse als Ersatzgefühl (racket) bezeichnet, ist die Darstellung eines Gefühls, das in seiner Qualität aufgesetzt und künstlich ist. Es hat den falschen Ton, den falschen 'Geschmack' des Ersatzes. Man kann diese Darstellung aufgesetzter Gefühle bei Patienten, Schülern oder auch Bekannten und Freunden gut erkennen, wenn man etwas aufmerksam ist. Ersatzgefühle erscheinen künstlich, sie wiederholen sich ständig ohne große Veränderungen, und man stellt bei sich ein Unbehagen fest: Man fühlt sich ausgebeutet. Man fragt sich:„Ist das echtes Bedauern oder ein 'Schuldgefühl-racket', echte Traurigkeit oder ein 'Depressions-racket', echte Freundlichkeit oder ein 'Lieb-Kind-racket'? Wahrscheinlich könnte dieser Mensch echter sein.

Aber es ist keinesfalls ebenso leicht, das Ersatzgefühl eines Menschen zu beeinflussen, selbst während der Ausführung eines Behandlungskontraktes. Indem man auf ein Ersatzgefühl aufmerksam macht, ändert man es noch nicht. Manchmal wird das Ersatzgefühl hierdurch nur verstärkt. Wie künstlich einem Außenstehenden auch die Gefühle erscheinen mögen, so bleibt der Patient doch eng an sein Ersatzgefühl gebunden und fragt:„Soll ich etwa nicht zeigen, was ich fühle?"
Der Schlüssel zur Behandlung liegt in dieser Forderung. Denn hinter jedem racket, wie unecht es auch erscheinen mag, existieren echte Gefühle oder Wahrnehmungen anderer Art, die sich der Betreffende selbst nicht erlaubt, im Jetzt bewußt wahrzunehmen, da sie ihm in der Vergangenheit verboten waren.

Im Rahmen einer Gefühlskategorie, die in der Vergangenheit erlaubt war, stehen vermeintliche Ersatzgefühle als Stellvertreter für andere Gefühle, die jetzt in Erscheinung treten würden, wäre nicht diese Kategorie potentieller echter Gefühle oder Wahrnehmungen unterdrückt worden als der Patient aufwuchs. Wie kommt das zustande?

Bevor wir weitergehen, wollen wir drei Aspekte der Wahrnehmungen und des Fühlens in einem erwachsenen Menschen unterscheiden. Diese sind:

1. Bewußtheit der eigenen Empfindungen im Jetzt.
   (zum Beispiel: Jetzt, in diesem Augenblick nehme ich wahr, daß ich etwas Befremdendes höre oder sehe, oder daß ich mich erschreckt, ärgerlich, fröhlich, hungrig fühle, Schmerz spüre usw.)
2. Darstellung oder Ausdruck durch das Erscheinungsbild des Verhaltens oder durch Worte.
   (zum Beispiel: Ich recke den Hals, um besser zu sehen oder zu hören. Ich ducke mich oder runzele die Stirn, oder ich sage: „Ich bin wütend, froh, hungrig, verschreckt, glücklich..." oder: „Ich sehe, höre, spüre, rieche usw.")
3. Eine Handlung, die sich auf jemanden oder auf etwas bezieht.
   (zum Beispiel: Ich küsse dich, schlage dich, ergreife eine Banane, ein Gewehr usw.)

Jederman weiß, daß, selbst wenn ich mir zum Beispiel ärgerlicher Gefühle bewußt bin (Aspekt 1), ich verschiedene Möglichkeiten des Handelns habe (Aspekt 3), die nicht notwendig offene Aggression oder ihren Ausdruck (Aspekt 2) beinhalten.

Wenn ich ausreichend gewandt bin, habe ich die Möglichkeit , meinem Gegenüber zu zeigen bzw. zu sagen, was ich fühle (Aspekt 2) oder es nicht zu tun. Je mehr ich Aspekt 1 wahrnehmen kann, desto breiter sind die Wahlmöglichkeiten, die Aspekte 2 und 3 betreffen.

Das Kind hat solche differenzierten Wahlmöglichkeiten noch nicht. Ursprünglich existieren im Kleinkind die Aspekte 1 bis 3 in undifferenzierter Form nebeneinander. Tatsächlich entwickeln sich die Fähigkeiten für Bewußtheit, Ausdruck und Handlung nicht in dieser Reihenfolge. In dem sehr kleinen Kind erfolgt die Handlung, wie Greifen, Schlagen usw., nahezu gleichzeitig mit dem Ausdruck, wie Schreien, Jammern usw., und sie entwickeln sich vor der auf das Selbst gerichteten Bewußtheit, nämlich der Fähigkeit, Gefühle oder Wahrnehmungen als solche zu erkennen.

Das Erkennen von Gefühlen und Wahrnehmungen wird von den Eltern eingeleitet. Sie sagen: „Sieh da, die Katze..." „Hörst du die Klapper?" und dadurch entscheidet das Kind, was es wahrnimmt und fühlt. Oft zeigt das Kind eine Reaktion, und die Eltern benennen ein Gefühl, bevor sich das Kind dessen bewußt wird. („Oh, du bist weggelaufen, als es knallte. Hast du dich erschreckt?")

Durch die Eltern lernt das Kind zwischen bewußter Wahrnehmung (1) und Handlung (3) zu unterscheiden, und später benutzt es auch sein Erwachsenen-Ich, um davon das Zeigen und Sagen (2) abzugrenzen.
Zum Beispiel: Die Mutter sagt zur Tochter: „Ich verstehe, daß du über deinen kleinen Bruder ärgerlich bist, weil er mit deinen Klötzchen Fußball spielt, aber deswegen darfst du ihn doch nicht damit schlagen."
Hier lehrt die Mutter den Unterschied zwischen Fühlen und Handeln, indem sie zwar das eine erlaubt, aber nicht das andere. Eventuell wird die Tochter auch entscheiden, wie, wann und wem gegenüber sie ihre Gefühle zeigt, und in welcher Art sie diese mitteilt.

Einige Eltern erziehen ihr Kind, wenn sie bei ihm bestimmte Gefühle beobachten, dazu diese nicht zu fühlen oder zwingen es, sich bestimmter Wahrnehmungen nicht bewußt zu werden. Sie machen keinen Unterschied zwischen Fühlen und Handeln und vermitteln dadurch, daß die Gefahr schon in den Gefühlen liegt. Die bewußte Wahrnehmung der Gefühle soll unterdrückt werden.

Die Methode, dieses Unterdrücken zu verstärken, ist entweder ein striktes „Nein, nein" bei gleichzeitiger Erwähnung des Gefühls, zum Beispiel: „Du bist wohl verrückt. Wie kannst du es wagen... (eifersüchtig, neugierig, unglücklich, ausgelassen usw.)... zu sein." Dann trifft das Kind möglicherweise die Schlußfolgerung: „Ich kann es nicht wagen, solche Gefühle bewußt wahrzunehmen, da ich sie sonst eventuell unbeabsichtigt zeigen könnte, und dafür würde ich vielleicht sterben." Die andere Methode, das Unterdrücken zu verstärken, ist: Die verbotenen Gefühle oder Wahrnehmungen werden nicht einmal beim Namen genannt, d.h. alle Anzeichen von Gefühlen dieser gefährlichen Kategorie werden ignoriert, zum Beispiel Sex, Ärger, Trauer etc. Dann zieht das Kind möglicherweise die Schlußfolgerung: „Diese seltsamen Unbehaglichenkeiten, die ich manchmal fühle, die gibt es eigentlich gar nicht. Ich fühle etwas anderes, obgleich ich nicht weiß, was das ist."

Jede Familie erlaubt jedoch – oder ermutigt sogar – einige bestimmte Kategorien von Gefühlen: „Freundlichkeit ist wichtig", „Los, los, verscheuche die Trauer", „Liebe deinen Nächsten...", „Du mußt dich schuldig fühlen, wenn du..." „Paß auf, traue niemandem", „Das sind die verdammten ...(Volksgruppe)".

Ein Kind, das die Wahrnehmung bestimmter verbotener Gefühle unterdrücken mußte, gleicht dies aus, indem es besonders betont das ausdrückt, was ihm erlaubt ist auszudrücken. Dabei befreit es sich wenigstens von Emotionen; natürlich nicht von den echten Gefühlen, aber doch von irgendwelchen. Da es nicht das echte Gefühl ist, bleibt das Kind jedoch unbefriedigt und behält das anhaltende Bedürfnis, das unechte Gefühl anzubieten. Es ist, als wenn die Wiederholung des Ersatzgefühls verdeutlichen würde, was wirklich unausgesprochen geblieben ist. Daher wirkt ein Ersatzgefühl so, als habe die Schallplatte einen Sprung.

In der eigenen Familie mag ein Ersatzgefühl einige Streicheleinheiten einbringen, aber wenn der Betreffende diesen Kreis verläßt, werden die Streicheleinheiten seltener oder ritualisiert. Um das zunehmende Unbefriedigtsein zu vermindern und als krampfhafte Anstrengung mehr Streicheleinheiten zu erhalten, wird das Ersatzgefühl ausgeweitet.

Nun bewegt sich dieser Mensch in einem selbstzerstörerischen Zyklus: Er sucht Rabattmarken, um die Ausweitung seines Ersatzgefühls zu rechtfertigen. Er quält sich und seine Umgebung, die frustriert reagiert und die ihm negative Streicheleinheiten zurückgibt oder ihn ignoriert. Durch diese Reaktion wird das Bedürfnis nach Streicheleinheiten noch dringlicher, was durch eine Intensivierung von Ersatzgefühlen zum Ausdruck kommt. So kann es geschehen, daß immer mehr seiner Transaktionen nur mit dem Ziel durchgeführt werden, Streicheleinheiten für seine Ersatzgefühle zu erhalten. Sie werden zu Ausbeutungstransaktionen, die, wenn sie scheitern, zu Spielen führen. Der Struktur nach liegen die Ausbeutungstransaktionen vor den Spielen. Sie sind einfacher aufgebaut und können sich zu Spielen entwickeln, wie wir im folgenden sehen werden.

Wenn man einen racket-Patienten behandelt, so ist die wichtigste Aufgabe des Therapeuten, herauszufinden, welche Gefühle und/oder Wahrnehmungen vom Patienten nicht zugelassen werden – und zwar handelt es sich

hierbei stets um Gefühle einer anderen Kategorie als derjenigen, die im Ersatzgefühl angeboten wird. Wie die folgenden Beispiele veranschaulichen, dient ein Depressions-racket nicht dazu, Traurigkeit zuzudecken, und ein Feinseligkeits-racket verdeckt keinen Ärger usw. Sie verdecken andere Gefühle.
Und manchmal ist das zugrundeliegende Gefühl mehr als nur unterdrückt. Der Patient hat es niemals wirklich erfahren und muß es tatsächlich erst lernen. Lucie zum Beispiel zeigte eine übermäßig liebenswürdige Zuvorkommenheit im Sinne eines rackets. Sobald jemand in der Gruppe etwas sagt, das Neid in ihr auslösen konnte, nahm Lucie niemals Neid oder Eifersucht bei sich wahr, und sie hielt daran fest, daß ihre Liebenswürdigkeit echt sei. Als Susi eigene Gefühle der Eifersucht auf einen Vetter formulierte, reagierte Lucie mit Verblüffung auf Susis Gefühle. Sie war niemals eifersüchtig gewesen, als ihr kleiner Bruder geboren war. Man hatte sie stattdessen für Liebenswürigkeit mit Streicheleinheiten belohnt, und nun mußte sie erst den Neid entdecken, bevor sie ihr einseitiges Verhalten abbauen konnte.

Zusätzlich zur Erlaubnis, Neid wahrzunehmen, benötigte Lucie Hilfe, um zwischen der bewußten Wahrnehmung des Gefühls, dem Erkennen und Ansprechen dieses Gefühls, dem Zeigen und schließlich dem aus dem Gefühl heraus erfolgenden Handeln zu unterscheiden. Wie in vielen Fällen, in denen Ersatzgefühle vorliegen, bestand Lucies Eltern-Ich darauf, daß die neue Wahrnehmung gefährlich sei, daß sie automatisch zu einer gefährlichen Handlung führen müsse, und Lucies Kind-Ich fürchtete, daß sie nun nicht mehr liebenswert sein würde und nie zu echtem Mitgefühl fähig sei.

Um die zugrundeliegenden Gefühle zu erkennen, benötigt der Therapeut Wachsamkeit, um Anhaltspunkte im Hier und Jetzt zu erkennen, und Phantasie, um zu ahnen, wie sich ein natürliches, spontanes Kind-Ich fühlen könnte, wenn Bewußtheit zugelassen würde.

Man sollte auch daran denken, daß eine Kategorie Gefühle, die in der einen Familie stark mißbilligt wurden, in einer anderen Familie gerade die erlaubte Sorte Gefühle darstellt, auf der ein Ersatzgefühl aufgebaut wird. In einer Familie mag Ärger verboten sein und von einem Kind durch ein Schuld-Ersatzgefühl oder ein Leidens-Ersatzgefühl ersetzt werden. In einer anderen Familie wird ein Feindseligkeits-racket [illegible] gefördert, um vielleicht Sexualität oder Fröhlichkeit zu verdrängen. Ebenso kann in ein und derselben Familie das Ängstlichkeits-Ersatzgefühl eines Mädchens gefördert werden (in diesem Falle sind dem Mädchen Angst erlaubt, aber keine sexuellen Gefühle), während dem Jungen Furcht verboten wird zugunsten eines Feindseligkeits-Ersatzgefühls.

Verbotene Gefühle betreffen nicht immer die Bereiche Sexualität oder Ärger, obwohl diese Bereiche in unserer Kultur häufig davon betroffen sind. Manchmal können solche Gefühle so harmlos erscheinen, daß man kaum glauben kann, daß sie jemals irgendjemandem gefährlich erscheinen könnten.

Nehmen wir den Fall von Roberta. Sie war 65 Jahre alt und hatte während des ganzen Lebens immer wiederkehrende Depressionen.Die Folge war, daß sie zu einer ewigen Patientin mit einer langen Liste von verschlissenen Therapeuten wurde. Nachdem ich einige Zeit mit ihr gearbeitet hatte, ohne daß sich eine merkliche Veränderung an Roberta zeigte, platzte mein verärgertes Kind-Ich heraus:„Na schön, Roberta, du klammerst dich weiter an deine Depressionen. Vielleicht hat das ja einige Vorteile: Dein Mann bringt dir das Frühstück, du hast keine Hausarbeit, du sparst dir die Kocherei für den Verwandtenbesuch, du liegst im Bett, liest, kannst nach Herzenslust Fernsehen gucken. Viel Spaß mit deiner Depression!"

Statt gekränkt zu sein, überraschte mich Roberta mit herzhaftem Kichern aus dem ungetrübten fröhlichen Kind-Ich. Und ich lachte ebenfalls, wir sammelten dann, wie zwei Verschwörer, alle Freuden, die sich aus einer veranstaltete Depression gewinnen lassen. Plötzlich hielt Roberta inne: „Aber ich spiele meine Depressionen nicht, ich leide darunter und habe keinen Spaß daran."

Begeistert von den letzten Minuten, wechselte ich rasch in die Eltern-Position und sagte:„Gut, dann gebe ich dir die Erlaubnis, Verschwörer zu spielen, Spaß zu haben ohne zu leiden!" Wieder Kichern und Lachen. „Ich habe seit Jahren nicht so viel gelacht. Werde ich jetzt manisch? Das wird mein Mann behaupten. Er ist Arzt. Ich kann mich erinnern, daß mir als Kind immer gesagt wurde, ich sei viel zu laut und zu ausgelassen, das könnte schädlich sein."

Das war es! Föhlichkeit, Spaß und Gelächter waren in ihrer Kindheit verboten, und der Ehemann verstärkte unwissentlich dasselbe Gebot. Robertas Mutter hatte an einer langwierigen Krankheit gelitten. Ruhe war ihr ein dringendes Bedürfnis. Wenn Roberta aus der Schule nach Hause kam, fröhlich und lärmend, dann wurde sie von der Mutter und Großmutter als „Monster" betrachtet. Wenn der Vater heimkam und Roberta traurig herumsitzend fand, dann lobte er sein liebes, unglückliches Töchterchen, das „so traurig über die Krankheit der Mutter" war. So lernte Roberta, die Fröhlichkeit gegen Depressionen einzutauschen, indem sie auf diese Weise wenigstens die benötigten Streicheleinheiten vom Vater erhalten konnte. Glücklicherweise war es sogar der Fünfundsechzigjährigen noch möglich, ihre Fähigkeit zur Fröhlichkeit hervorzulocken und therapeutisch zu nutzen. Robertas Ersatzgefühl war möglicherweise nicht zum Spiel geworden, weil sie in ihrer sehr frühen Kindheit einige Fröhlichkeit erlebt hatte, vielleicht auch weil sie ihren Ehemann nicht mit dem Ersatzgefühl ausbeuten konnte, im Gegensatz zu ihrem Vater (allerdings um den Preis, daß sie leiden mußte). Viele Ersatzgefühle werden jedoch zu Spielen mit zwei oder mehr Beteiligten und sind dann sehr viel schwieriger zu behandeln.

Roberta verzichtete auf das Depressions-Ersatzgefühl, als sie eine ganze Reihe neuer und echter Gefühle entdeckte. Vier Jahre nach der Therapie berichtete sie über keine Depressionen mehr, während zuvor der längste Zeitraum zwischen zwei Depressionen drei Monate war. Und natürlich wurde sie auch nicht manisch. Dieser Punkt ist wichtig, wenn man einige andere Fälle von Depressionen betrachtet, bei denen ein intensiver Ausbruch von Gefühlen, die jahrelang unterdrückt worden waren, vielleicht zu schnell als manisch diagnostiziert werden, um den Patienten damit in die Diagnose manisch-depressiv zu zwängen. Der Patient mag noch Übung brauchen, um mit der neugewonnenen Bewußtheit reibungslos umzugehen, die zunächst vielleicht in der ursprünglichen undifferenzierten Weise des Kindes auftritt. Dies muß den Therapeuten nicht beunruhigen, der die Kontrolle des Erwachsenen-Ich über gefährliches Verhalten fördern kann.

Margy hatte ein ausgeprägtes Unzulänglichkeits-racket. „Du meckerst an mir herum, huu..huhhh, wo ich doch gerade ein wenig Selbstvertrauen brauche."
Margy war nie Ärger auf ihre liebe Mutter erlaubt worden, die das „arme, halbblinde kleine Ding" übermäßig beschützt hatte. Die Mutter selbst hatte jedoch oft Ungeduld und Ärger gezeigt.
Eines Tages – wie mit Roberta – verlor die Therapeutin die Geduld wegen des unablässigen Gejammers, aber Margy war unfähig, ihrerseits mit Ärger zu antworten, selbst wenn andere Gruppenmitglieder betonten, daß sie an

ihrer Stelle so reagiert hätten. Sie jammerte einfach weiter, was ihr in der Vergangenheit künstliche, aus Schuldgefühlen entstandene Streicheleinheiten von der Mutter eingebracht hatte. Durch die Behandlung lernte Margy Gefühle des Ärgers erkennen, wenn sie auftraten, wofür in ihrem Falle ein deutliches Lidflattern Anzeichen war. Das Huuhuhh-Ersatzgefühl wurde überflüssig.

Im Gegensatz dazu praktizierte Stanley ein Feindseligkeits-racket, zu dem er sich veranlaßt sah aufgrund einer schaurigen Kindheitsgeschichte. Seine Mutter war gestorben, als er sehr klein war. Jeder Ausdruck sehnsüchtiger oder liebevoller Gefühle für seine Mutter oder sogar für seinen Vater war ihm verboten, da diese Gefühle zu bedrohlich waren für den Vater und die Stiefmutter. Hingegen wurde Stanley dafür gelobt, ein harter Kerl zu sein. In der Gruppe wurde Stanleys Ersatzgefühl, die Feindseligkeit, mit einem angelernten gewöhnlichen pseudo-sadistischen Wortschwall am deutlichsten, wenn warmes Empfinden angeregt wurde. Stanley benötigte Erlaubnis, warm und liebevoll zu sein.

Susanne zeigte ein semi-depressives 'Ich fühle mich verletzt'—Ersatzgefühl, das demjenigen Margys sehr ähnlich schien. Aber die zugrundeliegenden, verbotenen Gefühle waren andere. Sie war sehr intelligent, und ihr Wissensdrang und ihre Tüchtigkeit waren durch den Vater angespornt worden, um die Position der Mutter in Frage zu stellen. Nach der Scheidung der Eltern, die erfolgte, als Susanne noch ein Kind war, und dem Verschwinden des Vaters entschied Susanne, daß es gefährlich war, heiter und aufgeweckt zu sein. Wenn sie sich zurückgezogen zeigte, konnte sie von der Mutter Streicheleinheiten erhalten, die spüren wollte, daß sie gebraucht wird. Susanne entwickelte deshalb ein scheinbar-schizophrenes 'Zurückgezogensein'—Ersatzgefühl, um sich vor der Versuchung zu schützen, neugierig zu sein und herauszufordern. Die Behandlung konzentrierte sich darauf, Susannes Neugier und Sexualität zu fördern, die sie, nachdem der Vater gegangen war, gelernt hatte, sogar vor sich selbst zu verstecken.

Robertas Fall zeigt, wie ein Ersatzgefühl, dessen Struktur zunächst in ihrem Innern entstanden war, sich zu Ausbeutungstransaktionen entwickeln konnte, die in den Transaktionen mit ihrem Ehemann abliefen. In Susannes Fall können wir sehen, wie das Ersatzgefühl stellvertretend sowohl für ein echtes Bedürfnis (Neugier) als auch für eine Überlebensschlußfolgerung stehen kann, hier das Gebot des Vaters: „Fordere die Mutter heraus". Ersatzgefühle können auch Episkript-Aspekte haben. Stanley versuchte dauernd, andere dazu zu bringen, bei seinem Feindseligkeits-racket mitzuspielen — in der vergeblichen Absicht, die „heiße Kartoffel" seiner exzessiven selbsterzeugten Wut weiterzureichen (vgl. die Ausführungen über Episkript, Kapitel 14).

Es ist also für die Spiel- und Skriptanalyse notwendig, das Prinzip zu verstehen, daß rackets eine Ersatzlösung darstellen. Glücklicherweise gibt es viele Fälle, wo es gar nicht nötig ist, Spiel- oder Skriptanalyse zu bemühen, da das Ersatzgefühl, wie oben beschrieben, außer Kraft gesetzt werden kann und der Mensch sich dann durch verstärkte Wahrnehmung echter Gefühle entfalten kann. Es ist dieses Prinzip, das auch die Grundlage für die Effizienz gestalttherapeutischer Techniken bildet. In der Gestalttherapie wird es bekanntlich ermöglicht, daß ursprünglich unterdrückte Gefühle durch eine emotionale Explosion an die Oberfläche gebracht werden und auf diese Weise von der ganzen Person integriert werden können.

Die voranstehenden Ausführungen haben für die pädagogische Situation große praktische Bedeutung. Da Ersatzgefühle sich schon sehr früh in der kindlichen Entwicklung manifestieren, kann ein Lehrer oder ein Erzieher, der ein solches Ersatzgefühl erkennt, eine ganze Menge dazu tun, daß es sich nicht verfestigt und entwickelt. Er leistet damit einen wertvollen Beitrag zur Psychohygiene und Neuroseprävention. Ich gebe Lehrern und Erziehern zuweilen folgende Hilfen:

1. Nehmen Sie Ihren eigenen Ärger wahr. Wenn die Gefühle, die ein Kind ausdrückt, Sie immer wieder irritieren, wo Sie meinen, Sie sollten eigentlich wohlwollend reagieren, dann haben Sie es vielleicht mit einem Ersatzgefühl des Kindes zu tun.

2. Versuchen Sie zuerst nicht, das Ersatzgefühl zu überwinden, aber fördern Sie es nicht, sagen Sie zum Beispiel nicht: „Warum siehst du so traurig aus?" oder „Warum benimmst du dich so?" Beobachten Sie das Kind und die Situation. Wenn sich etwas ereignet, das ein unbefangenes Kind ärgerlich werden ließe, aber dieses Kind traurig werden läßt, dann sollten Sie die Gelegenheit nutzen, die echten Gefühle zu ermutigen und zum Beispiel sagen: „Es sah so aus, als wärest du für einen Augenblick ärgerlich gewe-

sen" und:„Wenn jemand mein Heft zerrisse, dann würde ich wütend sein". Das Kind mag das Gefühl verneinen, aber der Lehrer kann es weiterhin beobachten und prüfen:„Da ist es schon wieder passiert, und du bist immer noch nicht ärgerlich!"

3. Wenn echte Gefühle geäußert werden, sollten Sie großzügig Streicheleinheiten vermitteln, selbst für den Ausdruck 'unannehmbarer' Gefühle. „Ich finde es gut, daß du deinen Ärger aussprichst. Es ist in Ordnung, auch einmal richtig wütend zu sein."

4. Es kann für ein Kind hilfreich sein, wenn man ihm sagt, daß die Äußerung eines Gefühls nicht zwangsläufig dazu führen muß, entsprechend zu handeln, wenn sein Erwachsenen-Ich sich dagegen entscheidet. „Es ist daher nicht notwendig, mit Johann zu kämpfen."

Einige Lehrer mögen einwenden, daß – egal, was in der Schule geschieht – das Kind zu Hause bestimmte emotionale Verhaltensmuster aufrechterhalten muß. Das stimmt. Dennoch lohnt es sich doch für den Lehrer, dem Erwachsenen-Ich des Kindes zu vermitteln, daß, wenn es auch durch bestimmte Gefühlsäußerungen zu Hause gefährdet ist, dieselben Gefühle in anderen Situationen ohne Gefahr zum Ausdruck gebracht werden können.
Das Kind mag zum Beispiel seine Wut zu Hause weiterhin verstecken müssen, aber es kann sie nun wenigstens erkennen. Damit ist die Basis geschaffen für die Überwachung des eigenen Verhaltens durch das Erwachsenen-Ich. Bewußte Wahrnehmung muß nicht mehr durch das geängstigte Kind-Ich unterdrückt werden. Das Kind hat weniger das Bedürfnis, echte Gefühle durch künstlich 'erlaubte' Gefühle zu ersetzen. Ein Ersatzgefühl wird daran gehindert, festen Fuß zu fassen, wenn das Kind sich sagen kann: „Ich kann alles, was ich fühle, angstfrei fühlen. Ich kann entscheiden, was ich zeige und was ich tue."

Erinnern Sie sich daran, daß Ersatzgefühle stereotype Wiederholungen erlaubter Gefühle sind, die in der Vergangenheit durch Streicheleinheiten gefördert wurden. Sie werden immer dann angeboten, wenn ein echtes Gefühl einer anderen Kategorie an die Oberfläche kommen will.

Diese Ersatzfunktion kommt daher, daß der Betreffende sich selbst darauf trainiert hat, bestimmte, früher verbotene Gefühle oder Wahrnehmungen nicht bewußt wahrzunehmen. Das Ersatzgefühl kommt auf, obwohl ein anderes Gefühl darunter verborgen ist. Ich nenne dies die Stellvertretungsfunktion des Ersatzgefühls. Das ist der Grund, warum Ersatzgefühle trotz Konfrontration so hartnäckig aufrechterhalten werden, weil sich der Patient der wahren andersartigen Gefühle nicht bewußt ist, die er in der Gegenwart unterdrückt. Der Patient braucht zusätzliche Hilfe, um die echten Gefühle zu erkennen und zu bezeichnen, damit er sie schließlich besitzen kann. Dabei kann er lernen, Bewußtheit und Handeln zu trennen, zum Beispiel Kind-Ich-Gefühle von Handlungen, die durch das Erwachsenen-Ich überwacht werden. Hatte er in seinem Elternhaus günstige Bedingungen, dann wird er das in der frühen Kindheit gelernt haben. Falls nicht, kann die Fähigkeit des Lehrers oder Therapeuten im Umgang mit der Ersatzfunktion der Ersatzgefühle diesen Mangel wirksam ausgleichen.

Echte Gefühle und Wahrnehmungen sind Antworten im Hier und Jetzt auf innere und äußere Stimuli. Eine authentische Persönlichkeit kann es sich selbst erlauben, wirklich alle Gefühle, die in seinem Kind-Ich entstehen, zu akzeptieren, ob sie seinem Eltern-Ich gefallen oder nicht. Ihr Erwachsenen-Ich kann Gefühle von Handlungen unterscheiden. Sie kann auch wählen, was und wann etwas gezeigt oder ausgdrückt werden soll.

Gefühle und Wahrnehmungen können in drei Kategorien eingeteilt werden, die eine entwicklungsmäßige Reihenfolge darstellen:

I. Grundlegende körperliche Bedürfnisse, an die das Überleben gebunden ist, sowie Sinneswahrnehmungen (Kreislauf, Verdauung, Drüsen etc.), Berührung, Geruch, Hören, Sehen, Sprechen, Hunger nach Streicheleinheiten, eventuell Bewegungsdrang.

II. Reaktionen auf Erfüllung oder Frustration der oben angeführten Bedürfnisse oder auf andere äußere Stimuli wie Lärm, Wiegen, Schütteln, warme Milch, Streicheln, grobe Behandlung usw., zum Beispiel: Freude, Wohlbehagen, Schmerz, Unbehagen, Haß, Fröhlichkeit etc.

III. Später auftretende Bedürfnisse im Zusammenhang mit Trieben, die im Rahmen der weiteren körperlichen Entwicklung auftreten, sowie Reaktionen auf Erfüllung bzw. Frustration dieser neuen Bedürfnisse.

Gefühle dieser Kategorie III sind komplexer als die der beiden anderen Kategorien, weil ihre jeweiligen Manifestationen beim Menschen verschiedene Besonderheiten haben. Sie sind mit Imaginationen und Gedanken durchmischt, zum Beispiel Neugier, Sexualität, Zärtlichkeit, Verlangen nach Anerkennung, nach Entwicklungsmöglichkeiten (psychisch), nach Autonomie, nach echter Intimität.

Alle Gefühle können unmittelbar in der Gegenwart erfahren werden, aber sie können auch Formen für ein Ersatzgefühl darstellen. Es ist hilfreich, eine Terminologie zu benutzen, die beides unterscheidet, und deshalb findet sich weiter unten eine Gegenüberstellung, wie ich sie verwende. Ich möchte den Leser zu Ergänzungen und Modifikationen anregen, da unvermeidbar auch Überschneidungen und persönliche Gesichtspunkte in diesem Schema enthalten sind.

Unter Rubrik A sind Gefühle aufgeführt, wie sie in ihrer echten, unverkleideten Form auftreten. Unter Rubrik B finden sich die verzerrten Formen, wie sie in Ersatzgefühlen vorkommen. Wenn Sie diese Liste als Therapiehilfe verwenden, dann erinnern Sie sich bitte daran, daß ein Ersatzgefühl, das Sie in Rubrik B wiederfinden, ein anderes Gefühl vertritt, als das entsprechende echte Gefühl in Rubrik A. Das Ersatzgefühl zeigt an, daß sowohl das verzerrte als auch das echte Gefühl dieser Kategorie erlaubt war. Verboten war ein davon abweichendes Gefühl aus einer anderen Kategorie der Rubrik A. So werden Sie die Detektiv-Fähigkeiten Ihres Kind-Ich benötigen, um diese Liste richtig zu gebrauchen. Viel Glück!

A – Echte, spontane Bedürfnisse und Gefühle

I. Elementare körperliche Bedürfnisse. Hunger nach Streicheleinheiten. Physisches Ausdrucksverhalten (Gesicht, Rumpf, Glieder). Bewegung. Wahrnehmungen (Geruch, Tastsinn, Gehör, Sehen). Wut.

II. Behagen, Unbehagen, Zufriedenheit, Freude, Jauchzen, Frustration, Schmerz, Wut (Ärger), Furcht, Verwirrung, Verlorenheit, Wünsche und Sehnsüchte, Hoffnung, Selbstwahrnehmung oder Bewußtheit, Wirkliches, realistisches Selbstvertrauen, Kompetenz. Haß, Wunsch zu zerstören oder zu besiegen.

III. Neugier, Überschwang und Mutwille. Diese können, zusammen mit Phantasie, zur Kreativität führen. Drang, sich auszudrücken und zu wachsen, oft in Beziehung zur Neugier. Eingeschlossen sind Aggressivität, Freude am Wettstreit, Neid, Ärger. Gefühle aus dem erwachenden Bedarf nach eigener Identität, Selbstverwirklichung und Autonomie.

Hunger nach Anerkennung. Verlangen nach menschlichen Beziehungen. Gefühle aus dem Bedürfnis nach Intimität. Trauer. Echtes Bedauern, Kummer.
Sexualität, von infantilen bis zu reifen sexuellen Bedürfnissen und Gefühlen. Diese überschneiden sich manchmal mit physisch empfundenem Hunger nach Streicheln. Wahre Liebe, sexuell und nicht-sexuell. Warme Gefühle für andere.
Schöpferisch-Sein. Gefühle im Zusammenhang mit kreativem oder produktivem Drang. Großzügigkeit. 'o.k.'–Gefühle. Anteilnahme, Fürsorge, Sympathie, Loyalität.
Existentielle Sorge oder Verzweiflung, Bewußtheit der Ungereimtheiten und Schwierigkeiten des Lebens. Bewußtsein der menschlichen Unvollkommenheit sowie der Realität des Todes. Fähigkeit, optimistisch im Jetzt zu leben. Mut.
Echtes 'o.k.'–Gefühl mit voller Anerkennung des anderen. Realistisches Gefühl des 'Ich bin o.k.–Du bist o.k.'. Liebe.

B – Ersatzgefühle (rackets)

Künstliche Gefühle, die als Stellvertreter für andere Gefühle erscheinen

Chronisches Unbefriedigtsein, Ratlosigkeit, Nervosität, Ekel, Irritierbarkeit, Erschöpfung, Deprivation („Ich brauche das nicht..."), krankhafte E- Eß-Lust, Erbrechen, Alkoholismus, Hypersixualität, einige Arten von Depressionen, Märtyrerhaltung.
Psychosomatische Beschwerden, inklusive Verdauungs-, Haut- und Atembeschwerden. Übellaunigkeit. Opfer (Märtyrer). Hoffnungslosigkeit, permanentes Bedürfnis nach Rückversicherung. Sich über sich und andere lustigmachen (Mißhandlungs-racket).
Nervöse Wißbegierde und Fragerei. Klagen. Jammern. Nörgeln. Hartnäckige geschäftige Wichtigtuerei. Klatschhaftigkeit. Strebertum.
„Ich bin o.k.–Du bist nicht o.k.' (oder umgekehrt) als Ersatzgefühl. Pech-

vogel („Dir geht es gut, mir nie").
Aufsässigkeit. („Mich werdet ihr nicht kleinkriegen"). Gereiztheit. Abschalten durch geistige Abwesenheit. Gewalt.
Sich anbiedernde Pseudo-Fröhlichkeit. „Wir sind doch alle Kumpels". Angst vor Einsamkeit. Schuldgefühl-racket. Scham. Immer in Schwierigkeiten.
Unzählbare sexuelle Ersatzgefühle, inklusive provokativem sexuellen Verhalten. Angst vor Raub, Kastration, sexuellen Bedürfnissen. Sexuelle Perversionen. Extreme Prüderie. Voyeurismus. Superman-Syndrom. Sexual-Opfer.
Übermäßiges Behüten. Extreme Hilfsbereitschaft. Zuckerguß-Nächstenliebe und Selbstlosigkeit. Hingabevolle Mutter (Ehefrau, Sohn, Diener des Volkes uw.) Anhaltende Verstimmung („Das werde ich nie verzeihen"). Selbstmord- und Todschlag-rackets. Einige Depressions- oder Schuldgefühl-rackets. Chronischer Pessimismus. Destruktivität. Gewalt. Ständiges Infragestellen. „Schließlich müssen wir ja doch sterben, also..."
Unechtes Zutrauen, Euphorie, Hoffnung als Projektion („immer nett und brav") Fassadäre demonstrative Liebes- und Glücklichkeits-racktes. („All you need is love, sweet love")

Kapitel 7

ERSATZGEFÜHLE UND AUSBEUTUNGSTRANSAKTIONEN ALS DIE WURZEL PSYCHOLOGISCHER SPIELE

(aus: Current Issues in TA (Hrsg.R.Blakeney), New York 1977)

Neuerdings richten Transaktionsanalytiker ihr Augenmerk mehr auf die Ersatzgefühle ihrer Klienten als auf deren Spiele, obgleich Berne selbst nur wenige Seiten seiner schriftlichen Werke dem Konzept der Ersatzgefühle (rackets) gewidmet hat. Er beschreibt ein racket als ein Gefühl, das „gewohnheitsmäßig eingeschaltet" wird, weil es in der Kindheit als ein'Lieblingsgefühl' gelernt worden ist und mit Ausbeutung zu tun hat.

Definition:
Die Definition von Ersatzgefühlen, wie sie in der gegenwärtigen TA-Praxis verwendet wird, gründet sich auf zwei Artikel, die ich 197o veröffentlicht habe. Dort habe ich ein racket definiert als ein Ersatzgefühl, das ein ursprüngliches Gefühl oder innere Haltung ersetzt. Dieses ursprüngliche Gefühl kann nicht ausgedrückt werden, weil der Betreffende während seiner Kindheit immer dann bestraft oder abgewertet worden ist, wenn er es äußern wollte.

Weil das Wort 'racket' ein volkstümlicher amerikanischer Ausdruck ist, entsteht manchmal bei der genauen Definition dieses Konzepts wie auch bei seiner Übersetzung eine gewisse Verwirrung. Hinzu kommt, daß es bei einigen weniger erfahrenen Therapeuten Mode geworden ist, das Wort in einer kritischen und mißbilligenden Weise zu verwenden und dadurch den Patienten abzuwerten. Sie vergessen dabei die Tatsache, daß der Patient, der ein Ersatzgefühl zeigt oder innerlich darunter leidet, dies nicht absichtlich tut (er weiß gar nicht, daß es sich um ein Ersatzgefühl handelt), und daß Ersatzgefühle nicht durch bloßes Benennen geheilt werden können, obwohl deren Identifizierung den ersten Schritt zur Therapie darstellt.

Ich möchte hier beschreiben, was Ersatzgefühle sind, wie der Prozeß der Ausbeutungstransaktionen, d.h. die Transaktionen, die ein Ersatzgefühl stützen, abläuft und wie Ausbeuter, d.h. Pesonen, die sich chronisch an Ausbeutungstransaktionen beteiligen, geheilt werden können.

Ausbeuter:
(auch manchmal Gefühlsausbeuter genannt, da sie die Gefühle der anderen ausbeuten)
Berne übernahm den Begriff racket aus dem amerikanischen Slang, wo es eine Kurzbezeichnung für eine erpreßte Beschützung darstellt, mit der die Chicagoer Gangster falsche Versicherungspolicen verkauften. Die erpreßte Beschützung lief folgendermaßen ab: Der Vertreter eines Gangsters kam zu einem Geschäftsmann und verlangte Geld für eine Versicherungspolice gegen Brand. Falls der Geschäftsmann nicht mitmachte, würde es in seinem Geschäft ein mysteriöses Feuer geben und am Tag darauf würde der Agent des Gangsters mit einer anderen, ungleich teureren Versicherungspolice wiederkommen. Viele Geschäftsleute stimmten spätestens nach einigen solchen Erlebnissen dem Kauf dieser Pseudo-Versicherungspolice zu, um sich auf diese Weise freizukaufen. Sie wußten, daß sie keine echten Versicherungspolicen kauften, die ihnen im Falle eines Feuers materielle Entschädigung garantierten. Und sie wußten auch, daß dies für sie der einzige Weg war, um zu verhindern, daß ihr Geschäft einer erpresserischen Brandstiftung zum Opfer fiel.

Die meisten von uns haben Erfahrungen im Umgang mit Menschen, die uns auf eine im Prinzip ähnliche Weise heimtückisch erpressen, indem sie uns dazu bringen, mit ihnen eine Beziehung einzugehen und sie mit Streicheleinheiten zu belohnen für Gefühle oder Gedanken, auf die wir am liebsten nicht eingehen würden. Aber wir lassen uns vielleicht kurz darauf ein, weil es der einfachste Weg zu sein scheint, den Betreffenden wieder loszuwerden oder weil wir so den Vorwurf vermeiden wollen, grausam, gefühllos oder undankbar zu sein. So könnte uns zum Beispiel ein Mensch auf einer Party oder in einer geschäftlichen Situation in die Klemme bringen und uns dahingehend ausbeuten, daß wir ihm Streicheleinheiten geben, weil er uns unaufhörlich von seinen Problemen erzählt.
Oder ein anderer besteht darauf, uns seinen ungefragten Rat zu geben, um uns zu Streicheleinheiten des Dankes zu provozieren.
In beiden Fällen würden wir Streicheleinheiten geben, zu denen wir im Grunde gar nicht bereit sind.

Also benutze ich den Namen Ausbeuter für die Person, die solche erpresserischen Transaktionen in Gang bringt, besonders wenn sie einen hohen Prozentsatz ihrer Zeit und ihrer Energie dafür aufwendet, um von anderen für die nicht ehrlichen eigenen Gefühle und Gedanken Streicheleinheiten zu erbeuten, genauso wie sich ein Gangster mit Hilfe einer Pseudo-Versicherung Geld erpreßt.

Der Grund für Ersatzgefühle:
Warum sollte ein Mensch seine innere Welt durch künstliche Produkte und nicht durch seine echten Gefühle zum Ausdruck bringen? Der Grund liegt in der frühen Lebensgeschichte des Ausbeuters.
Es gibt nur wenige Familien und Kulturen, in denen die ganze natürliche Gefühlsskala voll akzeptiert ist. In einigen Familien wird zum Beispiel der Ausdruck von Frustration nicht akzeptiert. In anderen wieder haben die Eltern vielleicht Schwierigkeiten, mit dem frühkindlichen Ausdruck von Wut, Trauer, Sexualität, Erregung, Abhängigkeit oder gar Unabhängigkeit umzugehen. So kommt es, daß Eltern dem Kind vermitteln, daß der Ausdruck bestimmter Gefühle nicht nett, schlecht, falsch oder gefährlich ist.

Manchmal wird diese Botschaft offen ausgedrückt, wenn zum Beispiel einem Kind immer wieder gesagt wird: „Du darfst nicht....(weinen, schreien, neugierig sein, lachen etc.)". Manchmal sind die elterlichen Botschaften verdeckt, indem Vater und Mutter sich zum Beispiel nur abwenden, die Stirn runzeln, schnell das Thema wechseln, sobald das Kind unakzeptable Gefühle oder innere Einstellungen ausdrücken will.

Andererseits gibt es in jeder Familie bestimmte Gefühle oder Haltungen, die unterstützt werden. Je nach familiären oder kulturellen Mustern können dies ebenfalls sein: Trauer, Beleidigtsein, Furchtsamkeit, Fröhlichkeit oder ähnliches.

Als Konsequenz dieser familiären Gefühlspolitik können bestimmte unakzeptable Gefühle des Kindes nicht nur zeitweise abgewertet, sondern oft auch mit einem falschen Etikett versehen werden. Dann werden dem Kind, das seine echten Gefühle zeigt, andere Gefühle zugeschrieben. Dies kann auf eine grobe oder auf eine subtile Art und Weise geschehen. So kann zum Beispiel einem Kind, das um seinen toten Goldfisch weint, gesagt werden: „Du bist nur müde und brauchst ein wenig Schlaf", oder: „Du solltest dich freuen, denn wir werden dir einen größeren Fisch kaufen", oder: „Du bist böse und gemein, machst einen solchen Lärm und weckst deine Großmutter auf!"

Ein festes Muster von bestimmten in der frühen Kindheit falsch etikettierten oder abgewerteten Gefühlen führt dazu, daß ein Kind damit beginnt, ein natürliches Gefühl durch ein anderes zu ersetzen, wenn es erlebt, daß das ursprüngliche Gefühl in seiner Familie nicht akzeptiert wird. Dieses sekundäre Gefühl ist das racket.

Manchmal wird das Ersatzgefühl ausgebaut bzw. übertrieben. Der Vorgang ähnelt dem Verhalten eines Betrügers, der bestimmte Dinge überbetont, um dadurch glaubwürdiger zu erscheinen.

Die meisten Kinder lernen bis zum dritten Lebensjahr, den spontanen Ausdruck ihrer nicht akzeptierten Gefühle oder Haltungen zugunsten ihrer von den Eltern anerkannten Gefühle oder inneren Haltungen zu unterbinden. Diese 'legitimen' Gefühle werden dann zu ihren hauptsächlichen Ausdrucksmöglichkeiten, die für alle Emotionen zuständig sind, einschließlich der nicht akzeptierten. Daraus wird ein gewohnheitsmäßiges Verhalten, so daß der Betreffende selbst als Erwachsener das ganze Spektrum seiner natürlichen Gefühle gar nicht mehr wahrnehmen kann. Er bemerkt nur noch, die Gefühle und Haltungen, die ihm in der Kindheit zugeschrieben worden sind und die jetzt zum Teil als Ersatzgefühle auftreten. So kommt es, daß die Empfindungen eines Ausbeuters in fremden Ohren leicht unecht und künstlich klingen, ohne daß dies dem Betreffenden bewußt ist.

Wir alle brauchen Streicheleinheiten, d.h. Freundlichkeit und Anerkennung von anderen. Menschen, die ihre natürlichen Gefühle bewußt wahrnehmen und ausdrücken können, erleben im Alltag genügend gute Transaktionen mit anderen, so daß sie nicht unter chronischem Mangel an Streicheleinheiten leiden. Andererseits neigen Menschen, die sich nicht gestatten, bestimmte Gefühle wahrzunehmen, auch im Erwachsenenalter dazu, sich möglichst oft Streicheleinheiten zu verschaffen. Vielleicht spüren sie, daß ein vitaler Teil von ihnen 'abgestorben' ist, so daß ihnen die zusätzliche Bestätigung hilft, sich lebendig zu fühlen. Sie sind zu Ausbeutern geworden,die manipulierte Streicheleinheiten suchen, um ihre reduzierte Gefühlswelt abzustützen. Wie die amerikanischen Gangster, die immer noch den alten sizilianischen Verhaltensmustern folgen, funktionieren die Ausbeuter nach wie vor entsprechend den archaischen Grundlagen ihrer Kindheit. Sie wagen nicht, bestimmte tiefere Gefühle bewußt wahrzunehmen; ihr Kind-Ich fürchtet, daß diese Gefühle entdeckt werden könnten oder –

noch schlimmer — daß es diese Gefühle ausdrücken könnte, die in der Kindheit streng verboten waren.

Auch wenn die Ausbeuter sich nicht recht wohlfühlen, wissen sie nicht, daß sie durch ihre Ersatzgefühle die bewußte Wahrnehmung anderer, natürlicher Gefühle verhindern, denn sie haben sich seit ihrer Kindheit daran gewöhnt. Ihre Ersatzgefühle erscheinen ihnen natürlich, und andere Gefühle erleben sie als fremdartig und verrückt. Dies trifft besonders deshalb zu, weil Ersatzgefühle in einem anderen Kontext natürlich und angebrachte Gefühle sein können.

Als Beispiel kann ein Ausbeuter dienen, der sich chronisch depressiv gibt, weil er auf diese Weise Gefühle wie Freude oder Eifersucht oder Ärger ersetzt. Sich gelegentlich müde oder traurig zu fühlen, ist normal, so daß das depressive Verhalten des Ausbeuters ab und zu natürlich und angemessen ist. Wenn er jedoch mit seinem depressiven Verhalten Freude, Eifersucht oder Ärger ausdrückt, dann liegt ein Ersatzgefühl vor. Um seine chronisch depressiven Gefühle sich selbst gegenüber zu rechtfertigen, verwendet der Ausbeuter diese nicht nur als Surrogat für andere Gefühle, sondern er übertreibt sie in Zeiten wirklicher Müdigkeit oder Trauer, indem er innerlich in seiner Depression schwelgt und/oder seine Umwelt durch sein demonstratives Leiden zu tröstenden Streicheleinheiten provoziert.
Die Gefühlsäußerungen eines Ausbeuters klingen deshalb oft unecht, wie der falsche Alarm des kleinen Hütejungen, der zu oft vor dem Wolf um Hilfe schrie.

Ausbeutungstransaktionen:
Das offensichtlich unnatürliche Verhalten des Ausbeuters geht nicht nur anderen auf die Nerven, sondern er leidet an dem eigenen Vorgehen auch selbst. Er versucht, sich zu trösten, indem er viel Zeit damit verbringt, sich im Geiste mit Personen aus seiner Vergangenheit oder Gegenwart zu unterhalten, die seine Ersatzgefühle gutheißen. Die liebevolle Beschäftigung mit seinen Ersatzgefühlen erweckt in ihm die Sehnsucht nach einem wirklichen lebendigen Menschen, der gut zu ihm ist. Unglücklicherweise sucht er jedoch nur solche Streicheleinheiten, die seine Ersatzgefühle bestärken, und er vermeidet es, spontan auf andere zuzugehen.
Wie ein Drogensüchtiger, der nach einem Schuß Ausschau hält, der ihm ganz andere Bedürfnisse stillen soll, pendelt der Ausbeuter zwischen zwei

Welten hin und her. Einerseits hält er Abstand zur sozialen Umwelt, weil er innerlich voll damit beschäftigt ist, seine auf Ersatzgefühle reduzierte innere Welt in Ordnung zu halten und die für ihn mysteriösen darunter liegenden Gefühle nicht ins Bewußtsein dringen zu lassen; andererseits sucht er ständig Partner, die seine Ersatzgefühle mit Streicheleinheiten belohnen.

Wenn seine Ersatzgefühle die Funktion haben, eine Reihe starker Gefühle zu verdecken, dann wird dieser Mensch ein hartgesottener Ausbeuter 'dritten Grades'. Die meisten seiner Transaktionen haben dann das Ziel, andere zu Streicheleinheiten zu provozieren, die ihm helfen, mit seinen Ersatzgefühlen auszukommen und das chronische Unbehagen zu verdecken, das dadurch entsteht, daß starke andere Gefühle anhaltend verdrängt werden müssen. Diese Prozedur bringt jedoch keine wirksame Bedürfnisbefriedigung, denn früher oder später werden seine gewählten Partner fortgehen bzw. sich gegen ihn wenden.
Als Reaktion auf den möglichen Verlust wichtiger Bezugspersonen wechselt der Ausbeuter manchmal seinen Ich-Zustand und tritt in ein sogenanntes Spiel mit dem Partner ein, dessen verschiedene Transaktionen ich in diesem Aufsatz noch beschreiben werde. Je mehr Raum der Ausbeuter seinen Ersatzgefühlen einräumt, desto kritischer wird seine Lebenssituation bis hin zur Selbstzerstörung. Auch hier gilt die Gangsteranalogie: Oft endet der Verbrecher, der sich seinen Lebensunterhalt aus den erpreßten Profiten verdienen will, verletzt oder ermordet.

Die zwei Typen von Ausbeutern und deren Transaktionen:
Es gibt zwei Typen von Ausbeutern, und jeder Typ hat entsprechende Ersatzgefühle. Innerhalb eines jeden Typs gibt es zwei Untergruppen, die mit (a) und (b) gekennzeichnet werden.

Der Ausbeuter Typ 1 eröffnet die Ausbeutungstransaktionen aus dem Kind-Ich und erhofft sich eine Reaktion aus dem Eltern-Ich des Partners. Ich bezeichne Typ 1(a) als 'hilflos' und Typ 1(b) als 'frech-trotzig'. Hilflos-Botschaften können sich abwechseln mit 'frech-trotzig'—Botschaften, wobei die Strategie der 'hilflos'—Ausbeutung positive Streicheleinheiten provoziert und die Strategie der 'frech-trotzig'—Ausbeutung negative Streicheleinheiten. In beiden Fällen ist es das Ziel des Ausbeuters, eine parallele Transaktion mit dem Eltern-Ich des Partners aufrechtzuerhalten und immer neue Streicheleinheiten zu bekommen.

Der folgende Dialog ist typisch für Ausbeutungstransaktionen von Typ 1:

Ausbeuter (Kind-Ich zu Eltern-Ich): Ich bin so unglücklich.
Partner (im Eltern-Ich angesprochen): Was ist denn passiert?
A: Ich weiß nicht recht, ich fühle mich miserabel.
P: Das tut mir leid.
A: Ich brauche Trost und Hilfe.
P: Kann ich irgendetwas für dich tun?
A: Ich weiß nicht recht. Aber ich bin sicher, du könntest mir helfen.
P: Was möchtest du gern?
A: Nun, vielleicht könntest du...

Und so weiter. Im Verlauf des Gesprächs kann es geschehen, daß der Ausbeuter 'frech' wird und zu motzen beginnt. So kann es zum Beispiel sein, daß der Partner eine spezifische Hilfeleistung anbeitet, die der Ausbeuter zurückweist, um dann gleich eine andere Form von Hilfe zu verlangen. Solange der Partner aus seinem Eltern-Ich heraus reagiert, wird der Ausbeuter aus seinem Kind-Ich-Zustand agieren, denn sein Ziel ist es ja, möglichst viele Streicheleinheiten mit seiner Hilflosigkeit zu bekommen, ohne sich dabei bewußt zu machen, was er wirklich möchte und ohne sich von seinem Erwachsenen-Ich die notwendigen Informationen zu verschaffen.

Der Ausbeuter Typ 2 funktioniert umgekehrt. Er beginnt mit einem unechten Eltern-Ich-Zustand und sucht sich ein 'angepaßtes Kind', das darauf einsteigt.
Ich bezeichne Typ 2(a) mit 'unecht hilfreich' und Typ 2(b) mit 'befehlerisch'. Dieser Ausbeuter eröffnet die Transaktionen mit einem Opfer, indem er Hilfe anbietet oder Anweisungen gibt, um dafür Dankeschön-Streicheleinheiten zu bekommen.
Ein Dialog könnte folgendermaßen ablaufen:

Ausbeuter (unechtes Eltern-Ich zum angepaßten Kind-Ich): Fühlst du dich auch wirklich wohl?
Partner: Ja, vielen Dank.
A: Ich will dir etwas zu trinken bringen.
P: Oh, dankeschön.
A: Ist genügend Eis drin?
P: Ja, danke, es genügt.

A: Nein, gib mir das Glas noch einmal. Ich hole dir mehr Eis.
P: Nein, nein, vielen Dank.
A: Oh, doch,ich bestehe darauf. Es ist zu wenig Eis.
P: Nun dann, danke schön.

Auch dieser Dialog kann unendlich weitergehen mit einem möglichen Wechsel von der positiven Strategie ('hilfreich') zur negativen Strategie ('befehlerisch'), wobei der Ausbeuter seinem Partner klarmacht, was er tun oder nicht tun sollte, was er haben sollte oder nicht usw.

Ausbeutungstransaktionen des ersten, zweiten und dritten Grades:
In diesen Beispielen sind die jeweiligen Partner nicht notwendig selbst auch Ausbeuter. Sie können unschuldige Gefolgsleute sein, die mit einbezogen wurden, so wie der Geschäftsmann, der von einem Gangster erpreßt wird.
Jeder von uns kann auf einen Typ 1 treffen, und wir können uns dabei ertappen, wie wir eine ganze Sammlung von Eltern-Ich-Streicheleinheiten an das Kind-Ich des Ausbeuters verteilen, wie zum Beispiel:„Ach, du Arme", „Ja, ja", „Ach, ist das schlimm!" usw. Oder wir können einem Typ 2 aufsitzen und Dinge sagen wie:„Vielen, vielen Dank", „Ich bewundere dich so sehr", „Du bist wunderbar" usw. Für eine kurze Spanne können wir einen Ausbeuter sogar genießen, vor allem im geselligen Beisammensein. Manchmal verhalten wir uns selbst wie ein Ausbeuter, um in schwierigen Zeiten, wenn wir uns erschöpft fühlen, eine Extrazuwendung von Freunden oder Fremden zu bekommen.

Da die meisten von uns in der Kindheit nicht alle Gefühle wahrnehmen bzw. ausdrücken durften, neigen wir dazu, die nicht akzeptablen Gefühle durch solche zu ersetzen, von denen wir heute glauben, daß sie akzeptabel sind. Die Ansammlung von uns selbst als nicht akzeptabel befundener Gefühle erzeugt das Bedürfnis, Streicheleinheiten auf dem Ausbeutungsweg mit Hilfe der einen oder anderen Methode zu bekommen, und wir vermeiden, uns selbst und anderen gegenüber ganz offen zu sein.
All dies kann unter der Überschrift „Ausbeutung ersten Grades" laufen und als Zeitvertreib dienen. Obwohl der Betreffende das nicht bewußt wahrnimmt, ist eine Ausbeutung ersten Grades nur eine leichte Abschirmung der darunter liegenden Gefühle, so daß der Betreffende sein Ausbeutungsverhalten bereits durch einen freundlichen Hinweis erkennen kann.

Chronische Ausbeuter versuchen jedoch verzweifelt, ihre tieferen Gefühle und die schlechte Meinung von sich selbst zu verdrängen. Verbissen suchen sie nach Ausbeutungstransaktionen, um ihr wachsendes Bedürfnis nach Streicheleinheiten zu befriedigen und um ihr Ausbeutungsverhalten und die verdrängten wirklichen Gefühle nicht erkennen zu müssen. Sie lassen nicht los. Kaum ist ihnen ein Partner entwischt, finden sie schon einen neuen, sowohl für kurzfristige als auch für längere Transaktionen und Beziehungen. In solchen Fällen spreche ich von Ausbeutungstransaktionen „zweiten und dritten Grades", in Analogie zu Verbrennungen und Süchten. Eine kleine Hautverbrennung ist ein unwichtiger Vorfall. Verbrennungen dritten Grades jedoch zerstören Gewebe und können den Tod verursachen.

Je mehr sie sich auf Ausbeutungstransaktionen einlassen, desto krasser können ihre Erpressungen ausfallen bis hin zur Drohung mit Mord oder Selbstmord. Auch wenn ihre erpresserischen Reden künstlich ausgeheckt und bewußt gesteigert werden, kann die innere Verzweiflung der Ausbeuter so stark werden, daß sie schließlich ihre Drohung wahrmachen.

Fallbeispiele von Ausbeutern:
Thea war ein Typ 1(a)–Ausbeuter mit Ersatzgefühlen von Depression und Traurigkeit. Mit 65 Jahren kam sie in die Therapie, nachdem sie ein Leben lang Erleichterung durch den häufigen Wechsel des Therapeuten gesucht und stützende Behandlung und Beruhigungsmittel erhalten hatte. Die Diagnose ihrer chronischen Depression basierte auf ihrem Verhalten und ihrer Lebensgeschichte, die auch die Tatsache beinhaltete, daß ihre Mutter fast während der ganzen Zeit von Theas Kindheit bettlägerig war. Ich hatte erst kurz mit Thea therapeutisch gearbeitet, als deutlich wurde, daß sie keine Erlaubnis hatte, spontan, freudig oder kreativ zu sein. Sie war ein typischer Spielverderber. Wenn sie Gelegenheit hatte sich zu freuen, zum Beispiel während eines von ihr gut geplanten Picknicks, steigerte sie sich in Ausbeutungstransaktionen hinein, die das Ersatzgefühl ihrer Hoffnungslosigkeit intensivierten.
Als kleines Mädchen wurde Thea vom Vater bei seinem Nachhausekommen immer dann wie eine Ausgestoßene behandelt, wenn sie gerade mit ihren Freunden spielte. Wie konnte sie nur so gefühllos sein und einen solchen Lärm machen, wenn die Mutter doch krank war! Wenn sie jedoch wie ein trauriges kleines Mädchen aussah, streichelte er sie ausführlich da-

fürm daß sie so mitfühlend, kummervoll und unglücklich an Mutters Krankheit Anteil nahm. So lernte Thea, Gefühle der Trauer und Niedergeschlagenheit dann auszudrücken, wenn ihr im Grunde nach Freude und Jauchzen zu Mute war. Später heiratete sie einen Mann, der wegen seiner eigenen Vergangenheit ein Typ 2–Ausbeuter war. Er war Arzt, der liebevoll zu Thea war, wenn sie sich krank und depressiv gab, der sie jedoch herabsetzte und sich in sein Labor zurückzog, wenn sie ihre Fröhlichkeit ausdrückte.
Glücklicherweise war er kein so schwerer Ausbeuter wie sie. Theas Depressionen fingen an, ihm auf die Nerven zu gehen, so daß es möglich war, Thea von ihrem Depressions-Ersatzgefühl zu heilen, ohne daß die Ehe dadurch zerbrach. Während der Therapie jedoch wurde ihr Mann ängstlich und mutlos; er warf ihr vor, manisch zu sein, wenn sie sich spontan und froh äußerte. Er selbst hatte dann später, als sich Thea nachhaltig veränderte, vorübergehend therapeutische Hilfe nötig.

Stanley war ein Ausbeuter vom Typ 1(b) mit einem 'frech-trotzig'–Feindseligkeits-racket. Er lud andere dazu ein, ihm aus ihrem kritischen Eltern-Ich negative Streicheleinheiten zu geben, und zwar besonders dann, wenn er sich verletzt fühlte. Dazu machte er sich selbst schlecht bzw. er provozierte die anderen durch gehässiges Verhalten seines rebellischen Kindes. Selbst wenn er von vermeintlichen Rettern fürsorgliche Streicheleinheiten bekam, reagierte er mit Feinseligkeit.
Seine Mutter war gestorben, als er drei Jahre alt war. Sein Vater hatte sehr bald darauf wieder geheiratet. Stiefmutter und Vater hatten sich durch die offen gezeigte Liebe des kleinen Jungen zur toten Mutter und durch seine Trauer über ihren Tod sehr bedroht gefühlt. Beides wurde von den Eltern als Zeichen der Feindseligkeit gegenüber ihrer neuen Verbindung aufgefaßt, zumal sich die Stiefmutter auch sehr anstrengte, eine gute Mutter zu sein.
Daher werteten die Eltern Stanleys Weinen und andere Zeichen von Trauer ständig ab. Sie lobten dagegen Ärger und Wutausbrüche des Kindes, um zu demonstrieren, wieviel Durcheinander die neue Mutter ertragen konnte und wieviel Geduld und Toleranz sie dem feindseligen trotzigen kleinen Lümmel entgegenbrachte. Dadurch lernte Stanley, Gefühle wie Sehnsucht, Einsamkeit, Trauer und Liebe durch das Ersatzgefühl der Feindseligkeit auszudrücken.

Susy war ein Ausbeuter vom Typ 2, manchmal von der Sorte (a), manchmal von der Sorte (b). Sie war die älteste von mehreren Kindern und war dafür ausgezeichnet worden, daß sie sich wie eine verantwortungsvolle, großzügige und gütige kleine Mutter verhielt. Sie hatte eine zwei Jahre jüngere Schwester, die von der Familie für schöner und intelligenter gehalten wurde, aber Susy durfte nie irgendwelche Gefühle von Eifersucht, Neid, Frustration oder Ärger ausdrücken, weder über ihre Schwester, noch über die Last ihrer Verantwortung, die sie nur scheinbar leicht trug.
In der Gruppe zeigten sich ihre Ausbeutungstransaktionen darin, daß sie zum Teil hilfreich, zum Teil kritisch einem anderen Patienten gegenüber war, wo sie eigentlich Grund zum Neid gehabt hätte. Ihr Neid war ihr nicht bewußt. Anfänglich reagierte sie auf entsprechende Hinweise überaus erschreckt, daß ihr jemand ein solches Gefühl unterstellen konnte. Als sie aber letzten Endes ihre neidischen Reaktionen erkannte, konnte sie ihre Ausbeutungstransaktionen ganz wesentlich einschränken.

Verteilung von typischen Ausbeutungsmustern:
Ich habe ebenso viele Typ-1–Ausbeuter wie Typ-2–Ausbeuter kennengelernt. Da jedoch die Ersatzgefühle bestimmen, welchen Beruf ich wähle, kenne ich mehr Typ-1–Ausbeuter unter meinen Patienten und mehr Typ-2–Ausbeuter unter den Kollegen bzw. in anderen helfenden Berufen.

Zusammenhang zwischen Ausbeutungstransaktionen und existentieller Grundeinstellung:
Ich habe an anderer Stelle beschrieben, wie die meisten Menschen etwa im Alter von drei Jahren eine defensive existentielle Grundeinstellung entwickeln. Diese Grundeinstellung ist abhängig von der Art der Erziehung, die sie bis dahin erhalten haben. Kinder, die eine strenge, überfordernde und sehr kontrollierende Erziehung erfahren haben, entwickeln eine Weltsicht, die man mit 'Ich bin nicht o.k.–Du bist o.k.' bezeichnen kann. Dementsprechend entwickeln sie ein Typ-1–Ausbeutungsmuster ('hilflos' oder 'frech-trotzig'). Andere Kinder, deren Erziehung überängstlich, sehr nachgiebig oder vernachlässigend war, bzw. die sich auf andere Weise selbst aufziehen mußten, entwickeln einen Standpunkt des 'Ich bin o.k.–Du bist nicht o.k.'. Entsprechend tendieren sie zu Ausbeutungstransaktionen des Typs 2 ('hilfreich' oder 'befehlerisch').

Grad und Intensität eines jeden Ausbeutungsmusters entsprechen einmal dem Ausmaß, mit dem der Erwachsene den unerwünschten, 'verbotenen' Teil seiner Gefühle unterdrückt, und zum anderen der Rigidität, mit der er seine defensive existentielle Grundeinstellung aufrechtzuhalten versucht. Er versucht nämlich mit Hilfe dieser Grundeinstellung, sich vor den darunter liegenden Gefühlen zu schützen, besonders vor dem Bewußtsein seiner existentiellen Verzweiflung, die von einigen Menschen als ein totales Überflutetwerden durch 'nicht-o.k.'–Gefühle erlebt wird. Die Rigidität einer defensiven Grundeinstellung kann deshalb auch empirisch eingeschätzt werden als Rigidität erstn, zweiten oder dritten Grades.

Die Annahme, daß Ausbeutungstransaktionen schon im Alter von ungefähr drei Jahren entstehen, scheint der Definition von Typ-2–Ausbeutern zu widersprechen, daß sie nämlich hauptsächlich aus dem Eltern-Ich heraus handeln. Dieser scheinbare Widerspruch wird noch größer, wenn man bedenkt, daß der Eltern-Ich-Zustand erst nach dem siebten Lebensjahr funktionsfähig ist.
Hier muß man sich jedoch vor Augen halten, daß Typ-2–Ausbeuter nicht nur mit Ersatzgefühlen arbeiten, sondern auch mit einem teilweise fiktiven Eltern-Ich, der ein Mini-Eltern-Ich im Kind-Ich widerspiegelt. Später im Leben verbindet sich dieser fiktive Eltern-Ich-Zustand mit dem vollständiger entwickelten Eltern-Ich.

In unserem Fall klangen Susys Worte in der Gruppensitzung so, als ob sie aus ihrem Eltern-Ich helfende oder befehlende Mitteilungen machte. Ihr Wortschatz entsprach einem Eltern-Ich, aber darunter zeigte sich das erschreckte Kind-Ich, das den Anschein geben wollte, überaus kompetent zu sein. Man kann sich vorstellen, daß Susy in diesem Tonfall als dreijähriges Kind sprach, wenn sie ihrem einjährigen Bruder die Flasche gab bzw. wenn sie mit ihrer psychotischen Mutter sprach, um auf diese Weise Zuwendung und Anerkennung dafür zu erhalten, daß sie sich wie eine gute kleine Mutter verhielt.

Die Unterscheidung zwischen Ausbeutungstransaktionen und Spielen:
In seinem Buch „Was sagen Sie, nachdem Sie Guten Tag gesagt haben?" betont Berne, daß es nicht nur Gewinne sind, die ein Spiel kennzeichnen, sondern daß der Begriff des Spiels sich auf eine ganze Kette von Transaktionen bezieht. Berne weist auch auf die Bedeutung hin, die der Wechsel des Ich-Zustandes eines Spielers hat. Der Wechsel geschieht vor der ge-

kreuzten Transaktion, die das Spiel beendet. In seinem früheren Buch „Spiele der Erwachsenen" hat Berne diesen Punkt noch nicht so klar betont. Damals war auch der psychologische Zweck der Ausbeutungstransaktionen noch nicht hinreichend geklärt. Das führte dazu, daß eine eindeutige Bezeichnung von Ausbeutungstransaktionen und Spielen nicht stattfand. Viele der von Berne identifizierten Spieltypen passen besser in den Bereich der Ausbeutungstransaktionen. So kann zum Beispiel das Spiel „Holzbein" für eine Typ-1–Ausbeutungstransaktion stehen. Das Spiel „Ich versuche nur, dir zu helfen" steht für eine Typ-2–Ausbeutung. „Warum nicht – Ja, aber..." kann eine Typ-1– oder Typ-2–Ausbeutung sein, je nach dem Ich-Zustand, aus dem heraus sie gestartet wird.

Charakteristisch für einen Ausbeutungsprozeß ist weiterhin, daß der Betreffende das Vertrauen eines anderen für seine verdeckten Zwecke mißbraucht. Im Gegensatz zu Spielen besteht bei Ausbeutungstransaktionen der genaue Zweck darin, kontinuierliche Gewinne in Form von dauernden Streicheleinheiten zu bekommen. Der entscheidende Unterschied zwischen Ausbeutung und Spiel ist weiter darin zu sehen, daß das Spiel mit einer gekreuzten Transaktion endet, die vom Spieler durch einen Wechsel des Ich-Zustandes ausgelöst wird und daß die Ausbeutungstransaktion dagegen aus einer Serie von kontinuierlichen, komplementären Transaktionen besteht und so lange dauert, wie der Partner die gewünschten Streicheleinheiten zu geben bereit ist.

Ausbeuter als Partner:
Wir sind jetzt beim zentralen Problem des erwachsenen Ausbeuters angekommen. Es entspricht dem Problem des Gangsters. Es ist nicht immer einfach, genügend Menschen zu treffen, die bereit sind, den Ausbeuter kontinuierlich zu bezahlen, nicht einmal mit ritualisierten und künstlichen Streicheleinheiten. Außerdem reicht diese Art von Lösegeld vielen Ausbeutern nicht. Die Gangster von Chicago haben für solche Situationen eine andere Möglichkeit entdeckt: Sie kaufen sich in die Unternehmen anderer ein und führen einige von ihnen wie ein legales Geschäft. Manche Gangster verbünden sich mit den Eigentümern, um dann gemeinsam Dritte auszunehmen.

So finden sich auch die Ausbeuter von Typ 1 und Typ 2 zusammen. Für eine Weile genießen sie dann ihre gemeinsamen Ausbeutungstransaktionen.

Viele Ehen und Partnerschaften beginnen so und existieren auf dieser Grundlage eine gewisse Zeit. Solche Beziehungen führen aber nach und nach zu einer immer größer werdenden Unzufriedenheit, auch wenn es so scheint, als ob sich beide Partner noch Streicheleinheiten geben. Die Unzufriedenheit entsteht, weil sie ihre Streicheleinheiten nur für die Ersatzgefühle des Partners geben und die darunterliegenden Empfindungen und Bedürfnisse jedes Ausbeuters frustriert werden. Sie erleben dann eine zunehmende diffuse Enttäuschung. So wie ein Gangster keinen Schutz bieten kann gegen die realen Lebensgefahren, sondern nur gegen die von ihm selbst künstlich geschaffenen Gefährdungen, so sind auch Streicheleinheiten für Ersatzgefühle keine brauchbare Reaktion auf die inneren Vorgänge eines Menschen.

Im Laufe der Zeit fühlt sich jeder Ausbeuter zunehmend betrogen, unzufrieden und leer und steigert daraufhin seine Ausbeutungsmanöver. Dann werden immer mehr negative Streicheleinheiten ausgetauscht, d.h. die Transaktionen bewegen sich von Typ (a) nach Typ (b). Das süße 'hilflos' wird mehr und mehr zum rebellischen 'frech—trotzig'; das freundliche 'hilfreich' wird zum verärgerten 'befehlerisch'. Die Entwicklung führt dann dazu, daß der eine oder andere Partner abspringen will, um nicht immer nur negative Streicheleinheiten zu erhalten.
Diese Entwicklung kann durch immer häufiger stattfindende kurze fünfminütige Ausbeutungstransaktionen in Gang gesetzt werden. Langfristig gesehen kann es dazu kommen, daß einer der Partner die Beziehung überhaupt beenden möchte. Dann kommt es zu einem Wechsel der Ich-Zustände, der das Spiel abbricht.

Beendete Spiele als Ergebnis von fehlgeschlagenen Ausbeutungstransaktionen:
Die frühere Theorie geht davon aus, daß Spiele nur für das Ziel eines Spielgewinns am Ende gespielt werden, um sich schlechte Gefühle einzuhandeln, die die Vergangenheit reproduzieren. Im Gegensatz hierzu bin ich zu der Überzeugung gelangt, daß sogar versessene Spieler ihre Spiele meist nicht wegen des zu erwartenden Endes einleiten. Dies Spiel wird beendet durch eine unbeabsichtigte und sich bedauerlicherweise wiederholende innere Panik des Ausbeuters, der merkt, daß der Partner sich absetzen will oder den Wunsch des Ausbeuters nach weiteren komplementären Transaktionen durchkreuzen möchte.

Diese Situation löst im Ausbeuter Panik aus, die ihm die Energie verleiht, seinen Ich-Zustand zu wechseln. Er setzt dem Partner die Pistole auf die Brust und durchkreuzt selbst die bisherigen Transaktionen. Er möchte als erster schießen oder wenigstens aufhören, ehe der andere auf ihn schießen kann. Er erlebt hierbei aufgrund seiner Initiative ein vorübergehendes Machtgefühl, obgleich er dadurch den Prozeß des Austausches von Streicheleinheiten, von denen er so verzweifelt abhängig ist, abschneidet. Er begnügt sich mit einem Trostpreis, indem er sich wenigstens einige interne Streicheleinheiten gibt, die in Anlehnung an vergangene, getrübte Erfahrungen etwa besagen: „Nun, ich wußte ja, daß das nicht so weitergehen kann."

Das geheime oder auch nicht so geheime Lächeln auf dem Gesicht des Spielers im Anschluß an die gekreuzte Transaktion kennzeichnet das Spielende. Der Grund für das Lächeln ist nicht der Spielgewinn, denn der eigentliche Gewinn steckt im vorausgegangenen Ausbeutungsprozeß. Das Lächeln verkörpert eher die bittersüße Wiederholung einer frühen Erfahrung, in der der Spieler das Ausbeuten lernte. Mit dem Lächeln gibt er sich selbst eine kleine Streicheleinheit; diese Technik hat er etwa im Alter von sieben Jahren gelernt.
Der innere Kommentar klingt wie der oberflächliche Trost eines Elternteils für ein verletztes Kind: „Da siehst du es wieder, es gibt halt im Leben immer gewisse Enttäuschungen". Dadurch gewinnt der arme Ausbeuter wieder etwas Kraft, die ihn für kurze Zeit (Sekunden oder Tage) aufrechthält, bis sein altes Bedürfnis wieder wach wird und er mit seinen Ausbeutungstransaktionen erneut beginnt, und zwar entweder mit dem früheren oder mit einem neuen Partner.

Die sogenannten Spieler sind in Wirklichkeit erfolglose Ausbeuter, die einmal angefangen haben, sich von lebenden, atmenden, vielleicht sogar sehr zögernden Partnern Gewinne in Gestalt von Streicheleinheiten zu erschleichen. Kein Spiel fängt mit einer Spielabsicht an, nicht einmal unbewußt, auch wenn die Abfolge der Transaktionen, wie ich sie oben beschrieben habe, entsprechend der zunehmenden Verzweiflung des Ausbeuters schneller und schneller zu gekreuzten Transaktionen führt. Ich gebe zu, daß die Ausbeuter – wie wir alle bis zu einem gewissen Grad – versuchen, die Menschen in ihrer Umgebung in Personen aus der Vergangenheit zu verwandeln, denn ihr Menschenbild hat sich in ihrer Kindheit geformt. Andererseits habe ich die Erfahrung gemacht, daß ein Ausbeuter gern — wann immer das möglich ist — Streicheleinheiten von einem Menschen bezieht, der ihn auf eine solche Weise verwöhnt, wie er es aus seiner Kindheit kennt. Er hat aber Angst, den Partner zu verlieren. Deshalb kommt es dann zu einer Kampf-Flucht—Reaktion und in deren Folge zu einem Wechel im Ich-Zustand und zu einer gekreuzten Transaktion mit einem Schlag am Ende. Dieser Schlag bringt nur einen Trostpreis, der aber besser ist als nichts.

Das Ende eines Spiels resultiert also aus einem Gefühl panischer Angst im Ausbeuter. Auch wenn es ihm zunächst schien, daß er eine gute, komplementäre Partnerwahl getroffen habe, die wie die totale Garantie für unbegrenzte, kontinuierliche Streicheleinheiten aussah, können doch zwei Arten von Schwierigkeiten auftreten:

1. Die Streicheleinheiten für Ersatzgefühle stärken nur in ungenügender Weise. Gefühlsausbeuter fühlen sich deshalb leer und in Not, ähnlich wie es Drogensüchtigen ergeht.
2. Der Partner, der in diesem komplementären Ausbeutungsprozeß möglicherweise weniger engagiert ist, ist dabei oft versucht abzuspringen, oder die Transaktionen mit dem Ausbeuter zu durchkreuzen, und ihm so die wichtigste Überlebenschance abzuschneiden.

In Kurzfassung besagt die Theorie über Ausbeuter: Sie versuchen durch Ausbeutungstransaktionen übermäßig viele Streicheleinheiten zu bekommen. Wenn die Gefahr entsteht, daß ihr Partner keine weiteren Streicheleinheiten mehr vergibt, geraten die Ausbeuter in Panik. Sie schalten dann aus ihrem üblichen Ich-Zustand in den gegensätzlichen um. Die gegenwärtigen Transaktionen werden dadurch unabsichtlich gekreuzt. In der Folge entsteht möglicherweise das klägliche Lächeln. Dieser Trostpreis ermutigt den unglücklichen Ausbeuter, wieder in seinen gewohnten ursprünglichen Ich-Zustand zurückzukehren.

Jeder Ausbeuter verbringt viel mehr Zeit in dem seinem Typ entsprechenden Ich-Zustand als in dem, der einem sogenannten Spielende folgen würde.

Je häufiger Ausbeutungstransaktionen zu einem Abbruch des Spiels führen, desto prekärer sind offenbar die Lösungswege, die der Betreffende bisher für die anstehenden Lebensaufgaben ausgewählt hat. Bei Personen mit übermäßigen Ersatzgefühlen reichen selbst Ausbeutungstransaktionen nicht mehr aus, um sich genügend vor der totalen 'nicht o.k.'–Position, d.h. einer Entfremdung von sich selbst, zu schützen. Falls es nicht zu einer brauchbaren therapeutischen Intervention kommt, kann dieser Prozeß zu einem tragischen Ende führen.

Es gibt nur zwei Typen von Spielabschlüssen – mit 'Aufschrei':
Aus dieser neuen Sicht der Spiele wird deutlich, daß es – analog zu den beiden Ausbeutertypen – auch nur zwei Muster für sogenannte Spiele gibt, selbst wenn wir ihnen je nach Kontext noch so ausgefallene Namen geben. Es handelt sich also nicht um Spiele in der Definition von Berne, sondern um Spielabschlüsse. Eins ist JEHIDES („Jetzt habe ich dich endlich, du Schweinehund"), das die Typ-1–Ausbeutungstransaktionen zum Abschluß bringt. Das andere „Mach mich fertig" beschließt die Typ-2–Ausbeutungstransaktionen. Jeder Spielabschluß entsteht aus dem Wechsel des Ich-Zustandes eines Ausbeuters in den gegensätzlichen Ich-Zustand.

Zusätzlich gibt es den 'Aufschrei'. Er zeigt sich nach der jeweiligen Ausbeutungseskalation darin, daß beide Partner fast gleichzeitig ihre Ich-Zustände wechseln und in entgegengesetzte Richtungen marschieren, dabei jedoch an den Trostpreisen für ihre Frustrationen festhalten. Sie suchen sich anschließend einen neuen Ausbeutungspartner, dem sie dann die oben erfolgte schreckliche Episode mitteilen.

Die Bewegung von der Ausbeutung zum Spielabschluß:
Wenn Typ-1–Ausbeuter in Panik gerät und seinen Ich-Zustand vom hilflosen oder trotzig-frechen Kind-Ich zum Eltern-Ich wechselt, durchkreuzt er die bisher kontinuierlich verlaufenen Transaktionen und greift mit seinem jetzt energiegeladenen Eltern-Ich das Kind-Ich seines Partners mehr oder weniger heftig an. Er will damit sagen: „Du bist also doch voller Fehler" (d. h.JEHIDES) oder „Makel" („Du taugst nichts").

Auf die gleiche Art, jedoch umgekehrt, wird ein Typ-2–Ausbeuter, wenn er wegen des drohenden Partnerverlustes in Panik gerät, von seinem hilfreichen oder befehlerischen Eltern-Ich zu seinem unglücklichen, primitiven Kind-Ich wechseln und dabei mehr oder weniger empfinden: „Trotz meines Bluffs bin ich doch nur ein verletztes Baby". Dieser Spielabschluß wird in der Literatur mit „Mach mich fertig" bezeichnet. Ich selbst ziehe den Ausdruck „niedergeschlagen" vor, da er den Zeitpunkt in der Erfahrung des Spielers markiert, wenn dieser die letzte oder die erwartete Zuweisung seines fortlaufenden hilfreichen oder kontrollierenden Verhaltens erlebt.

Beispiele für das Durchkreuzen von Transaktionen:

Typ-1—Ausbeuter: (Er verhält sich wie ein hilfloses Kind, um Streicheleinheiten vom Eltern-Ich des Partners zu erhalten.) Oh, erkläre mir das doch bitte noch einmal.

Partner: Ich weiß nicht wie (mitgeteilt aus irgendeinem Ich-Zustand heraus, aber mit einem Körpersignal, daß er bald ausstreigen wird.)

A: (Er gerät wegen des absehbaren Verlustes an Streicheleinheiten in Panik und wechselt in sein eigenes rechthaberisches Eltern-Ich, um damit über das Kind-Ich seines Partners mit JEHIDES herzufallen) Oh, du weißt überhaupt nichts.

Jetzt sind die vorhergehenden kontinuierlichen dyadischen Transaktionen durchkreuzt. Für eine kurze Zeitspanne (Sekunden oder Tage) kann sich der Ausbeuter an seinem schwachen Trostpreis festhalten, seinem Partner gegenüber überlegen gewesen zu sein.

Typ-2—Ausbeuter: (Er verhält sich wie ein unter Druck befindliches hilfreiches Eltern-Ich, um Streicheleinheiten der Dankbarkeit vom Kind-Ich des Partners zu bekommen.) Laß mich das für dich tragen.

Partner: Danke, aber es ist nicht nötig (mitgeteilt aus einem beliebigen Ich-Zustand, aber mit einer sich abwendenden Körperbewegung).

A: (Er gerät wegen des absehbaren Verlustes an Dankeschön-Streicheleinheiten in Panik und zeigt sein unglückliches, niedergeschlagenes Kind-Ich) Warum weist du mich zurück?

Auch hier wurden die vorangegangenen dyadischen Transaktionen durchkreuzt. Für einen kurzen Augenblick hatte der Ausbeuter zumindest den Trost, das Unglück seines Kind-Ich zu erkennen, das sonst immer von seinem ihn müde machenden Ersatzgefühl verdeckt wurde. Aber auch er wird dann seine starken Kind-Ich-Gefühle unerträglich finden. Wegen seines begrenzten Erfahrungshintergrundes weiß er nicht, wie er für sein erschrecktes Kind-Ich die gewünschten Streicheleinheiten bekommen kann. Er wird deshalb wieder zu seiner eingebildeten Kompetenzvorstellung zurückkehren, die er mit seinem Eltern-Ich ausdrückt.

In diesem Zusammenhang lohnt es sich anzumerken, daß Typ-2—Ausbeuter oft den Eindruck von sehr erfolgreichen Leuten machen, denn ihre Ersatzgefühle verleiten sie dazu, ihre Gefühle der Unsicherheit und Ängstlichkeit zu verbergen. Aber sie sind oft größere Selbstmordkandidaten als die Typ-1—Ausbeuter, die dazu neigen, mit Selbstmord zu drohen und es dann schaffen, gerettet zu werden. Typ-2—Ausbeuter werden von einer mächtigen Verzweiflung getroffen, sobald die künstlich aufrechterhaltene Selbstsicherheit zusammenbricht. Oft wissen sie nicht, was sie tun können, wenn sie von solchen Verzweiflungsgefühlen überrollt werden, denn bisher haben sie sich zu viel um andere gekümmert und es bleibt nichts anderes übrig als ihre Kompetenz, mit der sie sich dann selbst umbringen.

Diagnostische Unterschiede zwischen Typ 1 und Typ 2:
Die obigen Beispiele machen deutlich, warum es für einen Therapeuten wichtig ist, zwischen den beiden Ausbeutertypen zu unterscheiden. Er kann dadurch besser die Wendepunkte, die wahrscheinlich in einem Spiel eintreten werden, vorhersagen.

Ein Typ-1—Ausbeuter, der als Patient immer wieder aus seinem Kind-Ich um Hilfe bittet oder den Therapeuten bewundert, wird früher oder später — es sei denn, daß eine gute Vorbereitungsarbeit stattgefunden hat — mit JEHIDES offen oder verdeckt über seinen Therapeuten herfallen, vielleicht indem er plötzlich zu einem anderen Therapeuten geht.
Andererseits kann sich ein Patient, der sich in einer Selbsterfahrungsgruppe als kompetent hilfreich und unentbehrlich zeigt, als Typ-2—Ausbeuter herausstellen, der ständig Streicheleinheiten an andere verteilt. Nachdem er einmal zu viel in ein Gefühl des Niedergeschlagenseins gewechselt hat, kann er plötzlich einen psychotischen Schub haben oder sich überraschend aus Verzweiflung selbst umbringen, auch wenn diese Handlung nicht beabsichtigt war. Dieser Prozeß erklärt auch die hohe Selbstmordrate unter den erfolgreichen, zuverlässigen Therapeuten, die als Typ-2—Ausbeuter ihren Typ-1—Patienten gegenüber sehr hilfreich schienen.

Ausbeutungstransaktionen und Spielwechsel im Drama-Dreieck:
In der TA bezieht sich das Drama-Dreieck auf die Feststellung von Karpman, daß sich Spieler in den Rollen von Opfer, Verfolger und Retter verhalten. Sie wechseln sich in jedem Punkt ab und bewegen sich in ihrer Beziehung zueinander von einer Rolle in die andere. Manchmal beziehen sie

auch dritte Personen in ihr Spiel mit ein. Jetzt können wir besser die dynamischen Prozesse verstehen, die zu dem Rollenwechsel im Drama-Dreieck führen, wenn zwei Ausbeutertypen eine komplementäre Partnerschaft eingehen.

Ausbeuter des Typs 1 beginnen als Opfer. Ausbeuter des Typs 2 beginnen als Retter, manchmal als Verfolger. Die Rolle des Verfolgers wird manchmal kurz und vorübergehend auch vom Ausbeuter des Typs 1 eingenommen, wenn sie vom üblichen Kind-Ich umschalten und mit JEHIDES über den Partner herfallen. Ähnliches geschieht auf umgekehrte Weise, wenn Ausbeuter des Typs 2 in die Opferrolle verfallen, wie es bereits in der Entwicklung zu 'niedergeschlagen' hin geschildert wurde.

In der Paartherapie reicht es nicht aus, die Rollenwechsel entlang dem Drama-Dreieck zu erkennen, auch wenn es noch so nützlich sein mag. Viel wichtiger ist es, sich darüber klar zu werden, ob ein oder beide Partner zu chronischen Ausbeutungstransaktionen des Typs 1 oder des Typs 2 neigen und ob der Partner ein komplementäres Ausbeutungsmuster hat.
Wenn dies geklärt ist, muß der Ausbeutungsgrad jedes Partners eingeschätzt werden, denn es liegt nahe, daß sie nicht Hilfe suchen würden, wenn nicht ein Partner jetzt viel weniger als der andere an Ausbeutungstransaktionen interessiert wäre.
Ähnlich wichtig ist es, den Anteil an Zeit oder Energie herauszufinden, den jeder in der Rolle des Verfolgers benötigt. Meistens handelt es sich hier um JEHIDES als Spielabschluß beim Typ-1—Ausbeuter. Aber es kann auch ein Typ-2—Ausbeuter sein, der von seinem früheren 'hilfreich'—Verhalten auf 'befehlerisch' umgeschaltet hat und jetzt negative Streicheleinheiten verteilt.

Oft wird am Ende derjenige weniger leidend und gequält erscheinen, der anfangs als das chronische Opfer auftritt und zu Beginn auch mehr Sympathien bekommt, als der chronische Retter, auch wenn letzterer zuerst als erbitterter Verfolger in der Partnerbeziehung gesehen wird.

Zusätzlich muß der Therapeut stets herausfinden, welche Rolle das Paar für ihn vorgesehen hat, welche Ersatzgefühle er belohnen soll und mit welchen Vergeltungsmaßnahmen gedroht wird, falls er nicht auf die Ausbeutungsforderungen der beiden eingeht.

Ausbeuter erkennen:
Als erstes versuche ich herauszufinden, ob ich es mit einem Typ-1—Ausbeuter oder mit einem Typ-2—Ausbeuter zu tun habe, auch wenn ich sehe, daß die betreffenden Patienten häufig den Ich-Zustand wechseln. Jeder Typ verbringt nämlich mehr Zeit in dem Ich-Zustand, der seinem Typ entspricht, d.h. im Kind-Ich für Typ 1 und im Eltern-Ich für Typ 2.

Ich diagnostiziere Ersatzgefühle in einer anderen Person mit meinem Kind-Ich, wenn ich als Antwort auf deren Gefühle und Haltungen fühle und denke: „Oh, oh, doch nicht schon wieder!" Oft stellt es sich auch heraus, daß ich ziemlich genau den nächsten Schritt jener Person vorausgeahnt hatte. Mir wird dabei bewußt, daß von mir insgeheim erwartet wird, immer wieder in einer bestimmten Weise zu reagieren, was heißt, daß man meine Gefühle ausbeuten will.
Wiederholte Forderungen an mein Eltern-Ich zeigen an, daß ich es mit einem Typ-1—Ausbeuter zu tun habe. Wiederholte Forderungen an mein angepaßtes Kind sagen mir, daß mein Gesprächspartner ein Typ-2—Ausbeuter ist.

Dann stellt sich für mich die Frage: Wie intensiv ist der Ausbeutungsprozeß? Ist er ersten, zweiten oder dritten Grades?
Um den Umfang der Ausbeutung einschätzen zu können, ziehe ich mich so schnell wie möglich aus etwaigen komplementären Transaktionen mit dem Patienten zurück und durchkreuze seine Transaktionen mit meinem Erwachsenen-Ich. Ich nenne dies die therapeutische Durchkreuzung. Meine gekreuzte Transaktion erzeugt — wie alle — eine vorübergehende Pause. Ich höre dann besonders aufmerksam auf den Ich-Zustand, aus dem heraus der Ausbeuter die nächste Transaktion beginnt. Er wird eines von vier Dingen tun:
1. Er wertet meine Erwachsenen-Ich-Antwort ab und beginnt seine vorige Transaktion wieder von vorn, in der Hoffnung, daß ich jetzt anbeiße und aus dem komplementären Ich-Zustand heraus antworte, den er sucht.
2. Er wechselt den Ich-Zustand und durchkreuzt meine Transaktion.
3. Er schaut verblüfft und stumm drein.
4. Er antwortet mit seinem Erwachsenen-Ich oder humorvoll mit seinem natürlichen Kind-Ich.
Wenn ich die eine oder andere Variante der letzteren Antwort erhalte, beweist mir das, daß ich es nicht mit einem Ausbeuter großen Stils zu tun

habe und daß die Behandlung einfach sein wird. Wenn ich aber eine der drei anderen Reaktionen bekomme, besteht die Wahrscheinlichkeit, daß ich es mit einem Ausbeuter zweiten oder dritten Grades zu tun habe. Ich muß dann auf die Gefühlsreaktionen des Patienten achten. Ich muß aber auch die Häufigkeit und/oder die Intensität des Wechsel in den Ich-Zuständen beachten, mit denen der Patient als Folge seiner Enttäuschung auf mich reagieren wird. Denn ich habe mich ja geweigert, seine Einladung zu einem Ausbeutungsprozeß anzunehmen. Ich kann dann davon ausgehen, daß der Patient als Folge der Frustation innerlich wütend oder verzweifelt ist.

Beispiele von gekreuzten therapeutischen Transaktionen:

Typ-1—Ausbeuter : (nach einer Reihe verbal ausgetauschter Mitteilungen, beginnt aus seinem Kind-Ich-Zustand in der Rolle des Opfers)
Es geht mir so schlecht, aber Sie werden mich bestimmt verstehen.
Therapeut: (Erwachsenen-Ich) Ich bin mir nicht sicher, ob ich Sie verstehen werde.
Patient reagiert in einer der oben erwähnten ersten drei Weisen.
Th: Wie fühlen Sie sich jetzt, da ich Ihnen nicht die gewünschte Zusicherung gegeben habe?

Typ-2—Ausbeuter: (vielleicht nach einer leichteren Konfrontation eines anderen Gruppenmitgliedes; gekünstelt, fürsorglich/kritisches Eltern-Ich, zeigt sich in der Gruppe als Retter/Verfolger) Ich denke, Sie sollten nicht so hart mit der armen Rosi umgehen!
Therapeut: (Erwachsenen-Ich) Ich denke darüber anders.
Patient reagiert in einer der oben erwähnten ersten drei Weisen.
Th: Wie fühlen Sie sich jetzt, da ich Ihren Beitrag so kurzum abgewiesen habe?

Diese Beispiele zeigen, wie ich bei beiden Ausbeutertypen unmittelbar nach meiner therapeutischen Durchkreuzung den Patienten nach seinen Gefühlen frage, die im Gefolge des Frustrationsschocks entstanden sein könnten, auch wenn sie nur schwach und schnell vorübergehend waren. Viele Patienten werden irgendwelche Gefühlsreaktionen verleugnen und meine Frage als Einladung dazu verwenden, um wieder von vorn anzufangen, oder sie zielen direkt auf den Trostpreis eines Spielendes ab. Jede Patientenantwort wird zu einem wertvollen Hinweis, um meine eigene Vermutung über den Ausbeutungstyp und den Grad und die Intensität der Ausbeutungstransaktionen zu überprüfen.

Der obige Prozeß muß sich manchmal mehrfach und bei unterschiedlicher Themenstellung wiederholen, bevor er diagnostisch klarer und zur Therapiebrücke wird. Die anfängliche Bedeutung dieses Prozesses liegt darin, daß der Therapeut den Ausbeuter dadurch frustriert, daß er dessen Ersatzgefühl weder positiv noch negativ belohnt und daher nicht verstärkt. Andererseits gibt er dem Patienten Streicheleinheiten dadurch, daß er ihn sofort im Anschluß an die frustrierende Erfahrung nach seinen Gefühlen fragt.
Darüberhinaus soll der Therapeut auch weiter bereit sein, ehrliche Gefühlsäußerungen des Patienten zu belohnen, auch wenn er seine Wut und seine Enttäuschung über den Therapeuten ausdrückt, wofür er früher nicht die erwartete Antwort oder Zuwendung erhalten hatte.
Wenn nach der therapeutischen Durchkreuzung nicht sofort die Frage nach den momentanen Gefühlen käme und dem Patienten die volle Erlaubnis gegeben würde, seine Frustration auszudrücken, wäre dies einfach eine gefühllose, sogar grausame Reaktion auf das vom Patienten ausgedrückte Bedürfnis, auch wenn es unecht geklungen haben mag.

Überlegungen bei Therapiebeginn:
Offensichtlich empfehle ich nicht, Ersatzgefühle durch Streicheleinheiten zu verstärken. In extremen Fällen jedoch, wenn die Ausbeutungstransaktionen ziemlich verzweifelt aussehen, ist es erforderlich, die Gefühle oder Haltungen eines Patienten in einer 'Ersten-Hilfe'—Maßnahme zu belohnen, auch wenn sie vielleicht Ersatzgefühle sind, um so den Patienten vorübergehend zu stützen.
Manchmal ist dies auch erforderlich, um ihn überhaupt zu weiteren Therapiesitzungen zu motivieren, bis dem Patienten deutlicher wird, welche unterdrückten Gefühle hinter seinen Ersatzgefühlen stehen. Der gutgläubige Therapeut jedoch, der unter dem Deckmantel einer „unterstützenden Therapie" in länger anhaltende Ausbeutungstransaktionen mit seinem Patienten hineingezogen wird, verursacht im Endeffekt Schaden, auch wenn ihn der Ausbeuter für sein Verhalten lobt. Ich selbst habe mich auch häufiger, ohne daß ich es bemerkte, in das Ausbeutungssystem eines Patienten länger als nützlich einbeziehen lassen. Inzwischen habe ich gelernt, besser auf

die Intuition meines Kind-Ich zu achten. Und ich stelle mir selbst die folgenden Fragen:
1. Reagiere ich auf Ausbeutungstransaktionen, und falls ja, auf welchen Typ?
2. Bewegen mich die im Hier und Jetzt vom Patienten vorgebrachten Gefühle oder erscheinen sie mir künstlich und ausbeuterisch?
3. Welche anderen Gefühle könnten in dieser Person durch die jetzige Situation ausgelöst worden sein?
4. Gibt es körperliche Anzeichen der Furcht oder Scham?
5. Wie würde ein freies Kind-Ich anstelle dieser Person reagieren? Oder: Was würde der Patient jetzt ausdrücken, wenn er nicht Zurückweisung befürchtete?

Therapie — Und was sind echte Gefühle?

Letztendlich bedeutet die Behandlung von Ausbeutern, die verbotenen, hinter den Ersatzgefühlen verdeckten Empfindungen zu erkennen, um dem Patienten die Erlaubnis zu geben, sich diese Gefühle bewußt zu machen und sie auch in einem geschützten Rahmen auszudrücken. Es geht hierbei nicht um eine Diskussion darüber, welche Gefühle echt sind und welche nicht. Der Ausbeuter selbst verhält sich aus dem Empfinden heraus, daß seine Ersatzgefühle echt sind. Für ihn sind sie real, denn sie haben somatische Anteile.

Seine Verwirrung hängt mit der Tatsache zusammen, daß er zu gewissen Zeiten Ersatzgefühle anstatt anderer erlebt und er sich einredet, daß die Ersatzgefühle „wirklich und wahrhaftig" sind. Mit dem Finger auf ein Ersatzgefühl zeigen und es mit einem Etikett zu versehen, hilft dem Ausbeuter nicht. Er fühlt sich dadurch nur mißverstanden. Das Etikettieren eines Ersatzgefühls kann sogar eine negative Wiederholung von Vorwürfen der Eltern während der Jugendzeit darstellen und die trotzige Rebellion des Patienten fördern.

Ein Patient in einem Depressions-racket oder Feindseligkeits-racket oder Süß-und-lieb-racket wird darauf bestehen, daß die gezeigten Gefühle echt sind. Ein deprimierter Patient wird in der Tat auch Situationen erleben, in denen er tiefe Gefühle der Trauer hat, wie sie auch andere Menschen wahrnehmen. Der feindselige Patient kann auch Zeiten haben, in denen er sich wirklich ärgerlich fühlt. Der entscheidende Punkt ist, daß für die Person, die mit Depression ausbeutet, möglicherweise Gefühle der Freude verboten worden sind, daß für den Feinseligkeitsausbeuter Gefühle der Liebe untersagt waren und für den Menschen mit einem Süß-und-lieb-racket die Gefühle von Eifersucht.

Ersatzgefühle und das intensive Bedürfnis nach Ausbeutungstransaktionen lösen sich auf, wenn sich der Patient seiner verbotenen Gefühle bewußt wird und wenn er entdeckt, daß er wählen kann, indem er sein Erwachsenen-Ich benutzt, um zu entscheiden, ob er, wann er und wo er seine inneren Gefühle mitteilen und/oder entsprechend handeln will. Er muß herausfinden, daß bewußte Wahrnehmung, Ausdruck und Handlung nicht dasselbe sind, wie es wohl sein Kind-Ich während der frühen Periode der ersten drei Lebensjahre geglaubt haben mag. Damals haben seine Eltern von aussen her seine Gefühle zu erkennen versucht. Er selbst aber hatte damals noch nicht die Mittel, um zu wissen, wie er sich innerlich fühlte, und er konnte auch noch nicht seine Verhaltensoptionen mit seinem Erwachsenen-Ich bestimmen.

In der Übergangsphase, auf dem Weg zu einem solchen Bewußtsein, benötigt der Patient Hilfe, Erlaubnis, Anregung und sogar Herausforderung, um seine verbotenen Gefühle zu erkennen und sie in der Öffentlichkeit, zum Beispiel in der Gruppe, mitzuteilen. Er wird dann auch entdecken, daß er dadurch weder selbst zerstört noch andere zerstören wird. Im Gegenteil, er wird die Erfahrung machen, daß er für seine spontanen Äußerungen sogar Streicheleinheiten bekommt. Er muß erleben, daß es nicht stimmt, wie er es in der Kindheit gelernt hatte, daß ihn bestimmte ausgeblendete Gefühle vor Zurückweisung schützen bzw. sicherstellen, daß er genügend Streicheleinheiten im Hier und Jetzt bekommt.

Therapeutische Unterstützung kann in diesem Prozeß auf mannigfache Weise gegeben werden. Ein erster Schritt ist das Bewußtmachen der aktuellen Gefühle, die in der Kindheit in der Wahrnehmung des Patienten unterdrückt wurden. Oft ist es für einen Therapeuten oder Gruppenleiter nicht schwer, dem Patienten einen genauen Hinweis auf die eigentlichen, hinter seinen Ersatzgefühlen liegenden Gefühle zu geben.

Die Menschen haben ein sehr großes Spektrum an Gefühlen. Es erscheint deshalb zunächst als eine unmögliche Aufgabe, die Gefühle eines anderen zu erraten, besonders wenn diese unbewußt sind. Dennoch gibt es einige

Grundgefühle, die ziemlich repräsentativ sind, nämlich: Schmerz, Freude, Sexualität, Liebe, Ärger. Hinzu kommen noch Furcht und Scham, obgleich diese eher dazu motivieren, die wahren Gefühle durch Ersatzgefühle zu ersetzen als selbst zu Ersatzgefühlen zu werden. Wenn man sich diese Grundgefühle merkt und außerdem das aktuelle Geschehen wach verfolgt, kann ein Therapeut oder ein Gruppenmitglied das spezifische Gefühl, von dem sich ein Patient gerade wegbewegt, gut wahrnehmen und ihn dazu ermuntern, den vermiedenen Kommunikationskanal doch zu benutzen.

Wenn der Patient den Mut entwickelt, irgendwelche verbotenen Gefühle, die sich zeigen, auszudrücken, ist es wichtig, daß der Therapeut aktiv den Mut und die Ausdruckskraft des Kind-Ich streichelt. Diese Zuwendung bezieht sich nicht notwendigerweise auf die Inhalte des auftauchenden, bisher versteckten Gefühls, denn diese könnten sozial verwerflich sein, wie zum Beispiel mörderische Wut, brennender Neid, enorme Habgier etc.
Später kann das Erwachsenen-Ich des Patienten als Kontrollinstanz seines Verhaltens verstärkt werden, so daß er nicht mehr befürchten muß, durch seine Gefühle in ein nicht gewolltes Verhalten getrieben zu werden.

Wenn seine Bewußtheit zugenommen hat und der Patient immer elastischer über ein immer größer werdendes Gefühlsspektrum verfügt, kommt manchmal eine Zeit, in der er sehr ängstlich wird und furchterregende Alpträume hat. Dies hängt nicht nur mit der Vergangenheit zusammen. Es ist auch möglich, daß der Patient durch die zunehmende Wahrnehmung der unterdrückten Gefühle auch verstärkt liebevolle Gefühle für sich selbst und andere empfindet.
Dadurch wird in seinem Kind-Ich ein erneutes Bewußtsein seiner Verletzlichkeit ausgelöst. Der Betreffende versucht dann häufiger, seine auftauchende Angst dadurch zu lösen, daß er zwischen seiner größer gewordenen Spontaneität und der alten Verwendung seiner Ersatzgefühle hin- und herspringt. Dieses Verhalten entspricht dem eines Gangsters, der sich abgesetzt hat, sich aber von seiner neuen Selbstverantwortung mehr bedroht fühlt als früher von den straffen Mafiaregeln, und der deshalb immer wieder den Kontakt mit dem Syndikat erneuert.

Ich ermutige solche Patienten, ihre früheren Ausbeutungsfertigkeiten übergangsweise in manipulative Fertigkeiten umzuwandeln, d.h. sich gewisse verdeckte Transaktionen zu erlauben, von denen das Erwachsenen-Ich je-

doch wissen soll. Ich vermittle ihnen auf diese Weise, daß ich von ihnen nicht erwarte, daß sie – „ohne auch nur mit der Wimper zu zucken" – ihre früheren Ausbeutungsgewohnheiten ablegen. Es schadet auch nicht, gelegentlich bestimmte Gefühle zu simulieren, oder sie sogar künstlich zu erzeugen, sei es nun Depression, Feindseligkeit oder Furchtsamkeit. Wichtig ist, daß man sie nicht Überhand gewinnen läßt.
Nicht alle Lernerfahrungen über Streicheleinheiten sollen umsonst gewesen sein, so darf ich auch manchmal meine erlernten Ausbeutungstechniken benutzen. Außerdem beruhigt es die Leute in meiner Umgebung, die sich nicht von ihren Ersatzgefühlen getrennt und sich an die meinen gewöhnt haben.

Letzten Endes werden selbst die hartnäckigsten Ausbeuter ihre verdeckten Transaktionen beenden, sobald sie die Möglichkeiten eines sich vertiefenden Selbstbewußtseins erleben.

Kapitel 8
DIE UNTERSCHEIDUNG DER OPFER IM DRAMA–DREIECK

In der TA-Theorie erweist sich das Konzept des von Stephen Karpman entwickelten Drama-Dreiecks dann als sehr nützlich, wenn man die Bewegung zeigen will, die einem Wechsel der Ich-Zustände folgt, wenn zwei oder mehr Leute an einem psychologischen Spiel beteiligt zu sein scheinen. Man kann dann leicht aufzeigen, wie zum Beispiel ein Opfer zum Verfolger oder ein Retter zum Opfer wird. Das Drama-Dreieck kann auch Rollenveränderungen von einem oder mehreren Partnern in einer Beziehung deutlich machen; es kann klarstellen, wie ein unvorsichtiger Therapeut oder eine dritte Person als Opfer enden, wenn der Betreffende als Retter für einen der Partner in eine solche Beziehung einbezogen worden ist.

Im folgenden möchte ich einige wichtige Aspekte der Opferrolle beleuchten.
Ich unterscheide dabei Typ-1–Opfer von Typ-2–Opfern. Eine solche Differenzierung ist sehr wichtig für die Wahl der therapeutischen Strategie und für die Bewertung des Risikos, wenn Ausbeutungstransaktionen zwischen zwei Partnern eskalieren und es zu einem gefährlichen Umschalten in den jeweiligen Ich-Zuständen und in den negativen Bewertungen kommt.

Ich habe bereits an anderer Stelle in diesem Buch darauf hingewiesen, daß es zwei Arten von Ausbeutungstransaktionen gibt. Typ 1 beginnt mit dem Kind-Ich bzw. mit der unterlegenen Position (Opfer 1) und wendet sich an einen Retter, um von ihm positive Streicheleinheiten zu bekommen. Bei 'motzenden' Transaktionen lädt Opfer 1 den Eltern-Ich-Zustand eines Verfolgers ein und bekommt von ihm negative Streicheleinheiten.

Start Typ 1 oder

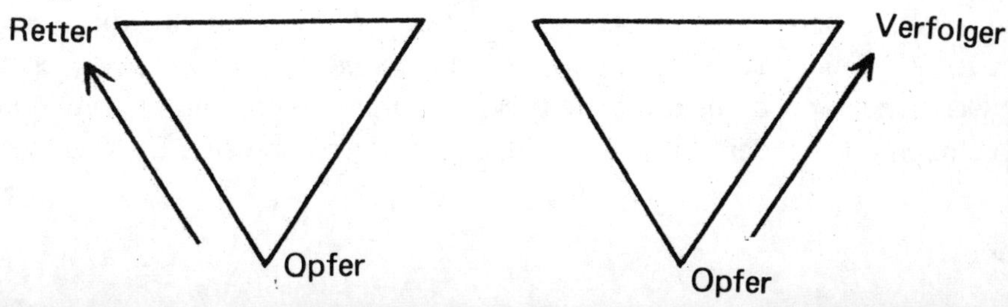

Ein Typ-1—Ausbeuter wechselt seinen Ich-Zustand und strebt das damit verbundene Spielende „Jetzt habe ich dich endlich, du Schweinehund!" an, wenn er nicht genügend Streicheleinheiten mit seinen Ausbeutungstransaktionen erzielt — weil der Partner dabei ist auszusteigen oder weil er die Transaktion mit seinem Eltern- oder Erwachsenen-Ich durchkreuzt. Opfer 1 wird dann selbst zum Verfolger; später vielleicht sogar aus Schuldgefühl zum Retter.

Typ 2 funktioniert umgekehrt. Er beginnt aus dem überlegenen Eltern-Ich, d.h. aus der Retter- oder Verfolgerposition und wendet sich an den Kind-Ich-Zustand des Partners, d.h. an das Opfer.

Start Typ 2 oder

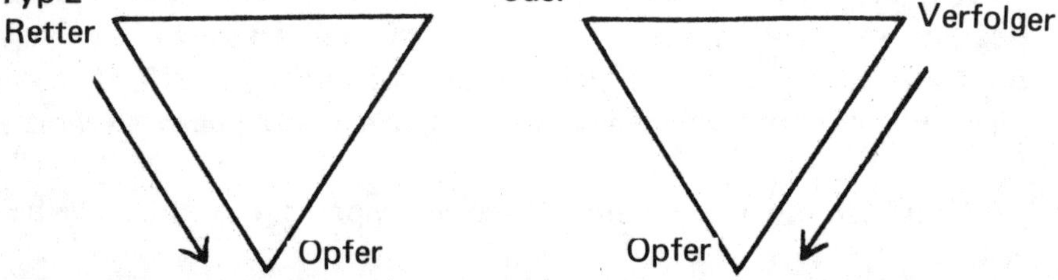

Der Typ-2—Ausbeuter wird, wenn er angegriffen wird, in der Opferposition enden und sich niedergeschlagen fühlen, unabhängig davon, ob der Wechsel des Ich-Zustandes von ihm selbst oder vom Partner ausgeht.

Warum nun die Unterscheidung zwischen Opfer 1 und Opfer 2?
Es ist wichtig für die Vorhersagbarkeit der Gefühle und des Verhaltens der Beteiligten. Opfer 1 ist das chronische Opfer, das gewöhnlich die Ausbeutungstransaktionen einleitet, um für sein Opfer-racket oder für andere 'hilflos'—Ersatzgefühle Streicheleinheiten zu erhalten. Obwohl diese Streicheleinheiten nicht besonders konstruktiv sind, da sie über Ausbeutungstransatkionen gewonnen werden, können sie doch den Ausbeuter eine Zeitlang über Wasser halten. Er wird getröstet als ein chronischer Jammerer und als ein geduldig und ewig Leidender. Er mag sogar körperliche Leiden haben, um seine Ausbeutungstransaktionen zu rechtfertigen. In mancher Hinsicht entspricht sein Leben einem langsamen Tode, aber er schafft es gerade noch zu überleben. Auch wenn er oft mit Selbstmord droht, wird er es nicht so leicht tun. Er wird meistens nicht genügend Schlaftabletten nehmen oder auf andere Weise dafür sorgen, daß er gerade noch rechtzeitig gefunden wird. Seine Selbstmordversuche sind Erpressungsma-

növer und entspringen keinem echten Todeswunsch. Falls dieser Ausbeuter tatsächlich bei einem Selbstmordversuch stirbt, so ist dies mehr als ein Unfall zu sehen. Opfertyp 1 kommt auch eher zur Behandlung, um sich vom Therapeuten Streicheleinheiten für sein Leiden zu holen, wenn er sie von anderen Menschen in nicht genügendem Maße bekommt. Oft möchte er auch gleich seinen Partner mitbringen, um mit dem Therapeuten eine Dreiecks-Situation aufzubauen, die es ihm oder dem Therapeuten gestattet, zum Verfolger seines Partners zu werden — damit er sich dann auch kurz über die Rolle des Verfolgers oder Retters freuen kann.

Umgekehrtes gilt für Opfer 2. Er sieht nicht aus wie ein potentielles Opfer. Er verhält sich kompetent und tapfer, auch im Unglück. Er tritt meistens als entschlossener Helfer auf. Wenn er frustriert ist, benutzt er sein kritisches Eltern-Ich und wird zum Verfolger. Er vermeidet es, einen Therapeuten aufzusuchen, auch wenn es schmerzt. Hinter der Kompetenz und Fähigkeit, alles zu ertragen mit Hilfe eines starken Eltern-Ichs in einer Retter- oder Verfolgerposition, sitzt jedoch ein erschrecktes und ungestreicheltes Kind-Ich. Hinter der aufrechten Haltung mit dem Bedürfnis, es zu schaffen und nicht zusammenzubrechen, steht gewöhnlich eine Kindheitsgeschichte, die dem Betreffenden eine große Verantwortung und damit schwere emotionale Lasten aufbürdete. Er hat gelernt, daß er nur überleben kann, wenn er sich nicht auf seine Emotionen einläßt. Oft macht er am Anfang einen gesunden Eindruck. Seine körperlichen Gebrechen sind heimlicher Natur, d.h. eher Geschwüre oder Herzerkrankungen (im Gegensatz zu Opfer 1, der eine Vielzahl von Krankheiten zur Verfügung hat, über die er auch gern spricht).

Dem Opfer 2 sieht man die Opferhaltung nicht an. Seine Ausbeutungstransaktionen sind sehr kunstvoll und subtil. Er reagiert eher auf die Ausbeutungstransaktionen anderer und wird oft heimlich ausgebeutet. Weniger oft ergreift er selbst die Initiative für solche Transaktionen. Man kann ihn aber leicht animieren, die Retterrolle zu übernehmen. Er spricht dann zwar so, als könnte er diese Rolle leicht wieder aufgeben, aber sein Wertsystem im Eltern-Ich bzw. seine frühen Überlebensschlußfolgerungen halten ihn davon ab, genügend gut für sich selbst zu sorgen.
Der unachtsame Therapeut wird sich beim Zusammentreffen mit Opfer 2 keine besonderen Sorgen machen, denn der Betreffende scheint selbstgenügsam zu sein. Wenn zum Beispiel ein Opfer 2 mit einem Typ-1—Ausbeu-

ter in einer Beziehung festgehakt ist, wird eher der Typ-1—Ausbeuter die Aufmerksamkeit auf sich ziehen. Das starke Eltern-Ich von Opfer 2 schüchtert andere eher ein und verlangt deshalb einen ziemlich zähen Therapeuten.
Wenn Opfer 2 am Ende einer Serie von Ausbeutungstransaktionen mit dem dazugehörenden Wechsel des Ich-Zustandes tatsächlich angegriffen wird, entweder weil seine eigenen Ausbeutungsanstrengungen aus der Retter- oder Verfolgerposition glücklos waren, oder weil sein Partner aus der Opfer-1-Rolle herausgesprungen ist und ihn aus der Verfolgerposition attackiert hat, dann ist es für Opfer 2 viel schwieriger und schmerzhafter als für Opfer 1. Er reagiert eher verzweifelt als depressiv , eher hoffnungslos als hilflos. Getreu seinem Ausbeutungsmuster wird Opfer 2 sehr schnell neue Retter oder Verfolgertransaktionen im häuslichen oder beruflichen Umfeld beginnen. Am Ende, wenn es ihm wieder einmal nicht gelungen ist, genügend Anerkennung zu bekommen, neigt er unter Umständen zu Gewalttaten oder zu einem unerwarteten Selbstmord. Dann werden seine Freunde und Nachbarn sagen:„Wer hätte das gedacht, er schien immer so vernünftig, erfolgreich, verantwortungsbewußt etc."

Es ist deshalb in der Arbeit mit Paaren nützlich, die Beziehung mit Hilfe des Dreiecks aufzuzeigen, und zwar auch den Rollenwechsel und die Veränderungen in den Ich-Zuständen, um den Übergang der Partner in gefährliche Verhaltensweisen voraussehen zu können. Es ist auch hilfreich, einzuschätzen, wie lange jeder Partner in jeder der drei Positionen während einer bestimmten Periode (von zum Beispiel mehreren Monaten) verbracht hat. Es könnte sein, daß der Partner, der die kürzeste Zeit in der Opferposition verbracht hat, am stärksten gefährdet ist. Wahrscheinlich wird er der Opfer-2—Typ sein, der, wenn er noch stärker in dieser Rolle aufgeht, unfähig sein wird, mit den tagtäglichen Lebensrealitäten fertig zu werden, mit denen er so kompetent umzugehen schien.

Schließlich könnte es von Nutzen sein, das Drama-Dreieck auf folgende Weise zu zeichnen, um die beiden separaten Opfermöglichkeiten zu unterscheiden:

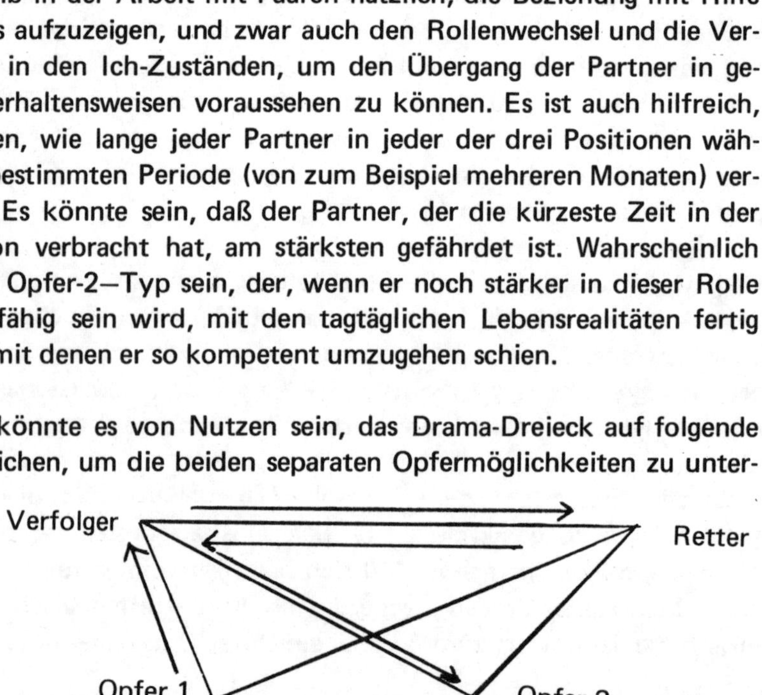

Kapitel 9
SUIZIDALITÄT

Es gibt zwei völlig gegensätzliche Arten Suizidalität. Im ersten Fall fühlt sich der Patient rückwärts gezogen zum Nicht-Leben, während er im anderen Fall aktiv auf den Tod zusteuert aufgrund eines entsprechenden Skriptgebotes.

Im ersten Fall handelt es sich darum, daß er nicht genügend „Lebe!"-Streicheleinheiten bekommen hat. Es ist etwa so, als habe sein Brennstoff ihn zwar bisher durchs Leben bewegt, aber als seien nun die Vorräte erschöpft. In diesen Fällen besteht meistens eine ausgeprägte Appetitlosigkeit, ebenso zeigen sich bestimmte regressive Körpersymptome. Die Behandlung besteht darin, dem Klienten auf irgendwelche Art und Weise große Mengen an Streicheleinheiten zukommen zu lassen, um ihn wieder in Gang zu bringen und ihm damit auch neue, stärkere und klarere „Lebe!"-Streicheleinheiten zu vermitteln. Bei solchen Klienten muß die Phantasie des Therapeuten eine Allianz mit dem unvergifteten Teil des Erwachsenen-Ich des Klienten — wie klein dieser auch sein mag — eingehen, um irgendeine Methode zu ersinnen, die ihm mehr Streicheleinheiten einbringt. Es sind dies die Fälle, in denen 'reparenting' (elterliche Fürsorge) nützlich sind, ohne daß dies die einzig mögliche Methode ist.
So kann zum Beispiel der Aufenthalt in einer ganz normalen Klinik — wegen irgendwelcher geringfügiger körperlicher Beschwerden — eine spürbare Erleichterung bedeuten, ebenso wie jede andere Maßnahme, die dem Therapeuten einfallen mag, um zusätzliche Streicheleinheiten zu vermitteln. Das kann zum Beispiel durch eine auf Erlaubnisse zentrierte Gruppensitzung erfolgen, oder indem der Therapeut ausdrücklich Erlaubnis erteilt, mehr Urlaub zu machen, oder daß der Klient sich selbst gegenüber in irgendeinem Punkt nachsichtiger ist. Die bloße Tatsache, daß der Therapeut sich aktiv engagiert, neue Wege ausfindig zu machen, auf denen der Patient Streicheleinheiten erhalten kann, sowie daß er mit dem Klienten darüber redet, wie notwendig es ist, solche Wege zu finden, ist an sich schon ein machtvolles „Lebe!"-Gebot. Diese Menschen haben, wie gesagt, weniger Probleme mit dem 'Kleingedruckten' in ihrem Skript, als vielmehr damit, daß sie daran leiden, sich nicht ausreichend o.k. zu fühlen und des-

halb in das Nicht-Leben zurücksinken. Um solchen Menschen zu helfen, muß der Therapeut all seine eigene Energie zusammennehmen und sich selbst sehr o.k. fühlen können. Die Botschaft lautet dann: „Du bist mir nicht gleichgültig — lebe!"

Die andere Gruppe suizidaler Menschen sind jene, die ausreichend „Wachse und werde selbständig!" vermittelt bekommen haben, die aber mit dem „Lebe!"-Gebot zugleich Kleingedrucktes erhielten. In diesem Fall fühlt der Patient irgendwann, daß er es seiner bösen Fee oder seinem bösen Geist schuldig sei, sie durch seinen Tod — via Suizid oder Episkript — zufriedenzustellen. In diesen Fällen erweist sich meine scherzhafte Frage: „Nun gut, du wirst sterben, aber warum hast du es so eilig?" als nützlich. Da nun Spongy der bösen Fee seinen Tod garantieren kann, ist er damit ansonsten frei, in der Zwischenzeit mit den Beschäftigungen fortzufahren, die ihm mehr liegen. Dabei kann der Therapeut sein eigenes Kind-Ich Beziehungen aufnehmen lassen mit dem Kind-Ich des Patienten und ihn hierdurch für interessante Ideen oder Pläne gewinnen, die in jener Zwischenzeit bis zum Tod realisiert werden können. Der Therapeut kann dem Patienten deutlich machen, daß dieser wirklich erheblich mehr o.k. ist, als er zuzugeben wagt, und er kann ihm die Erlaubnis geben, dieses gute Gefühl über sich selbst zu stärken, ohne sich deshalb — im Hinblick auf die mißgünstigen Gebote — bedroht zu fühlen. Die Botschaft lautet dann: „Wage es nicht, dich umzubringen!"

Es gibt noch eine dritte Möglichkeit suizidaler Tendenz, die ernstgenommen werden muß. Es handelt sich dabei mehr um eine vorübergehende gefährliche Zeitspanne, in der die Möglichkeit besteht, daß sich der Patient suizidiert, die er jedoch, wenn diese Zeitspanne vorüber ist, überwunden hat und in der Folgezeit für ihn nicht mehr gefährlich ist. Diese Situation tritt dann ein, wenn der Patient in Verzweiflung gerät, weil seine existentielle Grundeinstellung erschüttert wird. Es sind Patienten, die sich entweder im 'Ich bin nicht o.k.—Du bist o.k.' oder im 'Ich bin o.k.—Du bist nicht o.k.' befanden. Sie sind dann in Behandlung gegangen oder haben ähnliche Einflüsse erlebt. Sein Bedürfnis, sein Skript zu erweitern oder auch das neugewonnene Verständnis seines Skripts oder auch schon der Ansatz eines Verständnisses und die damit verbundene größere Einsicht in die vermittelten Gebote verunsichern den Patienten nun in seiner Grundeinstellung. Er wird mit der 'Ich bin nicht o.k.—Du bist nicht o.k.'—Einstellung konfrontiert und genau in diesem Moment verzweifeln und sich eventuell spontan selbst töten. So bei Hamlet: „Sein oder nicht Sein". Der Therapeut muß diese Zeitspanne erhöhter Gefährdung registrieren und mit vermehrten Erlaubnissen und insbesondere mit Schutz verfügbar sein. In dieser Situation besteht die Unterstützung des Therapeuten darin, daß er mit dem Kind-Ich des Patienten akzeptieren kann, daß die Situation wirklich entsetzlich ist, ihm aber gleichzeitig versichern kann – und zwar aus seiner eigenen persönlichen Erfahrung –daß nach dieser Ängstigung sich wirklich Möglichkeiten auftun werden, das ursprüngliche Skript zu finden, ohne deshalb den Tribut zu zahlen, unmögliche Gebote zu erfüllen (analog zu Hamlets Scheitern). Es bedarf immer wieder der Bestärkung, daß dieses Skript der Schlüssel zu viel Freude und Interessantem sein kann und es wert ist, dafür den Einsatz zu leisten; der Therapeut sollte dabei versuchen, die Neugier des Spunky-Kindes des Patienten anzustacheln, der Sache wirklich auf den Grund zu gehen, auch wenn er jetzt verwirrt und von Schmerzen geplagt ist und das Ende herbeisehnt. Die Botschaft heißt: „Ich kann akzeptieren, daß du in einer grauenhaften Lage bist. Ich habe das auch erlebt. Ich habe es überwunden, du kannst das auch."

Dieselben Strukturen findet man auch bei Mördern. Der grundsätzliche Unterschied zwischen Mord und Selbstmord besteht darin, daß der mordende Patient versucht, seine 'heiße Kartoffel' des Toden weiterzureichen, und zwar indem er einen anderen tötet. Dieser Patient sagt sich innerlich: „Lieber werde ich dich töten als mich" oder auch: „Wenn ich schon sterben muß, dann werde ich dich mitnehmen". Das Du kann dabei durch eine genau definierte Anzahl von Menschen in seinem Skriptentwurf vorgesehen sein.

Wenn es sich um die Tötung eines anderen Menschen handelt, ist es weniger angebracht, den – ohnehin vermeidlichen – späteren Tod zu garantieren, als vielmehr dem Kind-Ich des Patienten die Frage zu stellen, ob es wirklich so enormen Spaß machen wird, all die Leute umzubringen. Im Hinblick auf die Folgen kann er vergnüglichere Alternativen erarbeiten, ebenso wie zu deren Realisierung, und es ist dabei wieder wichtig, Spunky – den neugierigen, schöpferischen Teil der Persönlichkeit – dafür zu begeistern, andere Möglichkeiten ausfindig zu machen. Zugleich muß dem Erwachsenen-Ich (Erwachsener 2) wirklich klarwerden, daß der Tod endgültig ist und daß die Tat Konsequenzen hat. Es wird weder auf irgendeine magische Art und Weise möglich sein, die Reaktionen der getöteten Person zu genießen, noch die Folgen (gefaßt und eingesperrt zu werden) zu vermeiden.

Erwachsener 2 muß wirklich hart konfrontiert werden. Damit diese Konfrontation möglich ist, ist ein guter Eltern-Kind– oder noch besser – ein Kind-Kind–Rapport zwischen Therapeut und Patient die unbedingte Voraussetzung, anderenfalls wird die Konfrontation unwirksam bleiben, und in einem solchen Fall muß das Erwachsenen-Ich des Therapeuten vernünftige Vorsorge treffen, damit die Sicherheit seiner Familienmitglieder, ebenso wie die seiner eigenen Person gewährleistet ist.

Dies beinhaltet auch Mahnungen aus dem Erwachsenen-Ich an den Patienten, wobei offen zugegeben werden kann, daß der Therapeut besorgt ist. „Ich sehe, daß dein Kind-Ich sein Programm abspult, und ich fühle mich dabei gar nicht sicher", kann als Begründung für Mahnungen und Vorsichtsmaßnahmen gegeben werden, soweit diese notwendig erscheinen. Man sollte sich nicht von dem „Trauen Sie mir etwa nicht?" eines Patienten einwickeln lassen.

Ergänzend hierzu gibt es noch Selbstmord-Drohungen als Bestandteile von Spielen.

Kapitel 10
LASST ES UNS NICHT SKRIPT NENNEN' WENN ES KEINES IST

(TA-Journal 7.2 April 1977)

Berne beobachtete genau die Abfolge von Transaktionen, die er mit dem Wort Spiel bezeichnete. Er hat auch festgestellt, daß es Spieler gibt, die solche Sequenzen offenbar bis zu einem Niveau dritten Grades (lebensgefährlich) steigern, so daß diese Spiele oft mit einer Tragödie enden (Berne, 1964).

Leider hat Berne aus seinen Beobachtungen ungenaue Schlußfolgerungen gezogen. Er ging von der Annahme aus, daß die Leute sich in Spiele einlassen, um ihr Lebensskript voranzutreiben. Daraus folgerte er wiederum, daß tragische 'dritte Akte' des Skripts bereits in der Kindheit vorentschieden werden durch entsprechende Verfügungen von 'Hexen'—Müttern etc. Dies ist eine nicht bewiesene — und ich glaube auch unkorrekte — Hypothese, abgesehen von seltenen Fällen eines absichtlich böswilligen Episkripts (English, 1969).

Berne hat den von den Spielern angestrebten Spielgewinn falsch gedeutet. Meine klinische Erfahrung zeigt mir, daß der gesuchte Gewinn nicht aus der am Ende gekreuzten Transaktion gewonnen wird, wie Berne dachte. Denn Spieler verwickeln andere in Transaktionen mit sich, nicht um ein Spiel gemäß Formel G (Berne, 1972) abzurunden, sondern eher in der Hoffnung, komplementäre Transaktionen aufrechtzuerhalten, die ihnen weitere Streicheleinheiten für ihre Ersatzgefühle in Aussicht stellen. Wer ein Spiel beginnt, ist in Wirklichkeit ein Ausbeuter, der mit Transaktionen andere indirekt erpreßt. Ausbeuter wechseln ihre Ich-Zustände und durchkreuzen komplementäre Transaktionen nur dann, wenn sie befürchten, daß ihr Partner kurz davor ist, ihnen weitere Streicheleinheiten zu versagen. Was Berne ein Spiel genannt hat, ist deshalb keine Folge von vorentschiedenen Handlungsabläufen. Es ist das Ende einer Ausbeutungstransaktion, die fehlschlägt.

Das ist nicht nur ein terminologischer Unterschied, sondern es geht um

Unterschiede im Prozeß und im Ziel. Obgleich Ausbeutungstransaktionen den anderen einbeziehen und manchmal auch einen gewissen Trick anwenden, benötigen sie keinen Wechsel des Ich-Zustandes. Ausbeutungstransaktionen bestehen aus fortlaufenden dyadischen komplementären Transaktionen zwischen einem Ausbeuter und einem mehr oder weniger bereiten Partner. Ein Ausbeuter plant auch nicht unbewußt, die Transaktionen seines Partners zu durchkreuzen, nachdem er ihn vorher in komplementäre Transaktionen hineingezogen hat. Er versucht, möglichst viele Streicheleinheiten aus diesem Prozeß für sich zu gewinnen, und dies so lange wie möglich. Hartgesottene Ausbeuter suchen solche Streicheleinheiten verzweifelt und immer wieder, auch wenn sie künstlich oder ritualisiert sind.

Wer wird ein Ausbeuter?
Ausbeuter haben einen größeren Bedarf nach Streicheleinheiten als der Durchschnittsmensch, und zwar aus vier Gründen:
1. Sie suchen einen Ausgleich für ihre emotionalen Einschränkungen, unter denen sie deshalb leiden, weil sie einen Teil ihrer echten Gefühle unterdrücken und durch Ersatzgefühle zum Ausdruck bringen.
2. Sie wollen ihre Identität in den Aspekten bestärken, in denen diese seit ihrer frühen Kindheit ausgeprägt wurde (zum Beispiel als depressive Thea, als feindseliger Stanley, als süße Susi usw.), auch wenn diese Identität nicht ihrem vollständigen Selbst entspricht. Dies ist ein existentielles Thema. Unser Selbstverständnis ist sehr davon abhängig, wie andere uns definieren.
3. Sie möchten von ihren gegenwärtigen Partnern die gleichen Streicheleinheiten bekommen, die sie bereits in der Kindheit für ihre Ersatzgefühle erhielten.
4. Auf diese Weise können sie ihre defensive Grundeinstellung beibehalten und ausbauen.

Ich habe mehrfach beschrieben, wie die meisten Menschen etwa im Alter von drei Jahren eine defensive existentielle Position entwickeln, die sie davor schützen soll,von intensiven 'nicht o.k.'—Gefühlen überschwemmt zu werden.

Menschen, die überwiegend Ersatzgefühle ausdrücken, fühlen sich nur sicher, wenn sie viele ihrer natürlichen Gefühle unterdrücken. Sie bekommen es mit der Angst zu tun, wenn von den Eltern nicht akzeptierte Gefühle hochkommen, denn sie verwechseln diese mit gefährlichen Verhaltensweisen.

Sie brauchen Streicheleinheiten zum Schutz gegen eine gefürchtete Gefühlsüberschwemmung. Andererseits verzichten sie in Krisenzeiten vorübergehend auf die Streicheleinheiten als Basis des Selbstwertgefühls, wenn nämlich der Partner andeutet, daß er den endlosen, stereotypen Austausch von Streicheleinheiten unterbrechen will. Denn diese Aussicht löst im Ausbeuter eine Panik aus, die zu einem unbeabsichtigten Wechsel des Ich-Zustandes führt. Er durchkreuzt die letzte Transaktion des abtrünnigen Partners nach dem Muster: „Kündigen, bevor ich gefeuert werde".

Manchmal beginnt der Partner des Ausbeuters damit, die ausbeuterischen Transaktionen zu durchkreuzen. Dann kann der Ausbeuter diese Transaktion ein zweites Mal durchkreuzen, um dabei das eigene Gesicht zu wahren und den anderen für seine Kooperationsverweigerung zu bestrafen.

Tröstung, nicht Spielgewinn:
Bernes falsche Annahme über den Spielgewinn am Ende einer gekreuzten Transakton und nicht während des Ausbeutungsprozesses gründen sich auf seine Beobachtung, daß sich nach der letzten gekreuzten Transaktion, wenn die Kommunikation zwischen den Partnern abbricht, der Spieler oft zurücklehnt, lacht oder ein kurzes Lächeln zeigt. Berne hat daraus gefolgert, daß das Lächeln interne Streicheleinheiten aus der Vergangenheit des Spielers darstellt.

Das stimmt, aber das Lächeln bedeutet meiner Meinung nach nicht, daß der Spieler gerade deswegen die Transaktion gekreuzt hat. Das Lächeln ist ganz einfach ein Trostpreis, den der Ausbeuter aus seiner 'Kreditbank' hervorholt, um damit seine Enttäuschung über den möglichen Verlust der Streicheleinheiten zu kompensieren. Wir alle tragen so etwas wie eine emotionale Kreditbank in uns, um daraus in Krisenzeiten die wichtigsten Streicheleinheiten für uns zu entnehmen. Die meisten Kinder haben in Zeiten des Schmerzes oder der Enttäuschung Streicheleinheiten von anderen bekommen („Das ist nicht so schlimm, das nächste Mal wirst du mehr Glück haben..“), und auf diese positiven Botschaften können wir glücklicherweise zurückreifen. Der Spieler leitet die kritischen Transaktionen mit seinem Partner nicht dazu ein, um unmittelbar von seiner inneren Kreditbank

Streicheleinheiten abzurufen. Wenn das so wäre, dann bräuchte er überhaupt keinen Partner. Er könnte diese Art von Streicheleinheiten verläßlicher durch Rückzug auf eine innere Welt erhalten.

Das charakteristische Lächeln, das der Ausbeuter nach einer gekreuzten Transaktion zeigt, hat vielmehr tröstende Funktion. Es bestärkt ihn in der Hoffnung, daß noch nicht alles verloren ist. Manchmal ähnelt es dem Verlegenheitslächeln eines zwei- bis vierjährigen Kindes, das sein Gesicht zu retten versucht und mit den anderen wieder in Verbindung treten will, wenn es sich beschämt oder verängstigt fühlt. Es hat auch kaum Ähnlichkeit mit jener inneren Haltung, die wir als Galgenhumor bezeichnen.

Die Gangsteranalogie kann den Zusammenhang verdeutlichen. Ein Gangster tötet nicht aus purer Mordlust. Sein Spielgewinn ist nicht die Tötung. Er möchte sich in der Regel materiell bereichern. Er tötet zum Beispiel sein Opfer, das er erpreßt hat oder erpressen wollte in der Regel nur, wenn er die Hoffnung auf weitere Zahlungen verloren hat.

Im gleichen Sinn ist ein Ausbeuter auf regelmäßige Streicheleinheiten aus, zu denen er seine Partner manipuliert. Er durchkreuzt die ergiebige und parallele Transaktion nur dann, wenn er in Panik gerät. Von daher erklären sich auch die kläglichen und typischen Aufschreie von Ausbeutern im Anschluß an den Spielabschluß:„Ich wollte es nicht tun, aber der andere hat mich wütend (traurig, ängstlich, schuldig etc.) gemacht."

Schritte der Ausbeutungstransaktionen:
Die Ausbeutungstransaktionen entwickeln sich in fünf Schritten:
1. Der Ausbeuter unternimmt seine Ausbeutungstransaktionen in einem fortlaufenden Prozeß. Er holt sich Streicheleinheiten durch kontinuierliche komplementäre Transaktionen mit einem Partner, der mitmacht, weil er selbst ein komplementärer Ausbeuter ist (Typ 1, hilflos oder motzend, trifft auf Typ 2, helfend oder befehlerisch), oder weil er in einer gesellschaftlichen oder geschäftlichen Situation mit ihm verhakt ist.
2. Der Ausbeuter gerät in Panik oder Wut, wenn er bemerkt, daß der Partner ihm aus dem Weg gehen und keine weiteren Streicheleinheiten mehr geben möchte. Die erwartete 'Fahnenflucht' des anderen führt zu einem Wechsel im Ich-Zustand des Ausbeuters (Typ 1 wechselt aus dem Kind-Ich zum Eltern-Ich; Typ 2 wechselt aus dem Eltern-Ich zum Kind-Ich).

3. Einer der beiden Spieler kreuzt die Transaktion, so daß es zu einem Spielabschluß kommt. Der Ausbeuter greift den unkooperativen Partner an, und zwar über eine Reflexhandlung aus einem neuen Ich-Zustand. Das geschieht entweder, kurz bevor der Partner sich von dem Ausbeuter distanziert oder gleich nachdem der Partner die Transaktionen des Ausbeuters durchkreuzt hat. Ausbeuter Typ 1 beendet das Spiel mit einer Variation von „Jetzt habe ich dich endlich, du Schweinehund!" oder:„Du bist schuld!", d.h. mit einer Attacke vom Eltern-Ich auf das Kind-Ich des Partners.
Ausbeuter Typ 2 wird am Ende von dem undankbaren Eltern-Ich des Partners verprügelt, so daß der Ausbeuter 'gekickt' wird, auch wenn dies durch das Kind-Ich des Partners geschieht. Der Vorgang entspricht dem, was irrtümlich als „Kick mich"–Spiel bezeichnet wird.
4. Der Ausbeuter lächelt, um sich wieder Mut zu machen, wenn er plötzlich merkt, daß ihm seine Felle davonschwimmen.
5. Der Ausbeuter kehrt zu seiner ursprünglichen defensiven existentiellen Grundeinstellung zurück. Er befindet sich wieder in seinem üblichen Ich-Zustand und ist bereit für Ausbeutungstransaktionen.

Nach dem fünften Schritt versucht der Ausbeuter, wieder von vorn mit dem ersten Schritt zu beginnen, diesmal noch begieriger auf Streicheleinheiten als zuvor. Aber Freunde und Bekannte, die schon oft genug reingefallen sind, haben die Szene wahrscheinlich bereits verlassen. Die Gelegenheiten, Streicheleinheiten zu bekommen, nehmen deshalb mit wachsendem Verlangen ab. So führen alle Anstrengungen, Streicheleinheiten zu bekommen, zum entgegengesetzten Ergebnis, nämlich zu wachsender Verarmung. Je hungriger der Ausbeuter wird, desto hektischer geht er vor und desto häufiger erlebt er, wie sich andere von ihm abwenden. Das verschärft seine Frustration, leert die Reserven seiner emotionalen Kreditbank und führt im schlimmsten Falle zu Mord oder Selbstmord.

In der Regel ist ein solches tragisches Ende im Lebensskript des Ausbeuters nicht vorherbestimmt. Im Gegenteil: Sein Skript enthält wahrscheinlich ein glückliches Ende, wenn auch ein unrealistisches („Und sie lebten glücklich bis an ihr Lebensende"). Ein tragisches Ende wird nur dann zu einem unvermeidbaren Ereignis, wenn die oben beschriebene fatale Kettenreaktion eintritt: verzweifelte Ausbeutungstransaktionen, Panik, Wechsel im Ich-Zustand, gekreuzte Transaktion, Frustration, Erschöpfung der Reserven, wiederholte verzweifelte Ausbeutungsversuche, erneute Panik usw.

Die Funktionen der Ersatzgefühle:
Ausbeuter fühlen sich unfähig, auf ihre Ersatzgefühle zu verzichten, auch wenn sie an ihnen leiden und das klar erkennen. Denn die Ersatzgefühle erfüllen drei miteinander verbundene Aufgaben, die der Ausbeuter für lebenswichtig hält.

1. Sie ersetzen andere, darunter liegende Gefühle, vor denen sich der Ausbeuter unbewußt fürchtet.Ersatzgefühle werden eingesetzt, wenn wichtige Gefühle des zwei- bis dreijährigen Kindes durch seine Bezugsperson abgewertet, beschämt oder als falsch bezeichnet werden, während es eben dabei ist, Worte zu lernen, mit denen es seine Gefühle mitteilen möchte. Dann werden die nicht akzeptierten durch geduldete Gefühle ersetzt und belohnt.
Ein Beispiel: „Du bist so müde, Liebling, ich will dich ins Bett bringen, du armes, müdes Baby". Das wird einem Kind gesagt, das aufgeregt und neugierig das Wohnzimmer erforscht. Nach und nach lernt das Kind, das in die Tat umzusetzen, was durch das elterliche Ersatzvokabular angesprochen wird, Müdigkeit wird sein Ersatzgefühl. Das heranwachsende Kind wird auch außerhalb seiner Familie dann Streicheleinheiten für den Ausdruck seiner Ersatzgefühle zu erhalten suchen(„Herr Lehrer, ich bin so müde...").

2. Das Ersatzgefühl hilft dem Ausbeuter, den Gefühlsdruck abzubauen, der dadurch entsteht, daß die nicht akzeptierten vitalen Gefühle im Bewußtsein unterdrückt werden müssen. Ich m u ß also müde sein, um überhaupt ein Gefühl ausdrücken zu können.

3. Ersatzgefühle dienen dem Ausbeuter als Forderungszertifikat (vergleichbar den Rabattmarken) für das er Streicheleinheiten bekommen will. („Schau, wie müde ich bin. Gib mir..."). In der Kindheit haben die Ersatzgefühle die meisten Streicheleinheiten hervorgerufen. Dieser Forderungscharakter der Ersatzgefühle hält die meisten Menschen von besonders hartnäckigen Ausbeutern fern. Denn sie präsentieren mit ihren Ersatzgefühlen so deutliche Forderungen nach Streicheleinheiten, daß man sich erpreßt fühlt, wie durch den Bettler, der aggressiv seine Verletzungen zeigt, um Almosen zu erzwingen.

Ein Beispiel aus der Literatur für ein tragisches Ende:
Shakespeares Othello ist ein Typ-2—Ausbeuter (mit den meisten Transaktionen vom Eltern- zum Kind-Ich) und mit den männlichen Ersatzgefühlen von Mut, Liebe und Gerechtigkeitssinn. Seine inneren Bedürfnisse bleiben jedoch unbefriedigt, auch wenn er noch so viel Liebe von Desdemona bekommt. Denn ihm fehlt der bewußte Kontakt zum ganzen Spektrum seiner Empfindungen. Selbst das Ausmaß seiner Eifersucht, die er als solche erkennt, ist ihm unbewußt.
Jago verstärkt noch seine Furcht über den möglichen Verlust weiterer Streicheleinheiten, die Othello von dem angepaßten Kind in Desdemona erhält. In Panik geraten, fühlt sich Othello von ihr zurückgestoßen und entwickelt die mörderische Wut eines verletzten Kindes. In seinem wütenden Kind-Ich-Zustand ermordet er die geliebte Frau.

Dieses tragische Ende war nicht unbedingt in seinem Skript vorbestimmt, auch wenn die Zuschauer des Dramas ahnen mögen, daß Othellos tragischer Fehler, sein Mangel an Bewußtheit, ins Verderben führen muß. Othellos Wut wurde vermutlich noch gesteigert durch das Gefühl des Verletztseins (die Weißen hatten anfangs auf ihn herabgesehen) bzw. durch frustrierte kindliche Sehnsüchte nach idealisierten Frauen. Die Empfindung von Trauer ist durch Othellos maskuline Ersatzgefühle und seine rigide Typ-2—Grundeinstellung verdeckt. Wenn er seine Trauer hätte wahrnehmen und ausdrücken können, hätte er den Mord nicht zu begehen brauchen.

Darum habe ich eine andere Erklärung als Berne für die Faszination dieser klassischen Tragödie auf die Zuschauer. Othello spricht uns nicht an, weil das Stück zeigt, daß der Held das tragische Ende selbst vorentschieden hat, sondern es ist so, weil die Zuschauer von vornherein erkennen können, wie der blinde Fleck des Helden unvermeidbar zum tragischen Ende führt. Unser inneres Kind kann sich mit dem Helden identifizieren, so daß wir immer wieder hoffen, daß er zur Einsicht kommt und noch rechtzeitig sein Scheitern verhindern wird. Am Ende der Tragödie wird uns, wie in einem Moralstück, auf dramatische Weise die befürchtete und erwartete Erklärung gegeben, weshalb wir rechtzeitig unsere blinden Flecken erkennen sollen, damit wir nämlich nicht die gleiche schreckliche Katastrophe wie Othello erleben müssen.

Ausbeutungspartner:
Intensive Ausbeutungstransaktionen können oft sehr lange und auf ähnliche Weise wie in Shakespeares Othello zwischen zwei Menschen hin- und hergehen, ohne daß die beiden diesen Sachverhalt erkennen, obwohl Aussenstehende die Ausbeutungstransaktionen ohne Schwierigkeiten durch bloßes Beobachten bzw. durch ein kurzes Miteinbezogenwerden identifizieren können. Wie im griechischen Chor können Außenstehende oft die tragischen Konsequenzen voraussagen, während die Ausbeuter selbst noch verliebt dabei sind, Streicheleinheiten auszutauschen. Ausbeuter haben feine Antennen dafür, sich zu finden und komplementäre Ausbeutungspartnerschaften oder Ehen einzugehen. Für eine Weile (Monate oder Jahre) erscheint ihnen dies auch als eine gute Lösung.

Typ-1— und Typ-2—Ausbeuter können einander so gut ergänzen, daß sie sich über eine längere Strecke auch gegenseitig stützen können, wie in einer wunderbaren Liebesbeziehung. Solange sie beide auf einer Ausbeutungsebene des ersten oder zweiten Grades miteinander umgehen, wird es wenig Probleme geben, höchstens, daß sie bisweilen auch andere zur Abwechslung in das Drama-Dreieck mit einbeziehen. Meistens zeigt sich jedoch, daß einer der Partner die komplementären Ausbeutungstransaktionen aufgeben möchte. Wenn der Partner, der an der Ausbeutungsbeziehung festhalten möchte, ein Ausbeuter dritten Grades ist, führt der Rückzug des anderen zu häufigen Wechseln in den Ich-Zuständen beider Beteiligten und zu wachsender Frustration, bis schließlich der weniger engagierte Partner sich ganz aus der Beziehung lösen möchte.

Die meisten Leidenschaftsdelikte wie Mord oder Selbstmord werden von Ausbeutern dritten Grades begangen, die sich von ihrem Partner im Stich gelassen fühlen, mit dem sie sich in einer perfekten Partnerschaft verbunden glaubten. Ein solches Delikt beruht nicht notwendigerweise auf einer Skriptentscheidung des Spielers. Wie im Fall von Othello ist es die tragische Kurzschlußhandlung, ausgelöst durch Panik, weil die lebensnotwendigen Streicheleinheiten nicht mehr gewährleistet sind.

Nicht Skript:
Ein Mensch kann am besten auf sein Ersatzgefühl verzichten, je mehr er mit seinen darunter liegenden Gefühlen und/oder Einstellungen in Kontakt kommt. Auf dieses Ziel hin muß sich die Therapie orientieren. Wenn

das nicht geschieht, wird ein intensiver Ausbeuter eher früher als später tödlich enden, unabhängig davon, wieviel Skriptanalyse er gehabt haben mag.

Wir wissen jetzt, wo die Schwächen der klassischen Skriptanalyse liegen. Es war falsch, am Ende eines Spiels nach einem Spielgewinn zu suchen und dabei nicht darauf zu achten, welche gefühlsmäßigen Prozesse den Ausbeutungsprozeß begleiteten, der dem Spielabschluß vorausging. Auf ähnliche Weise führt die Annahme, daß die Skriptanalyse einen hartnäckigen Ausbeuter die oben beschriebene dramatische Entwicklung ersparen kann, nur zu therapeutischen Fehlern. Denn die Auswahl der Ersatzgefühle und die Entscheidung für eine bestimmte Ausbeutungsposition geschieht vor der Skriptformation, die etwa im Alter von vier bis sieben Jahren vorgenommen wird. Deshalb sind weder Ersatzgefühle noch ihre daraus resultierenden Verhaltensmuster vom Skript verursacht, auch wenn sie vielleicht auf die eine oder andere Weise in das Skript mit einbezogen werden, und wenn die existentielle Grundeinstellung tatsächlich die Grundlage für das Skript darstellt.

Weder Ersatzgefühle noch verbissene Ausbeutungstransaktionen können durch Skriptanalyse verändert werden. Therapeuten, die eilfertig das Skript als Erklärung für etwas verwenden, das sie selbst nicht ganz verstehen, vergrößern nur die Konfusion ihrer Patienten, wenn sie geheimnisvoll 'das Skript' anrufen und diesem dadurch indirekt eine magische Macht über den angeblich bereits entschiedenen Lebenslauf eines Patienten zuschreiben. Dies kann Patienten genauso schlimm irreführen wie jene therapeutischen Praktiken, die Berne zugunsten von TA verworfen hat.

Traurigerweise gehen Ausbeuter dritten Grades oft zur Therapie, nicht mit dem Wunsch nach Heilung, sondern auf der Suche nach einem ständigen, bezahlten Ausbeutungspartner, weil sie die Hoffnung auf einen freiwilligen Partner aufgegeben haben. Sie werden alles mitmachen, was ihnen ihr Therapeut vorschlägt, selbst eine falsche Skriptanalyse, solange sie von ihm Streicheleinheiten bekommen. Der Patient wird dann eine Weile zufrieden sein und in der Skriptanalyse 'Fortschritte' zeigen.
Die Gefahr besteht darin, daß Patient und Therapeut sich in einer symbiotischen Beziehung festfahren, die sich nicht von der endlosen Therapie unterscheidet, die Freud zuletzt erkannte und mißbilligte.

Wie nun kann ein Therapeut bei hartgesottenen Ausbeutern des zweiten oder dritten Grades vorgehen? Sicherlich nicht so, daß er sich in die Ausbeutungstransaktionen hineinziehen läßt. Und dennoch mag es vorübergehend notwendig sein, auf die Ersatzgefühle eines Patienten hin Streicheleinheiten zu geben, einmal um noch mehr diagnostische Sicherheit zu bekommen, zum anderen als eine Erste-Hilfe-Maßnahme, die den Patienten so lange in der Therapie festhält, bis die zugrundeliegenden Gefühle und Einstellungen erkannt und bewußt gemacht worden sind.

Wenn der Therapeut ungefähr weiß, welche Gefühle durch das racket ersetzt werden, sollte er den Patienten taktvoll über den Mechanismus der Ersatzgefühle aufklären.Er muß ihn dann ermutigen, die zugrundliegenden, bislang für ihn namenlosen Gefühle und Einstellungen zu erkennen, zu erleben und zu benennen.

Fallgeschichte:
Annabel Archleys Ersatzgefühle zeigten sich als Müdigkeit und Nervosität aus der Typ-1–Position (hilflos). Nach und nach wurde klar, daß sich Annabel müde gab, um Lebendigkeit und Neugier zu unterdrücken. Sie lehnte sich immer dann vorwärts, mit einem Glanz in ihren Augen und einem bewegten Gesicht, wenn von interessanten Vorgängen im Leben anderer die Rede war, und sie versteckte ihr Interesse anschließend sofort wieder, indem sie über ihre Schlaflosigkeit und Erschöpfung berichtete.

Für Annabel bedeutete Unruhe soviel wie Mangel an Ruhe. Wir konnten bald rekonstruieren, daß der kleinen Annabel im Alter von zwei bis drei Jahren beigebracht wurde, sich müde zu fühlen, wenn sie ihre Energie, Neugier und Abenteuerlust zeigte; ihre überbesorgte Kinderschwester hatte sie dann besänftigt und zur Ruhe gelegt, anstatt sie spielen zu lassen.

Als erwachsener Mensch hat Annabel immer wieder Streicheleinheiten zu bekommen versucht für ihre Identität als müde kleine Annabel, besonders dann, wenn sie diffuse Anzeichen von Lebendigkeit oder Neugier spürte und nicht wußte, wie sie auf diese für sie schwierigen Impulse reagieren sollte.

Regelmäßige Hinweise in der Therapie auf die körperlichen Anzeichen von Lebendigkeit und Neugier, die ihren verbalen Müdigkeitsbekundungen vorangingen, halfen ihr, die falsch etikettierte Identität der chronisch müden Annabel über Bord zu werfen. Ihr erweitertes Bewußtsein erfaßte eine Reihe früher nicht wahrgenommener Gefühle, die noch vor dem Skriptalter als falsch bezeichnet, entmutigt oder beschämt worden waren.

Schlußfolgerungen:
In der Therapie müssen immer wieder die wirklichen Gefühle und Einstellungen benannt werden, die unter den Ersatzgefühlen liegen. Und es muß auch mehrfach auf dem Niveau eines zwei- bis dreijährigen Kindes darüber gesprochen werden, daß die bewußte Wahrnehmung bestimmter Gefühle — sogar 'schlimmer' Gefühle wie zum Beispiel mörderische Wut — nicht schon gleich zur Handlung führen muß, ja noch nicht einmal zur Mitteilung anderen gegenüber, wenn das Erwachsenen-Ich dies in einer bestimmten Situation für unpassend hält.

Wenn die Patienten die früher nicht erkannten Gefühle und Einstellungen besser identifizieren und akzeptieren können, erleben sie manchmal eine Übergangsperiode der existentiellen Verzweiflung. Dies ist nicht dasselbe wie ein hilfloses Ausbeuten oder wie ein Wechsel des Ich-Zustandes, sondern eher ein Aufweichen der defensiven existentiellen Grundeinstellung des Betreffenden. Dadurch gewinnt der ehemalige Ausbeuter die Fähigkeit, sich frei zwischen der grundlegenden defensiven Position, die in Zeiten des Stresses ihren Nutzen behält, und der fünften Position ('Ich bin o.k.—Du bist o.k.—realistisch') zu bewegen. Vorübergehend zeigt sich als erste Auswirkung dieser neuen Beweglichkeit eine Flut von starken 'nicht o.k.'—Gefühlen, die früher durch eine rigide defensive Haltung unterdrückt worden waren.

Patienten brauchen daher Verständnis und Unterstützung des Therapeuten, um durch diese schwierige Phase zu kommen und um ihre defensiven Positionen langsam aufgeben zu können. Die neu gewonnene Flexibilität und die Fähigkeit zur freien Erkenntnis und Umsetzung aller Gefühle kann den ehemaligen Ausbeuter mit seinem eigenen lebendigen Selbst und dann mit anderen Menschen in der Welt verbinden.

Kapitel 11
MERKMALE DES GUTEN THERAPEUTEN

Ein guter Therapeut beherrscht die Technik, ist zugleich Künstler und verfügt über viel menschliche Wärme.
Als ich diese Merkmale zum ersten Mal überdachte, stellte ich die menschliche Wärme an die erste Stelle, und es war für mich keine Frage, daß solche Wärme und Herzlichkeit ausstrahlenden Menschen – gleich aus welchen Berufen sie stammen oder welche Erziehung sie genossen haben – sehr vielen anderen Menschen, mit denen sie in Berührung kamen, geholfen haben, allein schon dadurch, daß sie echtes Interesse am Mitmenschen verspüren und zeigen, sowie vielleicht auch dadurch, daß sie durch die ihnen eigene Herzlichkeit und Wärme sogar sehr mißtrauische Menschen für sich einnehmen können.

Da liegt aber auch der Haken! Und genau aus diesem Grund stelle ich eine gute Technik und Kreativität über die menschliche Wärme, wenn es darum geht, was den Therapeuten auszeichnet im Vergleich zu anderen Menschen. Ohne Zweifel ist es für jede Therapie unerläßlich, daß der Therapeut über menschliche Wärme verfügt. Jedoch wird er ohne eine gute Technik und eine kreative Geschicklichkeit – inklusive Sinn für Humor – von den Problemen seiner Patienten überwältigt werden. Er wird schließlich von den kannibalistischen Bedürfnissen solcher Klienten, die auf irgendeine Weise ihr inneres Vakuum zu füllen suchen, völlig in Anspruch genommen und aufgerieben werden.

Es ist ein bedauernswerter Aspekt unserer Lebensverhältnisse, daß viele Menschen, denen in ihrer frühen Kindheit wenig Liebe entgegengebracht wurde, jetzt umherlaufen und verzweifelt suchen, den Mangel zu kompensieren, indem sie einen geeigneten, zur Liebe fähigen Menschen zu besitzen trachten. Diese Bedürfnisse werden entweder offen ausgedrückt oder – was problematischer ist – nur unterschwellig vermittelt. Eine allmähliche Steigerung führt schließlich zu dem Versuch, denjenigen, der sich ihnen liebevoll zugewendet hat, gänzlich mit Beschlag zu belegen, zu kontrollieren und zu überwältigen.

Ein Therapeut mit viel menschlicher Wärme wird daher häufig zum Ziel der Bemächtigungswünsche seiner Patienten. Verfügt er nicht über eine standfeste Technik sowie über die artistische Geschicklichkeit, auch zwischen Raubfischen zu schwimmen, dann wird er wohl einem ausgehungerten Piranha zum Opfer fallen, der seinerseits nichts weiter tut, als was für einen ausgehungerten Piranha nur natürlich ist.

In solchen Situationen erweist sich die sichere Beherrschung der Techniken der TA als nützlich, ebenso wie die Kreativität in der Anwendung von Gestalttherapie, mit der sich die tieferen Erlebnisschichten unterhalb der oberflächlichen Ängste des Patienten erreichen lassen. Diese Fertigkeiten können den Therapeuten davor bewahren, daß er zum Opfer der Bemächtigungs- und Zerstörungswünsche des Kind-Ich eines Patienten wird, der meint, sich für das, was ihm in seiner Kindheit vorenthalten wurde, bei seinem Therapeuten schadlos halten zu müssen.

Es ist wichtig, daß der Therapeut weiß, wie er die Transaktionen seines Patienten durch den Einsatz seines Erwachsenen-Ich durchkreuzen kann. Man nennt dies eine therapeutische Durchkreuzung. Hierdurch können Illusionen und Erwartungen konfrontiert werden, ebenso wie unterstützende oder sonstige Angebote, hinter denen eine Falle lauert, frustriert werden. Hierdurch ergibt sich ein relativ rauhes Therapieklima, das gerade Therapeuten, die lieber Wärme und Herzlichkeit vermitteln, zunächst unangenehm ist.

Natürlich ist die Wahl des Zeitpunktes sehr wichtig. Ebenso muß man abschätzen können, wieviel an Konfrontation ein bestimmter Patient zu einem bestimmten Zeitpunkt verträgt, ohne sich verprügelt vorzukommen und in einer mißtrauischen, negativ getönten Weltsicht verstärkt zu werden.

Immer wenn ein Therapeut die unrealistische Transaktion seines Patienten durchkreuzt, gleichgültig, ob es sich um einen Appell seines Kind-Ich an des Therapeuten Eltern-Ich oder um eine Forderung seines Eltern-Ich an des Therapeuten Kind-Ich handelt, ist es wichtig, sorgfältig die Reaktion des Patienten auf diese Durchkreuzung einer Transaktion wahrzunehmen und zu überprüfen, ob der Patient 'Rabattmarken' (brown stamps) verbucht hat als Reaktion auf die gerade erfahrene Frustration.

Fritz Perls sagte einmal: „Ein guter Therapeut kann gut frustrieren", meinte jedoch sicherlich nicht damit, daß wir uns dem leidenden Patienten gegenüber grausam oder unbeteiligt verhalten sollten – selbst wenn dieses Leiden im Dienste von Ersatzgefühlen mißbraucht wird. Üblicherweise ergibt sich aus der Erfahrung in der Identifizierung der Ich-Zustände und aus dem sorgfältigen Registrieren der im Hier und Jetzt stattfindenden Transaktionen ein zuverlässiger Maßstab für die während einer gegebenen Arbeit im Patienten, aber auch im Therapeuten angestaute Frustration. Andererseits läßt sich auf diese Weise aber auch beurteilen, ob sich der Patient zunehmend mehr auf Anpassung verlegt oder ob des Patienten Spunky-Kind im Verlauf der Therapie an Boden gewinnt. Findet zunehmende Anpassung statt, war der Therapeut offensichtlich nicht besonders erfolgreich. Vielleicht war er zu streng und dies ist ein Anhaltspunkt dafür.
Lassen sich dagegen immer mehr Lebensäußerungen von Spunky entdekken, so können wir daraus schließen, daß die Frustrationen im Rahmen der Therapie konstruktiv genutzt werden und daß sich der Patient in Richtung auf zunehmende Erlebnisfähigkeit und Kreativität hin entwickelt. Läßt dann der Patient in seinem Lebensstil zunehmend mehr Elan und Intuition sehen, so ist die gesetzte Aufgabe erfüllt. Er mag am Ende gar nicht einmal so viel Zuwendung beansprucht haben, und es bestehen gute Aussichten, daß er – nach einer Zeitspanne, während der er sehr selbstgefällig und beziehungslos seine Kreise drehte – seinerseits alle Aspekte einer zwischenmenschlichen Beziehung für sich entdeckt. Im Verlauf dieser Entwicklung wird der Therapeut zahlreiche negative Streicheleinheiten von seinem Patienten hinnehmen müssen, wodurch er aber auch seinerseits übt, das Leben zu bewältigen und vielleicht auch seinerseits an Offenheit und Wärme zu gewinnen.

Nachdem wir nun erörtert haben, wie ein Therapeut sich selbst schützen kann, wollen wir uns einem Vorgang zuwenden, für den er selbst nicht kompetent ist und vor dem der Berufstand der Therapeuten die Patienten schützen muß, damit sie nicht zu Opfern werden.

Denn es ist eine andere, unleugbare Tatsache, daß es Therapeuten gibt, die zwar über die notwendigen Merkmale und Fähigkeiten verfügen, aber in ihrem Inneren noch ihre spezifischen Verwünschungen herumtragen, die weder durch die erfahrene eigene Therapie noch durch die Überprüfung durch das eigene Erwachsenen-Ich zugänglich und unwirksam gemacht

worden sind. Infolgedessen versucht ihr Kind-Ich eine derartige Verwünschung an einen ausreichend leicht beeinflußbaren Empfänger weiterzugeben, um auf diese Weise vorübergehend vom inneren Zwang, die Verwünschung am eigenen Leibe zu vollziehen, entlastet zu werden.
Mit dem Begriff Verwünschung umschreibe ich jene Überlebensbedingungen, die in der frühen Kindheit als unabdingbare Regeln vom Kind-Ich der Eltern vermittelt wurden. Solche Bedingungen verwandelt das Kind-Ich des Empfängers in Entscheidungen darüber, welches Verhalten notwendig ist, um das weitere Überleben zu sichern. Eine typische derartige Entscheidung kann das zwanghafte Gefühl bewirken, daß ein Mord, ein Selbstmord oder das Verrücktwerden nach einer gewissen Zeit stattfinden muß, als Preis dafür, daß der Betreffende bis zu diesem speziellen Alter , das im Skript festgelegt ist, überleben durfte. Die ursprüngliche Verwünschung kann zum Beispiel eine Folge davon sein, daß das Kind den mörderischen Haß eines leiblichen Elternteils gegen den anderen oder gegen das Kind selbst wahrgenommen und internalisiert hat. Die Entscheidung beruht dann auf einem verinnerlichten Versprechen des Kleinkindes, diesen Haß entweder gegen den Stellvertreter des verantwortlichen Elternteils oder gegen die eigene Person auszuagieren.

Unser aller Kind-Ich hängt jedoch am Leben und versucht, die Verträge der Kindheit nicht einzulösen — unglücklicherweise häufig auf dem falschen Weg. Einer dieser Irrwege besteht in der starken Unterdrückung der Gefühle, wozu häufig das Eltern-Ich und manchmal sogar das Erwachsenen-Ich eingespannt werden. Auf dieser Basis mag jemand recht erfolgreich verspüren, wie sich andere fühlen, wohingegen die eigenen aufkeimenden Gefühle anderen gegenüber vom Erwachsenen-Ich unterdrückt werden, damit nicht mit Gefühlen wie zum Beispiel Freude oder Trauer der Haß mit an die Oberfläche gespült wird. Dieses Verfahren funktioniert ähnlich einem Gegenskript, das ins Wanken gerät, sobald die Lebensumstände unerwartet Freude, Trauer oder Sexualität auslösen. Bis zu diesem Augenblick kann ein derartiger Mensch seine Therapeutenrolle scheinbar sehr gut ausfüllen.

Ein anderer Weg, durch den das Kind-Ich das Inkrafttreten seiner Verwünschungen zu vermeidet sucht, ist das Weiterreichen — vergleichbar einer heißen Kartoffel — an einen anderen. Diesen Vorgang nennt man, einem geeigneten Empfänger sein Episkript aufbürden.

Es ist durchaus möglich, daß ein und derselbe Therapeut einerseits ein guter Therapeut zu sein scheint, der eine Reihe von Patienten erfolgreich behandelt hat, andererseits jedoch immer noch sein Episkript an den einen oder anderen Patienten weitergeben muß. Dafür eignen sich besonders gut solche Patienten, deren Skriptbotschaften die Voraussetzungen dafür bieten, jene Art von Verwünschungen, die der Therapeut abzuschieben trachtet, aufzunehmen und auszuführen. Dieser Patient wird dann der Lieblingspatient, in den der Therapeut reichlich Zeit und Energie investiert, so daß der Patient von seinem Opferkarren, auf den er so sorgfältig hinaufgehievt wurde, nicht mehr abspringen kann. Wenn dann ein solcher Patient die vom Therapeuten übernommene Verwünschung realisiert, wird niemand, nicht einmal der Therapeut, auf die Idee kommen, daß es sich um ein vom Therapeuten aufgebürdetes Episkript handelt, da des Therapeuten Eltern-Ich und sein angepaßtes Kind-Ich mit großer Bestürzung auf das Ereignis (zum Beispiel des Tod des Patienten durch Selbstmord oder einen Unfall) reagieren, so daß es jedermann als ausgesprochen herzlos erscheinen muß, die vorausgegangenen Transaktionen zwischen dem Kind-Ich des Patienten und dem Kind-Ich eines so ausgezeichneten Therapeuten, der so vielen Menschen geholfen hat und nun mit diesem einen Fall bedauerlicherweise 'Pech' hatte, zu hinterfragen.

So kann es vielleicht als eine weitere wichtige Vorbedingung für einen Therapeuten gelten, daß er sich rücksichtslos überprüft hat, welche Motivationen des Kind-Ich ihn bestimmt haben, Therapeut zu werden. Ist der Therapeut bereit, seine Gefühle der Überprüfung durch einen anderen Therapeuten oder durch eine Gruppe Gleichqualifizierter zu unterwerfen? Ist er bereit, sein eigenes Skript zu überprüfen ebenso wie seine defensive Grundeinstellung? Es gibt bessere Wege, sich von Verwünschungen und gefährdenden Entscheidungen zu befreien als auf ihnen zu sitzen oder sie an jemanden weiterzugeben! Für den Therapeuten bedeutet dies vielleicht noch mehr Therapie, als einem anderen sein Episkript aufzubürden.

Auf jeden Fall steht es anderen Therapeuten zu, sich darüber Gedanken zu machen, ob das tragische Therapieergebnis bei einigen Patienten nicht ausschließlich auf des Patienten eigenen Skript beruht, sondern auch auf der mangelnden Sensibilität des Therapeuten, oder, was noch schlimmer ist, auf einem Episkript, das ihm von einem scheinbar ausgezeichneten Therapeuten aufgebürdet wurde.

Kapitel 12
DIE STÄRKE DES WEIBLICHEN THERAPEUTEN

(TA Journal 8.4, Oktober 1978)

Zusammenfassung:
Eine Therapeutin wird leichter in einer polarisierten und aufgeteilten Art gesehen als ein männlicher Therapeut. Dies hängt mit den primitiven Gefühlen zusammen, die wir alle innerhalb unserer beiden Subsysteme des Kind-Ich, genannt Säugling und Baby, mit uns tragen. Der Säugling trägt mit sich das Bild einer perfekten guten Mutter, und das Baby die Vorstellung von einer schlechten Mutter.
Wenn eine Therapeutin die übertriebene Projektion eines Patienten enttäuscht, daß sie eine allnährende gute Mutter sei, dann wird sie gefürchtet oder angegriffen. Das eigene verinnerlichte, polarisierte Bild von der guten und schlechten Mutter macht die Therapeutin besonders verwundbar, wenn sie angegriffen wird. Wenn sie jedoch die Quelle solcher Angriffe und ihre eigene Verletzlichkeit kennt und damit umgehen kann, hat sie sogar bessere Chancen als ihr männlicher Kollege. Sie kann dann effektiv mit ihren Patienten und Ausbildungskandidaten arbeiten, damit sie sich von ihren primitiven Phantasien befreien können, um mehr als bisher die eigenen Wachstumsmöglichkeiten zu nutzen.
Übertriebene Fürsorglichkeitstechniken können schädlichen Beruhigungsmitteln gleichen und den Schmerz des Wachstums verhindern.

„Kastrierende Hündin". Mit fortschreitender Emanzipation der Frau wagen es die Männer nicht mehr ohne weiteres, einer Frau, die ihnen nicht gefällt, diesen Vorwurf entgegenzuschleudern. Ich freue mich darüber, daß die Gesellschaft von mir nicht länger erwartet, daß ich mich rechtfertige oder demütig zurückziehe, wenn ich mich selbstbewußt fühle. In der Vergangenheit war es viel schwieriger, solche Beleidigungen zu hören, ohne sich dabei abgewertet oder zum Verstummen aufgefordert zu fühlen, auch wenn deutlich war, daß solche Vorwürfe vom rächenden Kind-Ich eines Mannes kamen, der andere für seine eigenen inneren Probleme verantwortlich machte.

Wenn ich meine fünfundzwanzigjährige Tätigkeit als Therapeutin überdenke, kann ich heute erkennen, wie oft ich meine Wirksamkeit aus Furcht vor frauenfeindlichen Attacken selbst beschränkte. Ich wußte damals ja noch nichts von den unterschiedlichen Ich-Zuständen. Ich konnte noch nicht unterscheiden zwischen dem Kind-Ich und dem Eltern-Ich eines anderen Menschen, noch wußte ich, wie ich mein eigenes inneres Kind vor solchen Angriffen schützen konnte, die mit der elterlichen Macht gesellschaftlicher Sanktionen ausgestattet waren.

Jetzt höre ich Äußerungen wie „kastrierende Hexe" oder ähnliches als nützliche diagnostische Hinweise. Meistens kommen sie dann vor, wenn ich nach und nach als effektive Therapeutin oder Ausbilderin anerkannt werde, die eine realistische Hilfe zu geben versucht und sich nicht darauf einläßt, den irrealen Beistand einer alles gebenden guten Mutter aus dem Märchenland anzubieten.

Hier möchte ich Phantasien und Gefühle erörtern, die dem Kind-Ich des Patienten und Therapeuten entspringen und die im besonderen Maße Behandlung oder Ausbildung bei einem weiblichen Therapeuten beeinflussen.

Melanie Klein hat aufgezeigt, daß sich der Säugling anfangs nicht als von seiner Mutter getrennt erlebt. Wenn er von der Mutterbrust weg ist, ist er zufrieden, indem er vom Saugen träumt. Und er hat Omnipotenzphantasien der totalen Kontrolle. Mit verbesserter Wahrnehmung im Alter von ungefähr sechs Monaten kommt dann das grausame Erwachen aus diesen Phantasien. Das Baby erkennt dann, daß die Mutter es häufig dadurch frustriert, daß sie ihm die Brüste vorenthält oder ihm ihren Willen aufzwingt. Es entsteht dann ein Gefühl völliger Impotenz, im Gegensatz zum vorhergehenden Gefühl der Omnipotenz. Das Baby erlebt dann einmal die gute Mutter-Göttin, die alle seine Wünsche errät und erfüllt und zum anderen die böse Mutter-Hexe, die es frustriert und je nach Laune verletzt. Auch wenn der Schmerz vom Zahnen kommt oder es sich um Bauchweh handelt liegen die Ursachen des Schmerzes für das Baby offenbar bei der Mutter.

Melanie Klein betrachtet die Ambivalenz des Erwachsenen, wenn er nämlich ein polarisiertes Image der guten bzw. bösen Mutter mit den entsprechenden Gefühlen persönlicher Omnipotenz in sich trägt als pathologisches Symptom. Nun, sie wußte noch nichts von Ich-Zuständen.

In meinem Artikel „Was werde ich morgen tun?" habe ich aufgezeigt, daß der Kind-Ich-Zustand sich aus mindestens sieben Subsystemen zusammensetzt. Die ersten beiden Subsysteme (Säugling und Baby) funktionieren mit primitiven, aus dem Bauch kommenden Gefühlen und Gedanken. Jedes der sieben Subsysteme kann jederzeit den Umständen entsprechend aktiviert werden, und jedes Subsystem hat seine eigenen Überlebensschlußfolgerungen, welche die Art und Weise bestimmen, wie ein Mensch andere sieht und mit ihnen in Beziehung tritt.

Wenn nun ein Patient es mit einer Therapeutin zu tun hat, werden seine Säuglings- und Baby-Subsysteme eher aktiviert werden, als wenn er auf einen männlichen Therapeuten trifft, weil seine allerersten Erfahrungen meistens Frauen und selten Männer betrafen. Deshalb kommt der Patient mit einer besonderen heimlichen Hoffnung und einer besonderen heimlichen Furcht. Mit seinem Säuglings-System erhofft er sich die Therapeutin als eine warme, all-fürsorgliche, all-gebende, sich seiner omnipotenten Kontrolle unterwerfende perfekte Mutter, wie es sie in seinen frühkindlichen Phantasien gab. Aber in seinem Baby-Subsystem aus der Zeit nach dem sechsten Lebensmonat liegt die Furcht, daß sie eine schlechte Mutter sein wird, die ihn frustriert und willkürlich kontrolliert. Wird sie ihn impotent machen, indem sie ihn zu frustrierter Verzweiflung treibt, oder wird sie ihn zu mörderischer Wut provozieren, mit der er seine Verzweiflung überdecken will?

Natürlich ist für einige Menschen die Phantasievorstellung von der Frau als perfekter Göttin stärker ausgeprägt und für andere Menschen die Phantasievorstellung von der Frau als furchterregenden Hexe, je nachdem, wie die Mutter sie in den ersten Lebensmonaten aufzog. Für uns ist wichtig zu erkennen, daß wir alle eine ambivalente Einstellung zur Mutter haben, auch wenn der Ursprung dieser Gefühle unserer Erinnerung nicht zugänglich ist und daß sich daraus auch ambivalente Einstellungen und dementsprechende Phantasien über weibliche Therapeuten ableiten lassen.

Themen wie Macht und Kontrolle, Sieg und Niederlage, Gewinnen oder Verlieren werden sich in einer Beziehung zur Therapeutin anders darstellen als zum Therapeuten. Gegenüber männlichen Therapeuten werden sich konkurrierende Machtkämpfe, ja sogar Phantasien von Abhängigkeit und Unterwürfigkeit, offener und einer Überprüfung durch das Erwachsenen-Ich leichter zugänglich zeigen, da Beziehungen zu Vätern sich später entwickeln.

Die körperlich empfundenen Phantasien über die gute bzw. die schlechte Mutter sind dem Erwachsenen-Ich mehr verborgen, weil sie einen früheren Ursprung haben. Sie werden aber im Kontakt mit einer Therapeutin angeregt und zeigen sich in extremen Schwankungen zwischen Sehnsucht oder Bewunderung ihr gegenüber einerseits und Zorn gegen sie und Abwertung ihrer Person andererseits.

In Mythologie und Märchen des Westens werden die polaren Bilder der guten heiligen Mutter bzw. der schönen jungfräulich liebenden Prinzessin im Gegensatz zum grausamen gehässigen Scheusal oder zur Stiefmutter oder gefährlichen Hexe dargestellt als zwei getrennte Persönlichkeiten mit unterschiedlichen Rollen.
Im Gegensatz hierzu ist die hinduistische Mythologie genauer. Eine volkstümliche Statue der Göttin Kali zeigt die eine Hälfte von ihr schön und liebevoll einen Säugling stillend, während die andere Hälfte grausam und verschlingend dargestellt ist.
Ich glaube, daß Therapeutinnen wie Kali gesehen werden, und ich halte es für wichtig, dies zu erkennen.

Leichter als der männliche Therapeut wird die Therapeutin oft plötzlich als Hexe gesehen, wenn sie unrealistische Erwartungen an ihre Freundlichkeit ablehnt. Da auch ihr eigenes inneres Kind ambivalente Einstellungen zur guten bzw. schlechten Mutter in sich hat und weil sie zusätzlich beweisen möchte, daß sie im Gegensatz zu ihrer eigenen schlechten Mutter doch gütig ist, wird sie leicht verletzt reagieren, wenn sie als gemein, gefühllos oder schädlich angegriffen wird. Sie fühlt sich auch dann verletzt, wenn ihr Erwachsenen-Ich die Pprjektion des Patienten erkennt. Wenn sie dann ängstlich wird und sich zu rechtfertigen beginn, nimmt ihre therapeutische Wirksamkeit ab. Wenn sie sich andererseits erlaubt, die Projektionen des Patienten zu erleben, ohne von ihnen überwältigt zu werden, wird sie therapeutisch ihr Potential über das ihrer männlichen Kollegen hinaus vergrössern können.

Eine gute Therapeutin ist in der besonders glücklichen Lage, den Wagemut zu bestärken, mit dem ein Patient seinen Lebensweg geht, wie auch eine begeisterte Mutter ihr Kind auf jeder Entwicklungsstufe neu anspornt. Frauen können mehr tun als nur nähren. Bei der Geburt schicken sie das Kind aus der Dunkelheit des Schoßes in die Herausforderungen des Lebens. Aufwachsen und langsam selbständig werden ist für das Kind eine Aufgabe, die von den Erwachsenen mit Anteilnahme beobachtet, unterstützt und gefördert werden muß. Wachstum kann durch künstliche, regressive Ernährung nicht erreicht werden, genauso wenig wie der Schmerz des Zahnens dadurch kompensiert werden kann, daß man das Kind in einen Brutkasten setzt.

Die Therapeutin tut dem Patienten keinen Gefallen, wenn sie ihn sozusagen als Säugling behandelt und ihn zum Säugen im wörtlichen oder übertragenen Sinne ermutigt. Denn dies macht den Patienten anfälliger gegenüber seinen ambivalenten Mutter-Phantasien, und es bringt ihn in Abhängigkeit von der Pseudo-Göttin, die ihn infantilisiert und in ihm nicht die Selbständigkeit der sich entwickelnden Person sieht.

Ja, viele Patienten versinken in große Verzweiflung, wenn sie erkennen, daß ihrem unerfüllten Abhängigkeitswunsch nicht entsprochen wird, auch nicht von einer sympathisch aussehenden Therapeutin. Ich akzeptiere solche Phasen und versuche nicht, billigen Trost oder künstliche Ernährung zu geben. Ich lasse die Erfahrung zu und spreche darüber, zuerst nonverbal und dann mit Worten, daß ich selbst auch Enttäuschung, Wut und äusserste Hoffnungslosigkeit erlebt habe bis zu den Grenzen meiner Kraft. – Dann erfolgt die Einladung zum Spiel.

Die Geburt bringt nicht nur die Gelegenheit zum Füttern. Wichtig ist auch die Erwartung, daß das Kleinkind gern spielt, und mit seinem Vergnügen an lustigen Geräuschen und an den Farben der Rassel ein Teil aus dem Spiel des Universums ist.

In der tantrischen Hindutradition wird die weibliche Göttin so gesehen, daß sie durch den Lebensprozeß einen Schlüssel zum kreativen Sein anbietet. Sie wird dargestellt als eine Frau, mit der man spielt und die gleichzeitig selbst gern spielt. Mir gefällt dieses Bild einer Kombination von kreativer Kraft und Spielfreude.

Wenn sich meine Patienten oder Ausbildungskandidaten von ihren Phantasien über mich gelöst haben, freue ich mich über ihr spontanes Ausdrucksvermögen. Ich empfinde dann eine mütterliche – ja, mütterliche – Zufriedenheit, wenn ich sehe, wie ein Patient oder ein Ausbildungskandidat herangewachsen ist und die volle Verantwortung für die eigene Kompetenz übernommen hat, ohne extreme Projektionen und ohne die Annahme, daß ich mehr oder weniger bin als ich bin.

Kapitel 13
DER WIDERSTAND IN DER TRANSAKTIONSANALYSE UND IN DER EXISTENTIELLEN VERHALTENSMUSTERANALYSE

(aus: Petzold (Hg.), Das Konzept des Widerstandes in der modernen Psychotherapie,198o)

Das Konzept des Widerstandes wird in der Psychotherapie meistens der Psychoanalyse zugeordnet. Der Widerstand, so wird angenommen, gründet sich auf unbewußte Faktoren, die den Patienten davon abhalten, gewisse Einsichten über sich zu gewinnen, die er eigentlich mit Leichtigkeit erreichen könnte.

Berne war selbst Psychoanalytiker. Er hat auch bis zu seinem Lebensende einige Patienten in psychoanalytischer Behandlung behalten. Seine Absicht war nie, daß die Theorie der Transaktionsanalyse die gesamte Freudianische Theorie ersetzen sollte. Sein Ziel war, eine Kommunikations- und Behandlungsmethode zu entwickeln, die leicht anwendbar und auch für Leute mit einfacher Schulbildung gut verständlich sein sollte. Um dies zu ermöglichen, entwickelte er ein Vokabular und eine Darstellungsmethode, die auch für den Durchschnittspatienten einfach und verständlich sind. Besonders wichtig ist, daß er dem Klienten half, den Unterschied zwischen Kind-Ich, Eltern-Ich und Erwachsenen-Ich zu erkennen.
Von Augenblick zu Augenblick lebt jeder von uns in unterschiedlichen Ich-Zuständen, und in jedem Ich-Zustand denken und fühlen wir verschiedenartig.

Dementsprechend wird der sogenannte Widerstand von jedem Patienten auf unterschiedliche Weise zum Ausdruck gebracht. Das Wort Widerstand wird in der praktischen Anwendung der Transaktionsanalyse vermieden.

Wenn sich ein Patient der Interpretation durch den Therapeuten verschließt, dann stellt sich die Frage, welcher Ich-Zustand des Patienten sich in diesem Widerstreben ausdrückt und was das in dieser spezifischen Situation bedeutet.
Beispiel: Sarah wies bisher alle von mir gegebenen Interpretationen zurück. Was geht vor? Anstatt anzunehmen, daß es sich allein um die Angelegenheit der Patientin handelt, frage ich mich selbst, was in den Transak-

tionen zwischen uns beiden geschieht und welche Ich-Zustände ich als Therapeutin während der Arbeit verwende. (Der Leser möge all dies in die Sprache von Übertragung und Gegenübertragung übersetzen. Entscheidend ist, daß wir uns in der TA immer wieder auf das Jetzt und nicht so sehr auf allgemeine Haltungen einstellen. Was in diesem Augenblick oder in dieser Sitzung wahr sein mag, muß nicht auf einen anderen Augenblick oder auf eine andere Sitzung zutreffen.)

So kann es geschehen, daß ich als Therapeut immer wieder mein Eltern-Ich auf eine solche Art einsetze, daß ich damit den Widerstand in Sarah hervorrufe. Und was für einen Widerstand ist das dann? Rebelliert sie nur, oder tut sie gerade etwas sehr Gutes für sich selbst, indem sie zum Beispiel ihre Autonomie gegen mein zu starkes Eltern-Ich durchsetzt?

Selbst wenn ich mir ganz sicher bin, daß ich mein Erwachsenen-Ich nutze und nicht mein kritisches Eltern-Ich, muß ich mich fragen, ob ich auch genügend Respekt für ihr Erwachsenen-Ich gezeigt habe. Ferner: Habe ich auch einen wirklich klaren Therapievertrag, der mich bevollmächtigt, an die besonderen Themen heranzugehen, die ich gerade bearbeite? Könnte es sein, daß ich mich auf ein Thema konzentriere, das Sarah gar nicht bearbeiten will und das mehr meiner Erwartung als ihrer entspricht? Oder vielleicht verwandte ich einen ungeeigneten Kind-Ich-Zustand, den sie so erlebte, als ob ich ihr unzuverlässige und gefährliche Informationen vermittele? In diesem Fall hätte sie ganz richtig ihre eigene intuitive Vorsicht eingesetzt, als sie sich weigerte, mir zu folgen.

Dies alles bedeutet, daß sich ein guter TA-Therapeut, wenn er auf Widerstand stößt, zunächst selbst einmal fragt, welchen Anteil er daran hat. Anstatt sofort nach den Schwierigkeiten des Patienten zu fragen, wird er zunächst die Transaktionen zwischen sich und dem Patienten analysieren. Das drückt sich schon in dem Begriff Transaktionsanalyse aus.

So kann die Analyse der Transaktionen klären helfen, ob der Widerstand durch die laufenden Transaktionen mit dem Therapeuten provoziert wird oder ob er vielleicht mit bestimmten charakteristischen Projektionen des Patienten zu tun hat. Und hier stellt sich noch einmal die Frage: Sind diese Projektionen immer da, d.h. werden sie allen Beziehungspersonen des Patienten zugeschoben oder gelten sie nur Alter, Geschlecht oder Verhal-

ten des Therapeuten?
Wenn man all dieses berücksichtigt, muß man folgern, daß Gruppentherapie diagnostisch hilfreicher und auch effektiver ist als Einzeltherapie. Um herauszufinden, ob und wieweit der Widerstand des Patienten dem Therapeuten gilt, kann der Therapeut überprüfen, wie die Transaktionen des Patienten anderen Gruppenteilnehmern gegenüber verlaufen und wie diese reagieren. Außerdem erhält der Therapeut oft über sein eigenes Verhalten Feedback von den anderen Gruppenteilnehmern aus ihrem Erwachsenen-Ich oder ihrem spontanen Kind-Ich.

Einer der Gründe dafür, warum TA eine große Zahl von Patienten relativ schnell und erfolgreich behandelt, ist darin zu sehen, daß bei dieser Methode das Erwachsenen-Ich des Patienten stärker zur Mitarbeit herangezogen wird, als bei anderen Verfahren. Dadurch kann der Patient auch besser zum Erfolg seiner Therapie beitragen. Wenn ein Patient zu spüren beginnt, daß seinem Erwachsenen-Ich bei der Analyse seines Verhaltens Respekt erwiesen wird, dann werden sich viele sogenannte Abwehrmechanismen und Widerstände auflösen. Das Erwachsenen-Ich und das entdeckungsfreudige Kind-Ich des Patienten öffnen sich vertrauensvoll und sind bereit, die evtl. vorhandenen vorbewußten Faktoren zu untersuchen, die ihn bisher davon abgehalten haben, die schädlichen psychologischen Verhaltensmuster zu erkennen und einzugestehen.

Gleichwohl ist zutreffend, daß es Fälle gibt, bei denen das Verständnis des Erwachsenen-Ich nicht ausreicht, um schädliche Verhaltensmuster zu ändern bzw. Angst abzubauen. Die Hypothese von Berne besagt, daß dies durch das Lebensskript des Patienten bedingt sei. Das Skript sah er als einen spezifischen Lebensplan an, der auf einer in der Kindheit getroffenen Entscheidung beruht und in dem man durch die Eltern bestärkt wird. Die nachfolgenden Ereignisse rechtfertigen das Skript und sein Höhepunkt ist eine selbst gewählte Alternative.

Diese Definition stammt sinngemäß aus den Begriffserklärungen des Buches „Was sagen Sie, nachdem Sie Guten Tag gesagt haben?" von Berne. Sie ist weniger starr als die Definition im Buchtext selbst. Dort gibt Berne zu verstehen, daß das Skriptende notwendigerweise schädlich ist und daß ein Skript geändert oder gelöscht werden muß, damit der Betreffende ein harmonisches Leben führen kann.

Ich bin in diesem Punkt nicht derselben Meinung. Mein eigenes Skriptkonzept und mein Konzept für Spiele unterscheiden sich sehr von Bernes Theorie. Er sieht Spiele als Skripterfüllung eines Patienten. Ich sehe das, was als Spiel bezeichnet wird, nur als unglückliches Resultat fehlgeschlagener wiederholter Bemühungen, zu denen die sogenannten Ersatzgefühle eingesetzt werden, um Streicheleinheiten zu erlangen. Und ich sehe im Skript eine positive Bemühung, dem Leben Struktur und Grenzen zu geben. In meiner klinischen Arbeit habe ich herausgefunden, daß Skripte viele positive Wahlmöglichkeiten enthalten und nicht starr und negativ den tatsächlichen Lebenslauf eines Menschen bestimmen.

Ich möchte damit begründen, daß zur Veränderung destruktiver Verhaltensmuster die Erklärungen und Interpretationen auf der Erwachsenen-Ich-Ebene nicht immer genügen. Ich verwende dazu mein eigenes Verfahren, die Existentielle Verhaltensmuster-Analyse (EVA), wie ich sie nenne. Sie hat sich aus der Transaktionsanalyse entwickelt und schließt viele Gestaltprinzipien und -vorgehensweisen ein. Sie ist außerdem in der Freudianischen und Jungianischen Theorie verwurzelt sowie in der existentiellen Philosophie. Schließlich bezieht sie auch hinduistische und tantrische Ideen mit ein.

Die Theorie und Therapie der EVA gehen von der Annahme aus, daß wir von drei Antrieben beeinflußt werden. Jeder Antrieb hat seine eigenen positiven und negativen Teile. Das Zusammenwirken der drei Antriebe ist homöostatisch aufzufassen.
Zu einem gegebenen Augenblick herrscht ein Antrieb oder die Koalition zweier Antriebe vor, während die beiden anderen bzw. der dritte im Hintergrund bleiben. (Das kann mit dem Vordergrund/Hintergrund–Prinzip der Gestalttherapie verglichen werden.) Jeder Mensch hat die Fähigkeit, sich jeweils ohne Schwierigkeiten auf den einen oder die beiden jeweils wirksamen Antriebe einzustellen, und zwar je nach Wunsch und Notwendigkeit.

Das kann man sich mit dem Bild der Troika verdeutlichen, dem dreispännigen Wagen oder Schlitten. Jedes Pferd hat in diesem Bild seine besonderen Eigenschaften, die je nach der zu bewältigenden Aufgabe von unterschiedlichem Nutzen sind und die auch schädlich sein können, wenn sie das Übergewicht bekommen. So mag ein Pferd ein Rennpferd sein, das ein

hohes Tempo erreichen, jedoch kein großes Gewicht ziehen kann. Das zweite Pferd mag gut für den Pflug sein, weil es kraftvoll und stetig ist, auch wenn es nur langsam ausschreitet. Das dritte Pferd wiederum mag ein gutes Reitpferd sein usw.
Stellen Sie sich nun vor, daß die Troikamit den drei verschiedenen Pferden das Modell ist für die menschliche Persönlichkeit. Die Pferde sind dann die Antriebe oder Kräfte, welche die Person durch das Leben ziehen. Die Person drückt sich durch ihr Ich aus, das durch wechselnde Ich-Zustände charakterisiert wird. Durch seine Ich-Zustände steuert der Mensch seine Antriebe, die er jedoch nicht umwandeln kann. Manchmal werden sie ihm helfen, manchmal werden sie ihm Probleme bereiten. Das kann zum Beispiel geschehen, wenn die Antriebe miteinander konkurrieren, wenn er sie übersieht oder zu sehr beachtet usw. Ebenso wie der Wagenlenker Schwierigkeiten haben kann, wenn er die Pferde falsch lenkt oder ihnen nicht genügend Raum, Rast oder Futter gibt usw.

Die Wirkungsweise der Antriebe kann man sich auch durch das Bild von drei miteinander rivalisierenden Göttinnen vorstellen, die zueinander manchmal freundschaftliche, manchmal feindliche Beziehungen haben. Diese Göttinnen helfen uns auf unserem Lebensweg, oder sie richten Hindernisse vor uns auf.

Ich habe diese drei Göttinnen bzw. die durch sie symbolisierten Antriebe als die Schlafende (Sleepy), die Begeisterte (Spunky) und die Selbsterhaltende (Survy) bezeichnet, um ihren spezifischen Einfluß auf unser Leben zu verdeutlichen.

Die Schlafende ist eine regressive Kraft, angebunden an das Nicht-Leben, die uns an die urzeitliche Phase erinnert, als es nur Pflanzen und Mineralien auf der Erde gab. Wie auf einer kreisförmigen Bahn kann uns die Schlafende bis zur Auflösung unseres Ich führen. Ihre positive Bedeutung besteht darin, daß sie uns ein kosmisches, allumfassendes, meditatives Gefühl vermitteln kann, das uns mit dem Universum verbindet. Wir können ihre Kraft erleben, wenn wir uns im Sonnenschein am Strand entspannen, wenn wir gerade in einen wohligen Schlaf fallen oder uns auf irgendeine andere angenehme Weise gehenlassen. Ihre negative Bedeutung ist darin zu sehen, daß sie uns zu einer allzu großen Passivität und Teilnahmslosigkeit verführen kann, bis hin zum Tode. Das hat Freud erkannt und in seiner

Todestrieb-Theorie beschrieben. Dieses Konzept wird jedoch oft kritisiert, weil es zu linear und rigoros ist.

Die Begeisterte ist unsere kreative Antriebskraft. Freud hat erkannt, daß eine unserer Lebenskräfte pro-kreativ ist. Leider hat er daraus den Schluß gezogen, daß diese Kraft auf die Sexualität begrenzt sei. Bei Menschen ist die Produktivität nicht auf die Fortpflanzung beschränkt, wie dies bei Tieren und Pflanzen der Fall ist. Jeder Erfinder und Entdecker verkörpert in besonderem Maße die Produktivität des menschlichen Geistes, die eine wesentliche Voraussetzung ist zur Erhaltung der Art.
Die Begeisterte dient dem Überleben der Menschheit, obgleich dies nicht immer im Verhalten einer konkreten Person deutlich wird, denn Entdekker, Erfinder und Forscher sind in ihrem Alltag oft egoistisch, rücksichtslos und scheinbar nur mit sich selbst beschäftigt, wenn sie sich ganz auf ihre kreativen Ziele konzentrieren.
Die Begeisterte hat die positive Bedeutung, uns zu Kreativität, Neugier, Risiko, Phantasie, Kunst, Wissenschaft usw. zu stimulieren. Ihre negative Bedeutung liegt darin, daß sie uns ermutigt, egoistisch, rücksichtslos und riskant zu leben und die Erfordernisse unserer persönlichen Sicherheit zu vernachlässigen.

Die Selbsterhaltende (auf englisch nenne ich sie Survy, weil sie sich um das Überleben und die Lebenserhaltung /survival/ der Person kümmert) sorgt dafür, daß unser biologisches Überleben gesichert ist. Sie hilft dem einzelnen während der Kindheit, die zum Überleben notwendigen Kulturtechniken zu lernen. Im Gegensatz zu den Tieren haben wir nicht genügend Instinkte, die unser Verhalten regeln. Wir müssen alle wichtigen Fertigkeiten deshalb in der Kindheit lernen. So wird sich zum Beispiel ein Kind zu weit aus dem Fenster beugen, hinausfallen und möglicherweise sterben, wenn es nicht zurückgehalten wird. Kein Vogel jedoch würde vom Nest fortfliegen, bevor er dazu nicht in der Lage ist.
Deshalb ist es die Aufgabe der Selbsterhaltenden, in die Persönlichkeit des Kindes all die zum Überleben benötigten Verhaltensweisen einzubauen. Hierzu gehört, daß das Kind lernt, sich seinen Bezugspersonen gegenüber liebenswert zu verhalten, damit diese gut für das kleine Kind sorgen und ihm alles Erforderliche beibringen, wie es sich in der Beziehung zu anderen verhalten soll. Zusätzlich ist es die Aufgabe der Selbsterhaltenden, die Trägheitstendenz der Schlafenden und die übertriebene Risikobereitschaft

der Begeisterten auszugleichen. Die Selbsterhaltende schließt ihre Aufgabe damit ab, daß sie im heranwachsenden Kind etwas herausbildet, das ich als Überlebensschlußfolgerung kennzeichne. Überlebensschlußfolgerungen sind Kombinationen von Gefühlen und Gedanken, die besagen: „Dieses ist zu gefährlich, jenes ist zu riskant..." usw. Im Laufe der Zeit werden diese Überlebensschlußfolgerungen immer mehr ausgebaut, so daß sich dann komplizierte Gebilde ergeben, wie: „Es ist eine gute Idee, das zu tun... aber jenes sollte man nicht tun... es sei denn...".
Diese Überlebensschlußfolgerungen werden nicht immer auf dem direkten Weg durch die Bezugsperson angeregt, obgleich das für einige zutreffen mag. Manche Überlebensschlußfolgerungen kommen unabhängig von den Botschaften der Bezugsperson bzw. im Widerspruch zu diesen Botschaften zustande. Sie sind dann ein Ergebnis irgendwelcher Kindheitserfahrungen und irgendwelcher Interpretationen, die ein Kind über verschiedene zeitlich zusammenfallende Erfahrungen macht.

Piaget spricht von synkretistischem Denken. Danach formen Kinder bestimmte Anschauungen aus Ereignissen und/oder Eindrücken, die gleichzeitig oder hintereinander stattfinden, aber nicht unbedingt kausal miteinander verknüpft sind. Im Verstand des Kindes scheinen sie aber kausal zusammengehörig zu sein. Hieraus entwickelt sich dann das, was wir magisches Denken nennen, durch das wiederum manch unnötige oder falsche Überlebensschlußfolgerung im Kind-Ich eingebaut werden.
Andererseits wissen wir auch, daß Kinder in den verschiedenen Stadien ihrer Entwicklung unterschiedliche Systeme des Denkens und Fühlens benutzen. Das heißt, daß ähnliche Ereignisse oder Botschaften von Bezugspersonen vom Kind unterschiedlich gedeutet werden, je nachdem, ob es ein, drei oder sechs Jahre alt ist. Es ist verständlich, daß sich viele Überlebensschlußfolgerungen aus der Kindheit später im Leben als unbrauchbar erweisen.

Das ist aber nicht bei allen der Fall. So haben wir zum Beispiel alle in uns die Überlebensschlußfolgerung: „Feuer ist gefährlich". Wir alle haben sie wahrscheinlich irgendwann im Alter zwischen einem und drei Jahren gelernt. Viele von uns haben möglicherweise später auch noch die Symbolbedeutung gelernt. Die Art und Weise, wie wir zu einer solchen Schlußfolgerung kamen, mag für einige von uns unterschiedlich gewesen sein. So können es viele im Zusammenhang mit positiver Zuwendung von den Eltern gelernt haben. Andere können es auf sehr traumatische Weise gelernt haben, indem sie von Feuer oder kochendem Wasser Verbrennungen erlitten. Doch unabhängig davon, wie wir zu dieser Schlußfolgerung gekommen sind, ist es wichtig festzuhalten, daß wir diese Schlußfolgerung erworben und sie nicht in uns vorgefunden haben.

Ferner ist zu beachten, daß diese Schlußfolgerung unser ganzes Leben lang nützlich bleibt. Andererseits kann die Übertreibung einer solchen ursprünglich nützlichen Schlußfolgerung zu einer Phobie führen. In einem solchen Fall ist es Aufgabe der Therapie, den Einfluß der Schlußfolgerung zu mindern ohne ihn ganz auszulöschen.

Schließlich möchte ich anmerken, daß wir als Erwachsene vor dem Hintergrund vieler Schlußfolgerungen fühlen und denken, die in unserer Kindheit oft zweckmäßig waren, sich jedoch für das Überleben im Erwachsenenalter als schädlich erweisen. So mag zum Beispiel ein Mädchen zu der Überlebensschlußfolgerung gekommen sein, daß freundliche Menschen gefährlich sind und daß man sich vor ihnen verstecken müsse. Das Kind hatte möglicherweise einen trinksüchtigen und brutalen Vater, der sich anfangs immer freundlich gab und dann grausam, verletzend oder sexuell aggressiv wurde. Die an diese Erfahrung geknüpfte Überlebensschlußfolgerung mag in der frühen Kindheit und auch noch in der Jugendzeit sehr brauchbar gewesen sein. Es ist offensichtlich, daß sie für enge Beziehungen im späteren Leben eine schwere Belastung darstellt. Und so kann es in gewissen Fällen erforderlich sein, unbrauchbare Überlebensschlußfolgerungen auszulöschen oder sie sogar in ihr Gegenteil zu verwandeln.

Ich kehre jetzt zur Definition der Selbsterhaltenden zurück, als einem Antrieb oder als einer Kraft. Ihre nutzbringende Bedeutung liegt darin, daß sie uns in der Kindheit hilft, die vielen brauchbaren Überlebensschlußfolgerungen auszubilden, die in unsere verschiedenen Kind-Ich-Zustände eingebaut sind. (Die verschiedenen Kind-Ich-Zustände sind Untersysteme des Kind-Ich, die den verschiedenen Stadien der kindlichen Entwicklung entsprechen.)

Die negative Bedeutung der Selbsterhaltenden liegt darin, daß sie zur sehr damit beschäftigt ist, die einmal getroffenen Überlebensschlußfolgerungen um jeden Preis aufrechtzuerhalten, auch wenn diese übertrieben (Phobien) oder äußerst schädlich sind, so daß sie die persönliche Entwicklung und die kreative Entfaltung behindern. So kommt es zu einem ständigen Kampf zwischen dem Einfluß der Selbsterhaltenden und der Begeisterten, die selbst auch gewisse risikofreudige, magische Schlußfolfgerungen in sich hat. Wenn es zwischen den beiden zu viele Konflikte gibt, können die negativen Aspekte der Schläfrigen Oberhand gewinnen und die betreffende Person dazu anregen, übermäßig passiv und regressiv zu werden, oder aber lebensgefährliche Risiken einzugehen (durch die Verbindung der Schläfrigen mit der Begeisterten).

Jetzt haben wir den Kreis geschlossen und können das Thema Widerstand und Abwehr erneut angehen.
Ich gehe dabei davon aus, daß der Widerstand des Patienten meistens mit den oben angeführten Überlebensschlußfolgerungen zu tun hat, auch wenn er manchmal durch das Verhalten des Therapeuten ausgelöst wurde oder wenn Projektionen des Patienten im Spiel sind. Aktueller Widerstand bedeutet, daß die Selbsterhaltende des Patienten als Antriebskraft gerade dabei ist, für ihn eine bestimmte Überlebensschlußfolgerung mit Nachdruck aufrechtzuerhalten, obgleich diese nicht mehr den Anforderungen des jetzigen Lebens entspricht und sogar zu Ungunsten des Patienten arbeitet.

Daher ist es meine therapeutische Aufgabe, ganz besonders klar den Ursprung einer solchen Überlebensschlußfolgerung zu verstehen. Ich muß außerdem herausfinden, auf welche Weise sie ggf. durch magisches Denken mit einer ganzen Reihe anderer Überlebensschlußfolgerungen zusammenhängen kann, die vielleicht nach wie vor für den Patienten wertvoll sind.

Um solche Überlebensschlußfolgerungen zu entdecken und zu bearbeiten, verwende ich eine Reihe von Methoden, zum Beispiel Interpretationen, Gestaltarbeit, meditative Techniken und hypnotische Verfahren. Ich achte immer sehr sorgfältig darauf, daß ich nicht 'das Kind mit dem Bade ausschütte'. Ich stelle sicher, daß ich den Patienten nicht bedränge oder dazu zwinge, bestimmte Überlebensschlußfolgerungen aufzugeben. Ich sorge auch dafür, daß genügende Vorsichtsmaßnahmen aus dem Erwachsenen-Ich getroffen werden, um einen Ausgleich für all das zu schaffen, was der Patient durch die Aufgabe einer bestimmten Überlebensschlußfolgerung einbüßt. Selbst bei der Gestaltarbeit halte ich den Patienten davon ab, eine Blockierung zu schnell zu durchbrechen. Ich helfe ihm vielmehr zu verstehen, woher bestimmte Schlußfolgerungen stammen, die ihn im Leben einengen und behindern. Ich halte diese Vorgehensweise für sicherer. Oft arbeite ich an einer Blockierung erst dann, wenn das Erwachsenen-Ich des Patienten eine gute Kontrolle über solche Situationen erreicht hat, die er in der Kindheit nur mit Hilfe einschränkender Überlebensschlußfolgerungen meistern konnte.

So hat beispielsweise ein Patient Angst vor Erhebungen und diese Angst beruht auf der Überlebensschlußfolgerung, nicht 'höher' gehen zu dürfen als der Vater. Eine solche Phobie kann für sein jetziges Leben nachteilig sein. Immerhin versucht er als Kompensation für diese Einschränkung, möglichst weit auf der Karriereleiter nach oben zu gelangen.
Beim Abbau der Phobie sorge ich dafür, daß sich der Patient nicht zu schnell verändert und danach wild gegen seinen Chef rebelliert, um 'frei' zu beweisen, wie 'hoch' er ohne Furcht vor Strafe gehen kann. Es ist wichtig, daß jetzt sein Erwachsenen-Ich die Verantwortung übernimmt, darüber zu entscheiden, wie weit oder hoch er gehen will.

Ich sorge also dafür, daß kein Patient in ein antiphobisches Verhalten verfällt oder sich zu schnell von seinen inneren Kontrollen befreit. Ich will vermeiden helfen, daß er verletzbar wird gegenüber einer zu plötzlichen oder gefährlichen Allianz von der Begeisterten und der Schläfrigen, die den Einfluß der Selbsterhaltenden ausschalten könnten, wodurch die Unfallgefahr zunehmen würde. (Dies geschieht leider manchmal im Anschluß an eine schlechte Therapie, die zu schnell erfolgreich schien.)

Deshalb sehe ich im Widerstand einen für die Aufrechterhaltung des inneren Gleichgewichts des Menschen wertvollen Faktor. Obwohl es notwendig werden kann, einen Patienten zu ermutigen, einiges von seinem Widerstand aufzugeben, achte ich sorgfältig darauf, daß ein neues Gleichgewicht entstehen kann, das die Integrität des Patienten und seine Fähigkeit, in der gegenwärtigen Realität leben zu können, schützt und erhält.

Schließlich möchte ich noch betonen, daß der Widerstand nicht immer ausschließlich durch die Selbsterhaltende verursacht wird, obgleich es gewöhnlich diese Art von Widerstand ist, die in einer therapeutischen Arbeit vorkommt. Im alltäglichen Leben hat der Widerstand seinen Ursprung oft in der Begeisterten oder in der Schläfrigen. Er wird dann jedoch anders bezeichnet, nämlich eher als Rebellion. So kann zum Beispiel Rebellion gegen die Selbsterhaltende zu Unfällen, die Rebellion gegen die Schläfrige zu Krankheit führen.

Dieser Artikel entstand zum Beispiel unter dem Einfluß der Begeisterten, die sich einer festen Entscheidung widersetzte, die ich unter dem Einfluß der Selbsterhaltenden getroffen hatte, nämlich, mich an diesem Tag mit der längst überfälligen Steuererklärung zu beschäftigen. Und gerade jetzt, da ich den Widerstand gegenüber der notwendigen und zeitraubenden Aufgabe erkenne, fühle ich mich ängstlich besorgt und möchte die Kraft der Selbsterhaltenden beschwören, damit sie mich veranlaßt, diese Angelegenheit jetzt endlich in Ordnung zu bringen. Es ist aber wahrscheinlich, daß die Schlafende bald die Oberhand gewinnt und den weiteren Widerstand der Aufgabe gegenüber damit rechtfertigt, daß sie mich überzeugt, nach diesem Artikel auch etwas Ruhe verdient zu haben. Andererseits hat mir die Selbsterhaltende in der Vergangenheit eine ganze Reihe einschränkender Überlebensschlußfolgerungen auferlegt, die in mir Widerstände gegen die Schreibimpulse der Begeisterten erzeugten.

So könnte es vielleicht für uns alle eine gültige Herausforderung sein, unsere Widerstände besser zu erkennen, um unser inneres Gleichgewicht aufrechterhalten und unsere Lebensziele anstreben zu können.

Kapitel 14
EPISKRIPT UND DAS SPIEL „HEISSE KARTOFFEL"

Ich will an dieser Stelle das Konzept des Episkripts darstellen, das vom Skript und vom Gegenskript unterschieden werden muß. Das Skript ist ein Lebensplan, der mit einem aus dem Kind-Ich der Eltern stammenden Gebot zusammenhängt und später als 'Elektrode' in das Eltern-Ich des Kindes integriert wird. Etwa um dieselbe Zeit gestaltet das Erwachsenen-Ich im Kind – Erwachsener 1, „kleiner Professor" oder Spunky genannt – das Episkript. Sobald das Kind-Ich Skriptgebote aufnimmt, versucht Erwachsener 1 sie abzuwehren. Insbesondere versucht es, das mit einem zärtlichen oder tragischen Skript verbundene Endergebnis zu vermeiden.

Spunky ist, vielleicht instinktiv, dem Leben verbunden. Es ist intuitiv, hat aber weder Erfahrung noch ausreichende Geschicklichkeit, mit dem Skript umzugehen. Elterliche Streicheleinheiten zu erringen hat absoluten Vorrang. Spunky kann die Gebote nicht ignorieren. Infolgedessen nimmt es seine Zuflucht zu magischem Denken. Es etabliert das Episkript, einen geheimen Plan, der auf der magischen Annahme beruht, daß die der eigenen Person zugedachte Tragödie vermieden werden kann, indem man sie an ein Opfer oder einen Sündenbock weiterreicht. Für diese Denkweise findet man reiches Anschauungsmaterial in den Mythen und Erzählungen der meisten Kulturen.

Genauso wie das hilflose Kind seine Eltern erlebt, erlebt der primitive Mensch die Gewalten der Natur. Es sind dies magische Kräfte, die sowohl Segen als auch Unheil und Verwüstungen bringen können. In den primitiven Kulturen wird diesem übernatürlichen Zauber durch menschlichen Zauber begegnet. Alle Opfergaben beruhen auf dem Glauben, daß der ursprüngliche Adressat von seinem Schicksal verschont bleiben kann, wenn es gelingt, die verhängnisvollen Konsequenzen des Schicksals oder die Verwünschung auf irgendjemand anderen zu übertragen.

In den Überlieferungen vieler Völker gibt es Geschichten, die beschreiben, wie der Held oder die Heldin in ihrer frühen Kindheit durch einen feindlich gesonnenen Geist mit einer Verwünschung belegt wurde. Diese Verwünschungen hängen oft mit den Eltern oder den Umständen der Geburt zusammen. Die Verwünschungen sollen viele Jahre später wirksam werden, es sei denn, daß der Held auf irgendeine Weise seinem schlimmen Schicksal entgeht und die Folgen von einem anderen getragen werden. Hierdurch wird der Dämon, zumindest vorübergehend, zufriedengestellt oder aber auch enttäuscht. Es ist kein Zufall, daß dieses Thema so oft aufgegriffen wird. Es findet sich in religiösen Handlungen wieder, in Gebeten, in Opferritualen und in der allgemein üblichen Methode, einen Sündenbock zu brandmarken. Gelingt es mir, das Böse, das mir zugedacht ist, an einen anderen weiterzuleiten, kann ich mich vielleicht den Folgen entziehen.

Christus starb, um meine Sünden zu sühnen, und erlöste mich dadurch vom Jüngsten Gericht. Für den gläubigen Katholiken stirbt Jesus symbolisch jeden Tag neu in der Messe, weshalb man vom Meßopfer spricht.

Dieser Glaube findet sich, vielleicht spontan entwickelt, sicher aber auch durch die oben erwähnten kulturellen Einflüsse verstärkt, im Spielen der Kinder. Er wird darüber hinaus durch die üblichen Methoden der Kindererziehung verstärkt. Ein Lehrer straft ein Kind zum Beispiel „als abschreckendes Beispiel für die anderen", die demselben Schicksal entrinnen und denken:„Gott sei Dank, daß es mich nicht erwischt hat". Oder ein Elternteil beschuldigt eher den Spielkameraden dafür, daß es zwischen den Kindern Streit gegeben hat, als den eigenen Sproß zu bestrafen. Diese Erfahrungen können sogar durch unsere heutige Wirklichkeit verstärkt werden. Nimmt zum Beispiel ein Polizeiwagen, der wegen einer Geschwindigkeitsübertretung auf mich aufmerksam wurde, die Verfolgung eines noch schnelleren Wagens auf, dann werde ich vielleicht einem Strafmandat entgehen.

Im Episkript sehen wir unsere geheime Abwehrstrategie. Vielleicht kann ich mit dem Skript, auch wenn es auf die Realität bezogen ist, magisch umgehen, indem ich es an einen anderen weiterreiche. Die Skriptkonsequenzen sind sehr gut zu vergleichen mit einer heißen Kartoffel. Ich hoffe, daß meine eigenen Hände nicht allzu stark verbrannt werden, wenn es mir gelingt, die Kartoffel an einen anderen weiterzureichen. Infolgedessen beharren viele Menschen mit einem schädlichen Skript darauf, 'Heiße Kartoffel' zu spielen.

Der Unterschied zwischen Episkript und Gegenskript besteht darin, daß das Gegenskript aus dem Eltern-Ich der realen Eltern kommt, wohingegen das Episkript im Erwachsenen-Ich des Kind-Ich, Erwachsener 1, des Betreffenden entwickelt wird. Erwachsener 1 nimmt intuitiv wahr, daß das Skript zerstörerisch wirken wird, und sucht dem durch magische Manipulationen zu entkommen. Die Gebote des Episkripts sind denen des Skripts ähnlich, richten sich jedoch an eine dritte Person. Das Episkript wird durch Vermittlung von Kind-Ich zu Kind-Ich wirksam, wobei die 'Heiße Kartoffel' weitergereicht wird durch Spiele wie: „Ich versuche ja nur, dir zu helfen", „Macht den Sieger unter euch aus" und „Sie sind wundervoll, Herr Professor".

Liegt ein schädliches Skript vor, so finden sich auch meistens Anzeichen für ein Episkript. Für viele Patienten hat sich für die Zeit vor der Behandlung das Episkript als hilfreicher erwiesen als das Gegenskript. Manchmal wechseln sich Episkript und Gegenskript auch darin ab, die Ängste abzuwehren, die der Patient mit zunehmendem Gewahrwerden des Skripts erlebt.

Meine Erfahrungen zur Episkript-Ausbildung haben mir gezeigt, daß ein lebhaftes, pfiffiges, eher unternehmungslustiges und vielleicht auch intelligenteres Kind ein tragfähigeres Episkript entwickelt als ein eher depressives Kind. So scheint viel Ungehorsam und Aufsässigkeit im Kindesalter eines Menschen häufig verbunden zu sein mit der ausgeprägten Fähigkeit, sein Episkript zum Tragen zu bringen.

Die Erarbeitung des Episkripts bringt uns sehr nahe an das Skript selbst. Da der Entwurf des Episkripts demjenigen des Skripts bei einer und derselben Person jeweils sehr ähnlich ist, das erstere aber durch Spiele und offene Transaktionen weitergereicht wird, ist es weniger verdeckt und besser sichtbar. Hierdurch ergibt sich für den Therapeuten die Möglichkeit, seine anfänglichen Vermutungen über das Skript des Patienten zu überprüfen. Außerdem kann hier die diagnostische Falle, das Skript mit dem Gegenskript zu verwechseln, vermieden werden.

Es gibt Menschen mit einem schädlichen Skript, die auf diese Weise unbeschwert zu leben scheinen, ohne daß sie ihr Skript überwunden oder sich auf ihr Gegenskript verlegt hätten. Möglicherweise beruht dies darauf, daß

sie ihr Skript weiterreichen konnten, d.h. ihr Episkript wirksam werden lassen konnten. Sie fühlen sich dann vorübergehend frei von den zerstörerischen Geboten ihres Skripts. So nimmt man zum Beispiel an, daß die Heilung bei den Anonymen Alkoholikern auf der Basis des Gegenskripts erfolgt. Der trockene Alkoholiker bleibt nüchtern, indem er die Eltern-Rolle für das Kind-Ich eines noch trinkenden Alkoholikers übernimmt. Dies ist jedoch nicht immer der Fall. Manchmal beruht die Heilung bei Anonymen Alkoholikern auf dem Episkript. Der Alkoholiker ist geheilt, nachdem er die 'Heiße Kartoffel' des unkontrollierten Trinkens an einen anderen weitergegeben hat. Es hat so eine Vermittlung der Sucht von Kind-Ich zu Kind-Ich stattgefunden.
Hierfür zwei Fallbeispiele:

1. Ein Vater hörte mit seinem exzessiven Trinken auf, angeblich aus Sorge über die Drogenabhängigkeit seines Sohnes. Tatsächlich hatte er aber mit dem Trinken aufgehört, weil sein Sohn den Fluch der Sucht übernommen hatte, des Vaters Episkript angenommen hatte. Nachdem der Sohn wegen seiner Sucht erfolgreich behandelt worden war, fing der Vater erneut an zu trinken. Die vorübergehende Entlastung durch das Weiterreichen der 'Heissen Kartoffel' war hinfällig, nachdem er seine 'Heiße Kartoffel' wieder zurückerhalten hatte. Seine eigene Botschaft lautete:„Sei süchtig", und sein Sohn erfüllte sie nun nicht länger an seiner Stelle.

2. Ein junger Mann hatte von seiner Mutter das Gebot übernommen:„Laß dich in einem Irrenhaus einsperren". Er versuchte dies zu erreichen, indem er zum Beispiel LSD nahm. Das Gegenskript aus dem Eltern-Ich des Vaters war aus dem Rezept:„Arbeite hart, sei ein erfolgreicher Geschäftsmann" entwickelt worden. Der Vater überarbeitete sich und starb im mittleren Lebensalter. Nachdem der junge Mann frei von Drogen war und sich in eine TA-Therapie begeben hatte, nahm er irrtümlich an, daß sein Skript von ihm verlange, „sich im Geschäftsleben zu Tode zu arbeiten". Er war stolz darauf, sich für einen Berufsweg im Fach Psychologie entschieden zu haben. Diese Fachrichtung entsprach den Bedürfnissen seines Kind-Ich, wohingegen das Geschäftsleben mehr den Bedürfnissen seines Eltern-Ich entsprochen hätte. Er war der Meinung, sein zerstörerisches Skript überwunden zu haben.
Tatsächlich war ihm sein Skript nach wie vor unbekannt und unverändert wirksam. Durch seine Arbeit als Therapeut versuchte er, sein Skript durch

das Episkript außer Kraft zu setzen. Das verborgene Motiv für seinen neuen Beruf war, Stellvertreter zu finden, an die er die zerstörerische Botschaft weiterreichen konnte, in der Hoffnung, seinem Skript zu entkommen, ohne zum Gegenskript Zuflucht nehmen zu müssen. Er erwarb eine große Geschicklichkeit, die geeignetsten Kandidaten für einen die Anstaltseinweisung rechtfertigenden Zusammenbruch herauszufinden. Seine Transaktionen mit diesen waren geeignet, dieses Ergebnis zu beschleunigen. Mit anderen Patienten arbeitete er außerordentlich wirksam, so daß seine neue Berufswahl sehr günstig erschien. Wie bei Spielen üblich, nahm sein Erwachsenen-Ich nicht wahr, wie unterschiedlich er seine Patienten behandelte.

Der Schlüssel zu diesem Geschehen wurde während der Supervision gefunden. Sein Supervisor bemerkte regelmäßig ein befremdliches Leuchten in den Augen des Therapeuten, sobald dieser die Möglichkeit des „Durchdrehens" oder der Anstaltseinweisung für einen seiner Patienten erörterte. Der Supervisor intervenierte und verhinderte in einem Fall dieses Ergebnis. Der Therapeut begann daraufhin sofort, unter den verbliebenen Patienten nach einem weiteren möglichen Kandidaten für eine Anstaltseinweisung zu suchen. Er wechselte in den seinem Gegenskript entsprechenden Beruf (Geschäftsmann) zurück, weil ihm dies vorübergehend sicherer erschien, und bemühte sich ernsthaft um Behandlung.

Er konnte sich erinnern, daß seine Mutter eine recht absonderliche Frau war, die, als er noch ein Kind war, sich oft damit gebrüstet hatte, daß es niemandem gelingen würde, sie ins Irrenhaus zu bringen. Also war seine Skriptbotschaft:„Laß dich ins Irrenhaus sperren" eine Folge ihres Episkripts, mit dem sie vermieden hatte, die tragischen Konsequenzen ihres eigenen Skripts selbst zu tragen.

Ich wage zu vermuten, daß manche Therapeuten, die Retter oder „Ich versuche ja nur, dir zu helfen" spielen, lediglich zugunsten ihres Episkripts in dieser Weise agieren. In diesem Sinne könnte die hohe Selbstmordquote vermeintlich erfolgreicher Therapeuten damit zusammenhängen, daß sie letztendlich bei ihren Patienten zu erfolgreich sind. Sobald sich keine Patienten mehr finden, die empfänglich sind für ihr Episkript, gewinnt ihr eigenes schädliches Skript wieder Macht über sie, so daß sie Selbstmord begehen.

Ob sich jemand um eine Behandlung bemüht oder nicht, hängt bei Vorliegen eines schädlichen Skripts oft davon ab, wie erfolgreich er mit Hilfe des Spiels 'Heiße Kartoffel' sein Skript an andere weiterreichen kann. Wenn ein solcher Empfänger seinem Episkript lange verbunden bleibt, oder er immer wieder neue, für das Episkript empfängliche Kandidaten findet, hat er vielleicht niemals das Gefühl, eine Behandlung zu benötigen. Gelingt es ihm jedoch nicht, die 'Heiße Kartoffel' weiterzureichen, oder erhält er sie zu oft wieder zurück, dann wird er nach Hilfe suchen. Bedauerlicherweise sucht der Klient gar nicht selten weniger eine Hilfe, das Skript zu überwinden, als vielmehr eine Hilfe, das Episkript zu etablieren, und findet sie gelegentlich auch.

Fallbeispiel:
Eine Mutter wechselte immer wieder die Therapeuten, die sie wegen des angeblichen Fehlverhaltens ihrer Tochter aufgesucht hatte. Im Verlaufe von acht Jahren waren zwölf Therapeuten bemüht worden. Nach Überprüfung der Zeitpunkte, an denen die Behandlungen jeweils begonnen und abgebrochen worden waren, ergab sich ein deutliches Schema.
Die Behandlung wurde von der Mutter immer dann abgebrochen, wenn der Therapeut die „Ist es nicht schrecklich?"–Spiele abbrach und einen Rapport mit der Tochter herstellte, oder aber auch sobald die Mutter etwas ausführlicher darüber informiert wurde, wie ein altersentsprechendes Verhalten des Mädchens aussehen würde. Worüber – bis zu Therapeut Nr.12 – nicht gearbeitet wurde, war das Selbstmord-Skript der Mutter. Immer, wenn das Mädchen schwermütig und depressiv war, hatte sie das Episkript der Mutter übernommen. Diese hatte die Hoffnung als Angst verbalisiert, daß die Tochter Selbstmord begehen könnte, jedoch wurde zu diesen Zeitpunkten keine Therapie aufgesucht. Immer jedoch, wenn die Tochter auf ihre natürliche Spontaneität zurückgriff und begann, Beziehungen zu Dritten aufzunehmen, wurde sie von der Mutter in Behandlung gebracht.
Die verborgene Absicht der Mutter war, ihre Tochter in der 'nicht o.k.– Position zu fixieren. In dieser Position vollzog die Tochter das Episkript der Mutter, indem sie depressiv wurde. Damit fühlte sich die Mutter ganz gut. Behandlung wurde immer dann aufgesucht, wenn die Depressionen nachzulassen schienen. Das Aufnehmen und Abbrechen der Behandlungen diente dem Zweck, einerseits die Depressionen der Tochter zu verstärken, indem ihre „Krankheit" betont wurde, andererseits darin, ihr einen The-

rapeuten vorzuenthalten, um das suizidale Ende der Tochter – stellvertretend für die Mutter – zu begünstigen.

Manche Heilungen im Verlauf einer Gruppentherapie sind nur die Weiterreichung eines Episkripts von einem Patienten an ein anderes Gruppenmitglied. Spunky oder 'der kleine Professor' des Skriptträgers macht einen potentiellen Empfänger für sein Episkript aus (üblicherweise ein Gruppenmitglied mit der 'Ich bin nicht o.k.–Du bist o.k.'–Grundeinstellung. Der Empfänger übernimmt dann eine Rolle, die für das tragische Ende geeignet ist und die den Skriptträger vorübergehend von seiner Verwünschung befreit.

Ganz ähnlich besteht auch in vielen Ehen ein geheimer Vertrag, daß der eine Partner (üblicherweise derjenige mit dem flexibleren, nicht zerstörerischen Skript) das Episkript des anderen übernimmt, wodurch er den Träger des destruktiven Skripts, zumindest vorübergehend, vor seinem tragischen Schicksal bewahrt.

Fallbeispiel:
Die Skriptbotschaft, die ein Patient von seiner Mutter erhalten hatte, hieß: „Gib auf und stirb!". Von seinem Vater hatte er die Botschaft „Töte!" erhalten. Verbal setzten sich beide Eltern für Rechtschaffenheit und Gerechtigkeit ein. Der Patient verarbeitete beide Botschaften zu einem Skript, das von ihm verlangte, ein Gewaltverbrechen zu begehen, anschließend verhaftet zu werden, sich dann selbst aufzugeben und schließlich 'gerechterweise' die Todesstrafe zu erleiden.
Auf der Basis seines Gegenskripts wurde er später, genau wie sein Vater, ein selbstgerechterPastor.Jedoch reichte all sein Predigen über Höllenflammen und Verdammung nicht aus, das Episkript in Kraft zu setzen, da keines seiner Gemeindemitglieder ihm den Gefallen tat , sich aufzugeben und qualvoll zu sterben, noch ersichtlich zur Hölle zu fahren. Er wurde hierüber depressiv, mit gelegentlichen kurzen gewalttätigen Stimmungsschwankungen. Er erwählte sich eine Ehefrau, die depressiv, suggestibel und scheinbar suizidal war. Daraufhin wurde er zunehmend energisch und beruflich auch zunehmend erfolgreich. Sie hatte vorübergehend sein Episkript übernommen, da sie durch ihren eigenen Hintergrund hierfür empfänglich war.

Eine Zeitlang funktionierte dieser geheime Episkript-Vertrag. Er wurde immer erfolgreicher. Seine gehäuften Abwesenheiten dienten als Erklärung: Seine Abwesenheiten 'brächten sie um'. Sie begann aufzugeben. Als es kritisch wurde, verweigerte ihr Kind-Ich das Episkript und sie ging stattdessen in Therapie. Sie selbst tendierte zwar zur Depression, jedoch nicht zur Gewalttätigkeit und zum Tode. Indem sie sich in Therapie begab, legte sie seine 'Heiße Kartoffel' in seine eigenen Hände zurück. Er wehrte sich und suchte sowohl ihre wie auch seine Therapie so lange wie möglich zu verhindern. Als sie sich jedoch zunehmend von seinem Episkript löste, begannen ihn seine Skriptgebote wieder zu ängstigen und er ging schließlich auch in eine therapeutische Behandlung.

Das kleine Kind ist häufig der hilflose Empfänger für das Episkript eines Elternteils. Es ist der deklarierte Patient, der, wie Familientherapeuten wissen, normalerweise nicht das kränkste Glied der Familie ist. Hierin ist auch der Grund zu sehen, warum häufig ein anderes Kind in diese Rolle gedrängt wird, sobald das Kind, das das Episkript übernommen hat, den häuslichen Bereich verläßt.

Es ist damit auch klar, warum bestimmte Verwünschungen so nachhaltig in Kindern verankert sind. Wenn ein Elternteil ein bedrohliches, schädliches Skript hat und sein Spunky (Erwachsener 1) sich verzweifelt nach einem Empfänger für sein Episkript umsieht, ist ein kleines Kind mit seiner ausgeprägten Verletzlichkeit und Suggestibilität oft der geeignetste Empfänger. Spunky im Kind-Ich des Elternteils vergewissert sich immer wieder, daß das Episkript auch wirklich übernommen worden ist. Dies führt zur gewaltigen Wirksamkeit solcher Botschaften, die manchmal von Eltern stammen, deren Kind-Ich ansonsten nicht besonders auffällig erscheint.

Im Beispiel des Patienten, dessen Skript ihn zum Irrenhaus verurteilte, war es möglich, die Botschaft über zwei Generationen zurückzuverfolgen. Die Durchschlagskraft der Irrenhaus-Botschaft rührte aus der Verzweiflung, in der sich das Kind-Ich der Mutter befand, als es fühlte, daß sie selbst ins Irrenhaus müsse, wenn es ihr nicht gelingt, die Botschaft an ihren Sohn weiterzureichen. Ihre Mutter (des Patienten Großmutter) hatte sich desselben Verfahrens bedient, und die Mutter ihres Vaters war ebenso verfahren. Niemand war wirklich ins Irrenhaus gekommen.

In einem kürzlich gezeigten Film „The Prime of Miss Jean Brodie" können Skript, Gegenskript und Episkript ohne Schwierigkeiten identifiziert werden. Miss Brodie ist eine attraktive Lehrerin, die ihren Lebensfrühling opfert, um Mädchen zu einem überdurchschnittlichen Bildungsniveau zu verhelfen. Dies ist das erklärte und ihr selbst bewußte Lebensziel, dem sich Miss Brodie verschrieben hat. Im Verlauf des Films können wir die Skriptbotschaft erkennen. Sie lautet: „Stirb einen gewaltsamen Tod für eine heroische Sache!". Das Gegenskript, das dann in Szene gesetzt wird, heißt: „Lebe edel und opferbereit für große Prinzipien!" Da das Gegenskript die Todesorientiertheit des Skripts nicht befriedigt – obwohl sie ihre Sexualität abtötet und damit ihre Heiratsmöglichkeiten blockiert –, muß sie das Episkript zum Tragen bringen. Es gelingt ihr, die suggestibelste Schülerin so zu beeinflussen, daß sie aus einem gegebenen Anlaß umgebracht wird, wodurch sie vorübergehend den Drang, dieses höchste Opfer selbst zu bringen, ablenkt.

Es müssen aber auch noch andere Techniken erwähnt werden, die von Spunky (Erwachsener 1) ersonnen werden, um Skriptbotschaften, die ihm aufgedrängt wurden, abzuwehren.

Bei sehr kleinen Kindern ist deren Kind-Ich noch nicht in der Lage, einen opferwilligen Empfänger zu finden, deshalb entwickeln sie eine andere Episkript-Technik, um Gebote zu entkräften oder die Auswirkungen eines zerstörerischen Skripts anzuändern, das „Ich werde es euch noch zeigen"–oder auch das „Sie werden es noch bereuen"–Spiel.

Beispiel:
Die Botschaft, die John aus dem Kind-Ich seiner Mutter erhalten hatte, hieß: „Denk nicht!". Sein Vater, ein Alkoholiker, zeigte ihm, wie man das in die Tat umsetzt. Natürlich war dieses Gebot eine 'heiße Kartoffel' der Mutter, durch deren Weitergabe sie ihr Episkript abzuwenden suchte. Sie war von überfürsorglichen Verwandten in eine Sklavenrolle hineinerzogen worden und flüchtete nun aus der Rolle.
Johns Skript, soweit wir es erarbeiten konnten, sah einen Lebensweg als Niete vor, indem er sich durch exzessives Trinken der Verantwortlichkeit entzog. Das Gegenskript (von beiden Eltern, gläubigen Katholiken vermittelt) lautete: „Sei ein braver Junge und werde später einmal Priester". John befolgte seine Skriptbotschaften, indem er anhaltend Spiele wie "Blöd",

„Holzbein" oder (später) „Alkoholiker" spielte. Er wechselte auch häufiger das Gegenskript, wurde in der Schule als „nicht helle, aber brav, gewissenhaft und ehrerbietig" beschrieben.

In kritischen Situationen übernahm sein Spunky das Steuer und bewahrte ihn davor, im Skript oder auch im Gegenskript zu erstarren. So war er zum Beispiel ein „braver, dümmlicher Chorjunge", schlug jedoch eines Tages plötzlich eine Nonne, weigerte sich, sich zu entschuldigen, und wurde deshalb aus dem Kinderheim, das er haßte, hinausgeworfen, gerade in dem Augenblick, als sich die Wohnverhältnisse seiner Mutter verbessert hatten.

Aus derHigh-School, wo er sich wieder auf „blöd" verlegt hatte, wurde er einige Jahre später wieder wegen ähnlicher gewalttätiger Reaktionen hinausgeworfen, genau zu dem Zeitpunkt, als die Marine ein neues Rekrutierungsprogramm inklusive High-School-Ausbildung anbot. (Seine Familie hatte sich geweigert, die notwendigen Unterschriften für die Belegung eines Nebenfaches zu geben, mußten jetzt aber einwilligen, trotz ihrer andersgearteten Pläne für ihn.)

Ein ähnlich dramatischer Rauswurf aus dem College brachte ihm die finanzielle Unterstützung für eine Therapie ein. Hierdurch wurde es ihm schließlich möglich, sein Skript zu überwinden und ebenso die erwähnten Spiele, die im Dienste jenes unheilvollen Skripts begonnen wurden.

John berichtet, daß er sich bei keiner dieser Krisen der Manipulation bewußt gewesen sei. Er erinnert sich lediglich an die Angst vor der gegebenen Situation, an Schuldgefühle und an Reue. Er erinnert sich aber auch, daß er damals überrascht war über, wie ihm schien, unangebrachte Triumphgefühle. Dazu sagen wir:„Spunky macht eine lange Nase".

Dieses Spiel, dessen Spielgewinn in dem beschriebenen inneren Triumph liegt, heißt:„Ich werde es euch zeigen", oder:„Sie werden es noch bereuen". Beide Spiele scheinen dem „Mach mich fertig" sehr ähnlich, doch ist der Spielgewinn ein anderer. Er liegt nicht darin, fertiggemacht zu werden, sondern darin, daß sich Spunky im Hinblick auf die Zukunft eine lange Nase dreht.

Diese Spiele stehen nicht im Dienste eines Skripts, sondern im Dienste des

Episkripts. Sie werden nicht erlernt, wie die meisten anderen Spiele, sondern sie werden vom lebensbewahrenden Spunky angesichts bedrohlicher Überlebenshandicaps ersonnen.

Wie alle Spiele können auch diese einmal von der Entwicklung überholt werden und dann die so wichtige Fähigkeit zur Intimität beschränken. Wird im Rahmen der Behandlung das Skript entmachtet und kann das Verhalten wieder durch freie Entscheidung bestimmt werden, dann können auch diese Spiele aufgegeben werden. Dies jedoch nicht, ohne sie vorher mit einem herzlichen „Dankeschön!" für ihre zeitweise lebenswichtigen Beiträge zum Episkript bedacht zu haben.

Zusammenfassung:
Das Episkript ist eine komprimierte Variante des dazugehörigen Skripts, einschließlich des tragischen Ausgangs, den der Betroffene versucht an einen anderen weiterzureichen, so etwa, wie er auch eine Kartoffel, die zu heiß ist, weiterreichen würde. Als Empfänger eignet sich eine Person, die durch Übertragung von Kind-Ich zu Kind-Ich beeinflußt werden kann, wie zum Beispiel die eigenen Kinder, der Ehepartner, ein Patient, ein Schüler oder ein Mitglied einer gemeinsamen, leiterlosen Gruppe.

Der Initiator des Episkripts ist das Spunky (das Erwachsenen-Ich im Kind-Ich, Erwachsener 1) des Skriptträgers, der versucht, die zerstörerischen Konsequenzen des Skripts durch magische Mittel abzuwenden, im Glauben daran, daß er das Böse nicht erleiden muß, wenn es gelingt, die Verwünschung weiterzureichen.

Er vermag aber auch andere Techniken zu ersinnen, indem er Spiele ausbildet, die im Dienste des Episkripts stehen, wie zum Beispiel: „Ich werde es euch zeigen" oder: „Sie werden das noch bereuen".

Sobald das Episkript eindeutig von einer anderen Person übernommen worden ist, verfügt der Skriptträger über einen erheblichen Energiezuwachs. Dies beruht auf der vorübergehenden Freiheit von seinem Skript. Vollzieht der Empfänger jedoch nicht die Skript-Konsequenzen oder scheint er sie zu verweigern, unterliegt der Skriptträger wieder selbst den Zwängen seines Skripts.

Das Episkript unterscheidet sich vom Gegenskript dadurch, daß es im Individuum selbst gebildet wird, wobei sich Spunky an den Grundlinien des Skripts orientiert. Das Gegenskript wird hingegen im Eltern-Ich entwikkelt, und zwar auf der Grundlage von Botschaften, die von den leiblichen Eltern kamen.

Die Erwartung „Ich werde leiden, es sei denn, du wirst für mich geopfert" gibt dem Episkript einen verzweifelten Charakter.
In diesem Sinne war Agamemnon bereit, seine Tochter Iphigenie zu opfern, wenn die Göttin den günstigen Wind verweigern würde. Ebenso war der Urvater Abraham bereit, seinen Sohn Isaak zu opfern. Die Episkript-Devise heißt:„Ich werde dir den Fluch auferlegen, damit ich vom Fluch erlöst werde."

Kapitel 15
ÜBERGEWICHT UND FRÜHE ÜBERLEBENSENTSCHEIDUNGEN

Eine Literaturübersicht zum Thema Übergewicht leidet inzwischen, berücksichtigt man alle Theorien und Therapievorschläge, selbst an übergrossen Dimensionen. Alle Forscher sind sich jedoch darüber einig, daß – sieht man von den seltenen Hormonstörungen ab – die unmittelbare Ursache des Übergewichts in zu reichlichem Essen zu suchen ist. Von dieser allgemein anerkannten Kausalität ausgehend, beschäftigen sich unzählige Schlankheitsprogramme damit, die Eßgewohnheiten zu verändern, wobei sie immer von der Voraussetzung ausgehen, daß die Versuchung vom Akt des Essens ausgeht, nicht jedoch vom Gewichtszuwachs.

Gewiß kennen Psychologen und Psychotherapeuten Krankengeschichten, die zeigen, daß mitunter übergewichtige Menschen ihre Fettpolster dazu benutzen, sich gegenüber einer feindseligen Welt zu isolieren oder zu verteidigen, oder auch, daß das viele Essen – dem Alkoholismus vergleichbar – einen Prozeß der Selbstzerstörung darstellen kann. Auch sind sich alle Therapeuten über den eskalierenden Effekt des Übergewichts im klaren: Eine übergewichtige Person leidet in der Regel an einem Mangel an Streicheleinheiten. Sie gleicht diesen Mangel durch vermehrtes Essen aus, wird hierdurch noch übergewichtiger und lenkt aufgrund des Erscheinungsbildes und der zunehmenden Selbstverachtung hierdurch wiederum noch weniger Streicheleinheiten auf sich. Es wird allgemein vermutet, und auch ich habe lange dieser Vermutung angehangen, daß die Fähigkeit, mehr und günstigere Streicheleinheiten zu erhalten oder sich Freiheiten zu gestatten, der Schlüssel zu erfolgreicher Gewichtsabnahme seien. Wenn der Patient mehr positive Streicheleinheiten anstelle von Nahrungsmitteln aufnehmen kann und freier wird, seine Gefühle auszudrücken, würde er aufhören können, sich im Übermaß zu füttern, um damit Ärger, Sexualität, Einsamkeit oder irgendwelche anderen Emotionen zu verdrängen.

Für viele Menschen ist während der Kindheit das Essen mit positiven Streichelelementen belohnt worden: „Einen für Vati, einen für Mutti" usw. Es schien deshalb nicht überraschend, daß sie in Zeiten der Frustration wieder auf die Nahrungszufuhr als Mittel zurückgriffen, sich selbst Streicheleinheiten zu verschaffen, und es schien auch, daß die Therapie darin bestehen könnte, für sie geeignetere Methoden zu finden, um Streicheleinheiten zu erhalten und wahrzunehmen, bzw. sich selbst Streicheleinheiten zukommen zu lassen.

Allerdings ist es auch wahr, daß viele dieser Menschen recht bald wieder bei ihrem Übergewicht angelangt sind, nachdem sie erst kurz zuvor erfolgreich einen Großteil der überzähligen Pfunde verloren hatten. Wie kommt es, daß sie erst die Willenskraft oder die Technik hatten, erhebliche Gewichtsverluste zu erreichen, so daß sie schließlich auch mehr Streicheleinheiten wegen ihres besseren Aussehens bekamen, und dann doch wenige Monate oder ein Jahr später wieder bei ihrem ursprünglichen Übergewicht angelangt waren? Es scheint doch sicher leichter, ein vermindertes Körpergewicht zu halten, als sich viele Pfunde abzuhungern? Trotzdem ist es eine geläufige Erfahrung für viele Menschen, daß sie zwar in der Lage sind, ihre Nahrungszufuhr erheblich einzuschränken, dann aber plötzlich eine Reihe kalorienreicher Gelage durchziehen, die sie dann zum Ausgangspunkt ihrer Bemühungen zurückbringen.

Das ist genau die Problemlage, die ich in dieser Arbeit zur Diskussion stellen will: den Patienten, der ständig Gewicht verliert und wieder zulegt und der in die TA-Gruppe kommt, um einen Kontrakt über Gewichtsabnahme einzugehen, der über reichhaltige Erfahrungen verfügt, wie er das erreichen kann, der aber bereits weitgehend die Hoffnung aufgegeben hat, ein Abmagerungsprogramm durchzuhalten oder bei dem angezielten Wunschgewicht, wenn es schließlich erreicht ist, länger als ein paar Monate zu bleiben.

Obwohl ich mit Suchtkranken gearbeitet habe, habe ich niemals einen Patienten mit diesem ausschließlichen Kontrakt, Gewicht abzunehmen, zur Therapie angenommen. Dies deswegen, weil der Kampf gegen das Übergewicht ein ständiger und endloser Kampf auch für mich persönlich gewesen ist. Zwar schien es mir, daß ich weniger zu essen brauchte, wenn ich mehr Streicheleinheiten erhielt, aber ich war dann doch irgendwie, ohne daß ich genau wußte, auf welche Weise und wann, innerhalb weniger Monate wieder übergewichtig. So wußte ich auch, daß ich mich nicht damit wohlfühlen würde, einen Patienten, der seinen Kontrakt, das Abmagerungsprogramm durchzuhalten, gebrochen hatte, damit zu konfrontieren. Ich zog es vor, mich selbst als ungeeignet zu erklären, indem ich dem Patienten offen über meine Schwierigkeiten mit diesem Problem berichtete und ihm anbot, entweder über andere Themen mit mir zu arbeiten oder aber — sollte Übergewicht sein einziges Anliegen sein — sich zu einem anderen Therapeuten empfehlen zu lassen. Einige wenige verzichteten daraufhin; die meisten blieben bei mir, um über andere Therapieverträge zu arbeiten.

Dabei stellte sich heraus, daß viele Patienten, die über Skriptinhalte, die anscheinend nichts mit dem Gewichtsproblem zu tun hatten, arbeiteten, plötzlich keine Schwierigkeiten mehr hatten, ihre Diät einzuhalten und auch bei dem reduzierten Gewicht zu verbleiben. Wir stellten dies zufällig fest und führten die Veränderung hauptsächlich auf neue Freiheiten und die damit verbundenen vermehrten bzw. verbesserten Streicheleinheiten und o.k.—Gefühle zurück. Ich habe jedoch in den meisten Fällen nie ganz herausbekommen, wie und wann genau sich diese entscheidende innere Veränderung ereignet hat, so daß der Patient schlanker werden und auch bleiben konnte.

Die Erkenntnis kam mir erst in eigener Sache. Wie bereits erwähnt, habe ich es trotz zahlreicher Versuche bis dahin nie geschafft, eine Diät lange genug durchzuhalten, um das für meine Größe durchschnittliche Gewicht zu erreichen. Irgendwie erschienen die überzähligen zehn bis fünfzehn Pfund nicht lange, nachdem ich sie mir abgehungert hatte, wieder auf der Waage, so daß meine Reduktionsdiät immer wieder denselben zehn bis fünfzehn Pfund galt, statt jemals endgültig zum Normalgewicht oder gar etwas darunter zu kommen, was erklärtermaßen nach wie vor mein Ziel ist.

Warum übernahm ich nicht die Verantwortung für meine Eßgewohnheiten? Jedesmal, wenn ich an Gewicht zugenommen hatte, pflegte ich das vermehrte Essen, das zur Gewichtszunahme geführt hatte, zu rechtfertigen, indem ich auf den Streß verwies, den ich auszuhalten hatte, oder auf die Parties, die ich besucht hatte, auf das ungewohnte Essen während einer Reise oder auf irgendetwas anderes. Schließlich beschloß ich zu einem Zeitpunkt, als ich mich besonders gut und auch üppig mit Streicheleinheiten bedacht fühlte, daß nun der Zeitpunkt sei, mein Normalgewicht zu erreichen. Ich würde mich täglich wiegen, allmählich an Gewicht verlieren und dann ganz einfach mein Gewicht im gewünschten Bereich halten.

Das Programm ließ sich zunächst ausnehmend gut an. Ich hatte keinerlei Schwierigkeiten, meine Nahrungszufuhr einzuschränken und mich trotzdem noch am Essen zu freuen, und ich verlor regelmäßig an Gewicht. Als ich eines Tages auf der Waage stand, beglückwünschte ich mich, endlich den Bann gebrochen zu haben. Endlich konnte ich frei entscheiden, wieviel ich wiegen wollte! Ich vermutete, daß ich auf diese Weise leicht weitere fünf oder zehn Pfund abnehmen könnte und es auch kein Problem sein würde, dieses Gewicht zu halten.
Plötzlich jedoch verspürte ich eine Art Panik. Ich beobachtete, daß ich begann, mich dadurch zu beruhigen, daß ich mir sagte, ich müsse ja wirklich nicht weiter an Gewicht verlieren, vielleicht sei es vernünftiger, so zu bleiben wie ich bin usw. Ich begann zu sinnieren, daß es vielleicht gut wäre, wenn ich jetzt gleich einen kleinen Imbiß einnähme, um meine Panikgefühle zu beruhigen. Bei dieser Gelegenheit wurde mir klar, daß ich — nähme ich jetzt einen Imbiß — dies mit dem erklärten Ziel tun würde, wieder zuzunehmen, und zwar nicht wegen Hunger oder Streicheleinheiten. Ich erlebte den Gewichtsverlust als Gefährdung meines weiteren Überlebens, obwohl es mein Erwachsenen-Ich besser wußte. Mein Kind-Ich forderte, daß ich mich mit meinem Gewicht deutlich oberhalb des Durchschnitts arrangieren müsse oder anderenfalls stürbe!

Nun wurde mir klar, daß mein Problem nicht darin bestand, zuviel zu essen. Es bestand vielmehr eine verinnerlichte Überlebensentscheidung, übergewichtig zu sein, und das übermäßige Essen war lediglich die Methode, dies zu erreichen.

Viele Patienten haben solche Panikgefühle beschrieben, als sie von mir mit der einen oder anderen Überlebensentscheidung konfrontiert wurden, auch wenn diese überholt und sogar schädlich für ihr Leben im Jetzt waren.

Lassen Sie mich an dieser Stelle etwas abschweifen und mein Konzept der altersabhängigen Überlebensentscheidungen erläutern, um sie von den Skriptentscheidungen abzugrenzen.
Wenn ein Kind vier Jahre alt ist und beginnt, sein Skript auszugestalten,

hat es viele Entwicklungsstufen durchlaufen, die verschiedenen Lebensformen gleichen. Es besteht ein enormer Unterschied zwischen einem sechsmonatigen Säugling, einem ein Jahr alten Kleinkind, einem Zweijährigen, der selbständig essen, auf die Toilette gehen und laufen kann, einem Dreijährigen, der bereits weiß, daß er eine Schnellstraße nicht überqueren darf, und einem Vierjährigen, der seine Träume beschreiben kann und sich bereits aussucht, welche Bücher ihm vorgelesen werden sollen. Das Gespür des Kindes, wie es sich verhalten muß, um zu überleben, ist in den verschiedenen Altersstufen unterschiedlich, und es kommt hinzu, daß für viele Kinder zu verschiedenen Zeiten der Kindheit unterschiedliche Bezugspersonen die wichtigste Rolle für das Überleben spielen. So kann zum Beispiel ein Großelternteil oder eine Tante oder eine Haushälterin die wichtigste Bezugsperson in einem Jahr sein, die im nächsten Jahr aber durch einen ganz anderen Menschen aus dieser Rolle verdrängt wird, so daß unterschiedliche Botschaften zu verschiedenen Zeitpunkten der kindlichen Entwicklung und aus dem Kind-Ich unterschiedlicher Bezugspersonen auf das Kind einwirken.

Darüberhinaus kann das Kind-Ich ein und desselben Elternteils, zum Beispiel der Mutter, in verschiedenen Altersstufen ihres Kindes sehr unterschiedlich reagieren, weil sowohl ihr eigenes Leben sich zwischenzeitlich geändert hat als auch das Kind sich jeweils anders verhält. So kann zum Beispiel das Kind-Ich der Mutter ärgerlich oder beunruhigt gewesen sein über die Ankunft eines Babys, und sie hat darauf vielleicht durch die Art ihres Umgangs mit dem Säugling eine „Stirb!"–Botschaft vermittelt, obwohl sie durch ihr Eltern-Ich gut für das Kind gesorgt hat und alle wichtigen Bedürfnisse, einschließlich Streicheleinheiten, berücksichtigt hat. Später dagegen, als das Kind viel herumrannte, hat sich ihr Kind-Ich vielleicht gefreut, mit ihm spielen zu können. So hat das von ihr vermittelte Streichelmuster dem Kind während der Säuglingszeit eine „Stirb!"–Botschaft zukommen lassen. Sie mag den Tod des Kindes bewußt oder unbewußt herbeigewünscht haben, solange sich dieser durch Unglücksfälle ereignen konnte, für die ihr Eltern-Ich sie nicht beschuldigen und ihr Schuldgefühle machen konnte.

Durch die Auseinandersetzung mit solchen vergifteten Streicheleinheiten kann das Kind seinerseits gelernt haben, mit genau demjenigen Verhalten zu antworten, das ihm positive Streicheleinheiten von den Eltern einbringt, zum Beispiel mit Schmerzen, Asthma, Nervosität etc. Oder es hat vielleicht gelernt, ausgesprochen apathisch zu sein, weil es spürte, daß die Chancen für sein Überleben und für Streicheleinheiten durch minimale Forderungen deutlich besser wurden.

Solche Reaktionen werden zu primären Überlebensentscheidungen ausgestaltet, die scheinbar mit der Veränderung des sichtbaren Verhaltens in späteren Enwicklungsstufen überwunden werden, jedoch in der als Sleepy bezeichneten Substruktur des Kind-Ich (Kind 1) bewahrt bleiben, unabhängig von allem, was später geschieht.

Für manche Kinder – und ich glaube, ich gehörte auch zu ihnen – ist es eine typische Schlußfolgerung, daß reichliches Stillen (sowie die hieraus erwachsende Gewißheit, um jeden Preis gefüttert zu werden) und das Gefühls eines vollen Magens unerläßlich für das Überleben sind und damit die irgendwie vage erfühlte „Stirb!"–Botschaft aus dem Kind-Ich der Bezugsperson außer Kraft gesetzt werden kann. Dies ist der frühen Überlebensentscheidung eines asthmatischen Kindes vergleichbar, die besagt, daß es mit seinem Atem besonders vorsichtig sein muß.

Andere Schichten solcher Überlebensentscheidungen werden im zweiten, dritten und vierten Lebensjahr entwickelt. Dieselbe Mutter, die ihrem Kleinkind vielleicht „Stirb!"–Botschaften vermittelt hatte, kann jetzt Freude und Stolz erleben, wenn dasselbe Kind umherrennt, pfiffig oder tüchtig ist, so daß zu diesem Zeitpunkt ihr Kind-Ich vielleicht allerlei positive Botschaften übermittelt, die die früheren überdecken, ohne jedoch jene ursprünglichen Überlebensentscheidungen, die in das kindliche Wesen aufgenommen worden sind, auszulöschen. Während der Zeitspanne, in der das Kind sein Skript entwickelt, hat es mit einer ganzen Sammlung Überlebensentscheidungen zu tun, die aus unterschiedlichen Botschaften stammen, die während unterschiedlicher Entwicklungsstadien aufgenommen und entsprechend seinen physischen und psychischen Fähigkeiten verarbeitet wurden; diese Fähigkeiten sind ihrerseits wieder äußerst unterschiedlich, je nachdem, ob diese Botschaften im Alter von sechs Monate, einem Jahr, zwei, drei oder vier Jahren empfangen wurden.

Es ist nicht verwunderlich, daß unsere Skriptgeschichten insgesamt den jenseits aller Logik liegenden Verwicklungen in Märchen und Mythen ähneln, einschließlich der zahlreichen inneren Widersprüchlichkeiten und

der mannigfachen Höhen und Tiefen.
Es ist oft so, daß sich Patienten mit ein wenig Hilfe an eine frühe Entscheidung erinnern können, die einen wichtigen Aspekt ihres Skripts bezeichnet und sich in den gegenwärtigen Ersatzgefühlen und Spielen widerspiegelt. Es ist ebenfalls zutreffend, daß solche Entscheidungen einer Neuentscheidung unterworfen werden können und daß auf diese Weise manches tragische Lebensschicksal verändert werden kann. Die Skriptentscheidung ist mit der Spitze eines Eisberges vergleichbar, wobei das Skript mit dem gesamten Eisberg verglichen werden kann und die ursprünglichen Überlebensentscheidungen hierzu den Grundstock liefern, oft ohne in das Skript mit einbezogen zu sein. Die früheren Überlebensentscheidungen waren auf die Umgebung orientiert, wie sie zu jenem speziellen Entwicklungszeitpunkt bestanden hatte.

Mancher Erwachsene kann sich an eine Entscheidung erinnern, wie zum Beispiel:„Ich werde niemals einem Mann trauen", oder:„Ich muß mein Leben der Humanität widmen", oder:„Ich werde als Opfer enden", oder: „Ich werde es nie schaffen" etc. und diese Entscheidungen stellen einen wichtigen Aspekt des Skripts dar. Es ist sehr nützlich, mit diesen Entscheidungen zu arbeiten und sie im Lichte der Realität zu überprüfen. Das Leben vieler Patienten hat sich grundlegend verbessert, wenn sie zu klaren Neuentscheidungen in diesen Punkten kamen.

Gleichzeitig können jedoch bestimmte frühe und grundlegende Überlebensentscheidungen ihre Wirksamkeit bewahren, wie es das Beispiel meines anhaltenden Übergewichts zeigt, wobei ich möglicherweise noch weitere Überlebensentscheidungen – sowohl günstige wie weniger günstige – in mir trage und natürlich auch Skriptentscheidungen getroffen habe.

Es ist wichtig, darauf hinzuweisen, daß selbst in Fällen, in denen Menschen die „Stirb!"–Botschaften als Säuglinge oder Kleinkinder erhalten haben, die Tatsache, daß sie dennoch aufgewachsen sind und umherlaufen, bedeutet, daß sie einen Weg zum Überleben gefunden haben, so daß eine solche frühe Überlebensentscheidung eigentlich niemals zum Tode führt. Die Aufgabe einer Überlebensentscheidung war, das Überleben zu garantieren, den Betreffenden zu schützen, selbst wenn eine spätere Entscheidung diesen Menschen zum Selbstmord oder irgendeine andere Form der Selbstzerstörung geführt hat. Zwar mag ihre schlußendliche Konsequenz aus der Sicht des Erwachsenen-Ich schädlich sein, aber ihre ursprüngliche Aufgabe war es, das junge Leben zu unterstützen und nicht, es zu zerstören.

Damit postuliere ich einen Überlebensinstinkt des genuinen Kind-Ich, der unabhängig vom Bedürfnis nach Streicheleinheiten wirksam wird, obwohl ein Kind natürlich ganz ohne Streicheleinheiten nicht überleben wird, und obwohl Streicheleinheiten stets auch zugleich Botschaften vermitteln.

Von diesen Überlegungen ausgehend wurde mir dann auch klar, daß bei vielen süchtigen Zigarettenrauchern das Rauchen einen irrationalen Versuch darstellt, das eigene Atmen zu unterstützen und nicht einen Versuch, ein „Bring dich um!"–Gebot auszuführen, obwohl ihre Überlebensentscheidung tatsächlich als Antwort auf eine „Stirb!"–Botschaft entstanden ist. Ihr Verhalten resultiert aus einer Überlebensentscheidung, die in der frühen Kindheit getroffen wurde. Damals waren sie niemals sicher, ob sie auch künftig atmen dürfen würden. In ihnen lebt ein innerer Drang fort, durch anhaltende Wachsamkeit und besondere Bemühungen das Weiteratmen sicherzustellen. Oft findet man in der Vorgeschichte dieser Menschen Asthma, Berichte über anhaltendes Schreien oder irgendwelche anderen Atemstörungen. Wenn solche Menschen schließlich die anregende Wirkung des Nikotins entdecken, dann haben sie endlich die künstliche Methode gefunden, die es überflüssig macht, daß sie sich ständig im Hinblick auf das Weiteratmen bedroht fühlen müssen. Sie können das Rauchen dazu benutzen, sich auch in besonders anstrengenden Momenten zum Atmen anzuhalten, Momenten, in denen sie sonst vielleicht in Gefahr gewesen wären, zu ersticken, weil ihnen die Kraft, um das Weiteratmen zu kämpfen gefehlt hätte.
Typischerweise inhalieren solche Menschen ihre Zigaretten in Streßsituationen intensiver als sonst und erleben das Wiederausatmen dicker Rauchwolken mit Genugtuung, da es ihnen eine tief empfundene Gewißheit über ihr Weiterleben vermittelt. Sie können deutlich sehen, daß sie jetzt atmen.

Was bedeuten angesichts solcher aktueller Sicherheitsgefühle die warnenden Hinweise aus dem Erwachsenen-Ich über die Gefahren des Rauchens? Natürlich trägt auch die körperliche Abhängigkeit von den chemischen Auswirkungen des Nikotins zum Muß des Rauchens bei, aber sie ist keineswegs die maßgebende Ursache für süchtiges Rauchen. Die typischen Reak-

tionen solcher Raucher — wenn es ihnen gelingt, das Rauchen einzustellen — sind Panik, Angst, Nervosität usw. Sie sind nicht ausschließlich auf den biochemischen Enzug oder auf den Verzicht auf eine liebe Gewohnheit zurückzuführen. Sie spiegeln vielmehr die Überlebensgewohnheit des ursprünglichen Kind-Ich wider„ das sich in Gefahr erlebt, atemlos zu werden. Dies gilt insbesondere für Emphysem-Patienten, deren Erwachsenen-Ich vielleicht durchaus einsieht, daß es notwendig ist, mit dem Rauchen aufzuhören, um weiter atmen zu können.
Es hat sich mir in den letzten beiden Jahren als recht wirkungsvoll erwiesen, solchen Patienten spezielle, aus dem Joga bekannte Atemübungen zu empfehlen, die ihnen in der Abwehr jener Ängste, eines Tages nicht mehr atmen zu können, dieselbe Sicherheit verleihen. Diese Übungen werden begleitend zur sonstigen, auf das gesamte Skript des Patienten zielenden Therapie vermittelt.

Dennoch hatte ich bis zu jenem Moment auf der Waage nicht erkannt, daß genau dieselben theoretischen Prinzipien auch für das Problem Übergewicht gelten — möglicherweise weil hier mein eigener blinder Fleck liegt. Als ich schließlich unter die Lupe nahm, woher dieses Bedürfnis kommt, mich selbst zu versichern und jederzeit, falls nötig, meine Abmagerungsdiät durch einige kalorienreiche Mahlzeiten zu ergänzen, um damit den Prozeß des Abnehmens anhalten zu können, fiel mir meine Tante wieder ein, die mich bis zum dritten Lebensjahr mitbetreut hatte.

Aus dem,was man mir über meine Kindheit erzählt hatte, wußte ich, daß das Kind-Ich dieser Tante durch meine Existenz stark beunruhigt war, was wohl in gewissem Gegensatz stand zu dem, was das Kind-Ich meiner Mutter mindestens teilweise fühlte. Meine Mutter stillte mich, und ihr Eltern-Ich war stolz darauf, daß sie dies trotz der vorhandenen Schwierigkeiten bewerkstelligen konnte, jedoch war für mich diese Ernährung unzureichend, so daß ich an Gewicht verlor und nicht genug bekam. Man hat mir erzählt, daß meine Tante mir, zunächst mit der Pipette, zufütterte, später fütterte sie mich äußerst gewissenhaft mit einem Löffel, statt sich der Flasche zu bedienen, was für meine Mutter zu verletzend gewesen wäre, da sie mich ja stillte und stolz darauf war, meine Hauptnahrungsquelle zu sein. Ich weiß, daß es erhebliche Rivalitäten zwischen meiner Mutter und meiner Tante gab und daß ihre Ansichten über Gesundheit und Schönheit weit auseinandergingen. Später, als ich zwischen einem und drei Jahre alt war, waren Mutter wie Tante persönlich stolz darauf, daß ich ein pausbäckiges Kind war. Jede von ihnen war der Überzeugung, daß ich meine ausgezeichnete Entwicklung nur ihr zu verdanken hätte, und jede machte mir deutlich, daß ich ihr heißen Dank schuldig sei.

Wie auch immer die Wahrheit ausgesehen haben mag, milderte sich der Wettstreit zwischen meiner Mutter und meiner Tante auf jeden Fall deutlich, sobald mein Gewicht eine gewisse Grenze überschritt. Geriet ich unterhalb dieser Grenze, werde ich mehr Streicheleinheiten via Füttern bekommen haben, der Umgang mit der Mutter wird jedoch von vermehrten Spannungen gekennzeichnet gewesen sein.
Meine grundlegende Überlebensentscheidung als Kleinkind, die während der ersten drei Lebensjahre Bestätigung erfuhr, beinhaltete, ein pausbäckiges Kind zu bleiben. Sobald ich an Gewicht verlor, drohten Gefahr und Auseinandersetzungen. Natürlich bedeutete es einen sekundären Gewinn, gefüttert zu werden, inbegriffen all die Streicheleinheiten, die mit der Nahrung vermittelt wurden, und natürlich stimmt es auch, daß Essen für mich ein Weg ist, mir selbst Streicheleinheiten zu vermitteln.
Was ich jedoch an dieser Stelle deutlich machen will, ist, daß in dem Aufrechterhalten und/oder Vermehren des Körpergewichts eine wichtige Überlebensentscheidung liegen kann, ganz unabhängig von den Streicheleinheiten, die an den Genuß des Essens gebunden sind, und unabhängig auch von der mit dem Essen verbundenen Selbstbestätigung.

Zum gegenwärtigen Zeitpunkt schlage ich mich mit den Ängsten herum, die mit einer weiteren Gewichtsabnahme von fünf oder zehn Pfund verbunden sind und die ich heute sowohl als die ursprüngliche Angst, die Unterstützung meiner für mein Überleben unerläßlichen Tante zu verlieren, verstehe, als auch als Angst, die auf sie und/oder mich gerichteten 'nicht o.k.'–Gefühle im Kind-Ich meiner Mutter zu verstärken. Dies ist ganz unabhängig davon, daß in meiner heutigen Wirklichkeit meine Tante gestorben ist und meine Mutter mich für Gewichtsabnahmen lobt. So irrational es auch wirken mag, so bedeuten mir meine Gefühle auch heute noch, daß eine bessere Figur die immer wiederkehrenden Panikgefühle nicht wert sei, die ich beim Anblick meines Spiegelbildes erfahren würde, unabhängig davon, daß ein anderer Teil von mir über die Veränderung in meinem Aussehen erfreut wäre.
Jetzt verstehe ich, warum so viele Menschen wie zwanghaft wieder zum

Ausgangsgewicht zurückkehren, nachdem sie stark abgenommen haben. Der Grund muß nicht unbedingt darin zu suchen sein, daß sie der Appetit auf üppige Mahlzeiten überwältigt hat, sondern eher darin, daß sie mehr Unterstützung benötigen, um mit den Panikgefühlen fertig zu werden, die sie nach Außerachtlassen früher Überlebensentscheidungen erleben.

Rückblickend verstehe ich heute wesentlich besser, wie diejenigen meiner Patienten, die erfolgreich Gewicht verloren hatten, hierzu in der Lage waren und anschließend das Gewicht auch halten konnten. Wenn sie auch nicht vorwiegend an dem Gewichtsproblem gearbeitet hatten, so hatten doch durch die Arbeit an anderen Themen offensichtlich bestimmte frühe Überlebensentscheidungen ihre Macht eingebüßt. Dementsprechend bin ich mir heute auch klarer denn je darüber, daß es für bestimmte Menschen notwendig ist, ihr Gewicht zu halten oder noch zu vergrößern, und daß es keineswegs günstig für sie ist, an einem Abmagerungsprogramm teilzunehmen, bevor nicht geklärt ist, ob ihre Übergewichtigkeit nicht mit Überlebensentscheidungen zusammenhängt.

Kapitel 16
MATERIALIEN UND KONZEPTE

Strukturanalyse und die Stufen der kognitiven Entwicklung

(Aus einem Vortrag vor der Piaget Society)

Jean Piaget, der berühmte und kenntnisreiche Psychologe hat sich für die Psychotherapie nur wenig interessiert. Das ist bedauerlich, da eine solide Kenntnis von Piagets „Entwicklungsstufen der Intelligenz" nicht nur für die Behandlung von Kindern, sondern mehr noch für die Therapie Erwachsener von unschätzbarem Wert ist.

In der Struktur- und Transaktionsanalyse haben wir darüberhinaus nachgewiesen, daß kindliche Züge in jedem von uns immer wieder zum Tragen kommen, egal wie reif, intelligent und logisch wir in anderen Augenblikken auch sein mögen.

Eine der wichtigsten Thesen der TA lautet, daß niemandes Persönlichkeit allzeit gleichbleibend und unverändert ist. Wir alle haben verschiedentlich Stimmungsschwankungen erfahren oder sie auch an Freunden oder Verwandten beobachtet.

Formulierungen wie:„Ich weiß nicht, was mit mir los ist..." oder:„Was plagt ihn?" oder:„Ich war nicht ganz bei mir", schildern die alltägliche Erfahrung jedes Durchschnittsbürgers, daß wir alle unseren Reifestatus nicht nur täglich, sondern sogar jede Minute ändern. Warum das?

Weil tatsächlich jeder von uns im Hier und Jetzt aus ständig wechselnden Ich-Zuständen heraus handelt und sich diese verschiedenen Ich-Zustände innerhalb einer Person ganz erheblich unterscheiden. Bernes ursprüngliche Bezeichnungen für diese Ich-Zustände lauteten Archäopsyche, Exteropsyche und Neopsyche und kennzeichnen damit deren Entstehung. Später gab er ihnen die umgangssprachlichen Benennungen, die wir heute benutzen: Kind-Ich, Eltern-Ich und Erwachsenen-Ich.

Sie können sich ausrechnen, daß sechs verschiedene Ich-Zustände miteinander in Verbindung treten können, wenn zwei Menschen miteinander kommunizieren. Es ist also gar kein Wunder, daß es häufig zu Mißverständnissen kommt, selbst zwischen sogenannten vernünftigen Gesprächspartnern. Vielleicht möchte sich Ihr Erwachsenen-Ich gerade an mein Erwachsenen-Ich wenden, aber ich bin selbst vielleicht gerade im Eltern-Ich-Zustand oder im Kind-Ich. Wenn ich aus einem der beiden antworte, lockt das vielleicht jetzt Ihr Kind-Ich hervor und möglicherweise just in dem Augenblick, in dem ich – nachdem ich gerade noch aus zum Beispiel meinem Kind-Ich gesprochen habe – in mein Eltern-Ich wechsle, das sich dann von Ihrer Kind-Ich-Antwort irritiert fühlt usw. Bei menschlichen Kommunikationsschwierigkeiten kann das Erkennen der Transaktionen zwischen den Ich-Zuständen hilfreicher sein als der inhaltliche Aspekt, um scheinbar unerklärliche Unstimmigkeiten, hinsichtlich irgendwelcher Tatsachen oder Gründe, aufzuhellen.

Nach einiger Übung kann jedermann leicht die verschiedenen Ich-Zustände unterscheiden, da sie sich typischerweise ganz ähnlich manifestieren wie sie benannt werden: Das Eltern-Ich präsentiert sich meist kritisch oder fürsorglich mit einem gewichtigen Tonfall, erhobenem Zeigefinger, überfürsorglichem Getue, ausführlichen Erklärungen und einem oft betont vernünftigen Wortschatz, ferner mit Verallgemeinerungen wie: „Immer machst du..." „Nie tust du..." „Du solltest..." usw.
Das Erwachsenen-Ich hält sich mehr an die Tatsachen, eher wie ein Computer, der weniger Affekte kennt als ein klares Erfassen der jeweiligen Situation und eine realitätsbezogene Logik.
Das Kind schließlich hat vielleicht das umfangreichste Spektrum von Erscheinungsformen, von denen viele am Gesichtsausdruck, am Stimmfall oder an der Körperhaltung erkannt werden können, übrigens auch am synkretistischen Denken (nach Piaget), hierauf werde ich später noch näher eingehen. Wir unterscheiden das angepaßte Kind-Ich, das seinem Gegenüber gefällig sein will, und das freie, natürliche Kind-Ich, das spontan ausdrückt, was es fühlt oder denkt, ohne sich viel darum zu kümmern, ob das nun gefällt oder nicht.

Das Eltern-Ich spiegelt wider, wie die Eltern eines Menschen dachten und fühlten, als er heranwuchs. Das Erwachsenen-Ich verarbeitet wie ein Computer die eingelagerten und die gerade aufgenommenen Informationen –

logisch und in bezug zum Hier und Jetzt. Dagegen sind gerade Erwachsene im freien spontanen Kind-Ich-Zustand am kreativsten und lebendigsten, da sie in diesem Zustand Zugang zu ihren echten Gefühlen und zum assoziativen Denken haben, ohne von den anachronistischen Regeln des Eltern-Ich behindert oder von der Logik des Erwachsenen-Ich widerlegt zu werden.

Wir werden hierauf zurückkommen, sobald wir Piagets Gedankengänge erörtern, aber vorerst wollen wir unser Augenmerk darauf richten, daß die Menschen sehr oft den natürlichen Kind-Ich-Zustand meiden, einmal aus Gründen, die mit der Erziehung zusammenhängen, zum anderen aber auch, weil die Risiken, die mit dem Kind-Ich-Zustand verbunden sind, manchmal tatsächlich nicht ohne Gefahr sind. Während eines inneren oder äußeren Stresses begeben wir uns jedoch oft in den Ich-Zustand des angepaßten Kindes und vernachlässigen daher die Fähigkeit unseres Erwachsenen-Ich zu logischem Denken und realitätsbezogenen Entscheidungen. Wir handeln dann zum Beispiel aus dem von Piaget beschriebenen egozentrischen Denken heraus und richten uns nach anachronistischen und irrationalen Entscheidungen, zu denen uns die Verknüpfung an sich gänzlich voneinander unabhängiger Ereignisse aus unserer Vorgeschichte geführt hat. Oder wir sehen Analogien zu scheinbar vergleichbaren früheren Erlebnissen, die jedoch eigentlich keinen Vergleich mit der gegenwärtigen Situation zulassen.

Wir können durch TA deutlich sehen, daß wir — zusätzlich zu den beschriebenen Entwicklungsstufen, die unser Wachsen und Werden kennzeichnen — auch im alltäglichen Denken und Fühlen immer wieder unsere früheren Entwicklungsstadien reproduzieren, einem vertikalen Zick-Zack-Kurs vergleichbar, wenn wir durch irgendeinen der zahlreichen und verschiedenartigsten inneren oder äußeren physischen oder emotionalen Stimuli hierzu angestroßen werden.

So mag eine normal intelligente und psychisch unauffällige vierzigjährige Frau innerhalb von vielleicht dreißig Minuten für eine Minute wie eine Fünfjährige, die nächste Minute wie eine Fünfunddreißigjährige, dann wie eine Dreijährige, dann wie eine Vierzigjährige und dann wie eine Zwölfjährige denken.

Wie der Name Transaktionsanalyse anzeigt, beruht diese Behandlungsmethode auf der Analyse der Transaktionen zwischen den Gruppenmitgliedern im Hier und Jetzt. Dem liegt die Erfahrung zugrunde, daß alle Menschen versuchen, diejenigen Beziehungsmuser, die ihnen in ihrer Familie Überleben und Wohlbehagen ermöglicht haben, in ihren täglichen Beziehungen zu den Mitmenschen zu wiederholen. Die Tatsache, daß jemand zur Therapie kommt, zeigt an, daß einige dieser Muster sich in seinem jetzigen Leben nicht bewährt haben. Es ist der Therapie förderlich, wenn der Patient mit seinem Erwachsenen-Ich die frühkindlichen, vorlogischen Gründe für die Entscheidungen, die er damals, um das Überleben zu ermöglichen, fällen mußte, erkennt.

Ein rein historischer Therapieansatz ist jedoch wenig fruchtbar, da die familiären Einflüsse und Ereignisse, die für die unzweckmäßigen Entscheidungen eines Menschen hinsichtlich Lebensbewältigung und Verhalten ursächlich sind, schon sehr frühzeitig wirksam wurden, nämlich während des von Piaget als praeoperational bezeichneten Entwicklungsstadiums. Daher sind sie eigentlich dem Gedächtnis nicht zugänglich. Diese frühen Prägungsmuster eines Menschen können jedoch, ebenso wie ihre zeitliche Reihung, aus den Transaktionen des Patienten im Jetzt bestimmt werden, wenn man ausreichend geschickt und schnell die verschiedenen Erscheinungsformen des Kind-Ich zu erkennen versteht, sobald sich diese im Hier und Jetzt manifestieren. In diesem Zusammenhang erweist es sich als entscheidende Hilfe für den Therapeuten, wenn er mit Piagets Beschreibung der Entwicklung des Denkens vertraut ist. Das gilt umso mehr, wenn er zusätzlich über eine ebenso gute Kenntnis von Eriksons Stadien emotionaler Entwicklung verfügt.
Auf dieser Basis kann der Therapeut oft recht genaue Vermutungen anstellen, in welchem Alter der Patient in seiner Kindheit irgendwelche wichtigen Überlebensschlußfolgerungen oder Entscheidungen traf und wie sich diese auf sein heutiges Leben auswirken. Dies läßt auch eine wesentlich größere Genauigkeit in der Prognose zu, da wir wissen, daß spätere Entscheidungen leichter abgeändert werden können, als frühere Überlebensschlußfolgerungen, die teilweise tief im Körper eingewurzelt sind.

Insbesondere haben unheilvolle Ereignisse oder nachteilige Einflüsse, die während der vorbegrifflichen Phase, d.h. vor dem vierten Lebensjahr, geschehen, andere Auswirkungen als solche, die während der Phase des anschaulichen Denkens, d.h. zwischen dem vierten bis siebten Lebensjahr, geschehen, und zeigen wieder andere Auswirkungen, wenn Entschlüsse im

Stadium des konkreten Denkens, d.h.zwischen dem siebten und zwölften Lebensjahr, zustande kamen. Was ein Patient von seiner Vergangenheit als erwähnenswert erachtet, ist deshalb nicht so wichtig wie das, was er dem Therapeuten dadurch verrät, daß er ihm seine im Hier und Jetzt wechselnden Erscheinungsformen des Kind-Ich mit bestimmten altersspezifischen Verhaltensweisen zeigt, wie sie von Piaget beschrieben wurden.

Ich erwähnte schon, daß Erikson Stadien der emotionalen Entwicklung dem Lebensalter zugeordnet hat, und daß Piaget die Entwicklungsstufen des Denkens ebenfalls dem Lebensalter zugeordnet hat. Die Ergebnisse der beiden bedeutenden Forscher sind so ausgelegt worden, daß ein Mensch, der durch diese Stufen zur Reife gelangt sei, nun nicht mehr in toto auf eine frühere Stufe regredieren könne, und dies grundsätzlich nur unter ganz außergewöhnlichen Umständen wie schwerstem Schock oder ausgeprägter Senilität.

Dies findet man jedoch weder durch die klinischen Erfahrungen mit TA bei normalen Personen noch durch ein sorgfältiges Studium von Piagets Schriften bestätigt. Die emotionale und geistige Entwicklung des Kindes folgt keineswegs einem einfachen linearen Wandlungsprozeß, der dem Körperwachstum vergleichbar ist. Es gibt natürlich einen Entwicklungsprozeß durch Assimilation und Akkomodation, so daß neue Verhaltensweisen aus den früheren weiterentwickelt werden. Aber davon abgesehen werden viele Verhaltensmuster und Lösungsversuche auch beibehalten einschließlich ihrer früheren subjektiven Assimilation, insbesondere wenn es sich um Assimilation aus der praeoperationalen Phase vor dem siebten Lebensjahr handelt. Anders ausgedrückt werden keineswegs alle Bereiche des egozentrischen Denkens in das logische, deduktive Denken der Adoleszenz, das operationale Denken, überführt.

Piaget hat dies bestätigt, als er anläßlich einer Diskussion über seine Beobachtungen ausführte:
„Ganz allgemein soll unterstrichen werden, daß sich die für die jeweiligen Entwicklungsstufen charakteristischen Verhaltensmuster keineswegs linear aneinanderreihen (so daß diejenigen eines gegebenen Entwicklungsstadiums prompt verschwinden, sobald ein neues Stadium mit neuen Verhaltensmustern beginnt), sondern vielmehr wie die Terrassen einer Pyramide (die Basis unten oder auch oben gelegen) aufeinandergeschichtet sind und

die neuen Verhaltensweisen zu den früheren hinzugefügt werden..." Unser Erwachsenen-Ich wird in der Adoleszenz für den Menschen funktionstüchtig und damit für uns verfügbar, und so ist logisches, deduktives Denken charakteristisch für den Erwachsenen-Zustand, jedoch wird das Erwachsenen-Ich selbst von reifen Menschen keineswegs ständig benutzt. In der Tat wirken Menschen, die es zu viel benutzen, langweilig oder roboterhaft. Im Kind-Ich-Zustand dagegen benutzen wir irgendeines der für die praeoperationale Stufe typischen Denkmodelle, diese können der vorbegrifflichen (vor dem dritten Lebensjahr), der anschaulichen (viertes bis siebtes Lebensjahr), oder auch oft der sensomotorischen Intelligenz (charakteristisch für die Zeit vor dem Erlernen der Sprache, also etwa bis zum 18. Lebensmonat) angehören. Zwar kann sich das in Krisen nachteilig auswirken, aber es erlaubt auch erst Kreativität und Erfindungsgeist.

Piaget hat uns gelehrt, daß das Denken des Kindes auch qualitativ von dem des Erwachsenen unterschiedlich ist. Mein Anliegen heute ist es, zu zeigen, daß diese Erkennntnis eine noch umfangreichere Bedeutung hat, als bisher angenommen wurde, da diese kindlichen Denkmodelle trotz ihrer qualitativen Unterschiedlichkeit vom Denken des Erwachsenen, fortdauernd auch durch unser Kind-Ich im Alltag noch benutzt werden. Es ist daher für uns alle von großem Nutzen, uns dessen stets bewußt zu sein, ganz abgesehen von dem damit möglichen besseren Verständnis kindlichen Verhaltens.

Um es durch ein Bild zu verdeutlichen:
Das kindliche Denken läßt sich mit einer kurvenreichen Landstraße vergleichen, die scheinbar unbenutzt ist, seit sie durch eine breite Autobahn entlastet wurde. Der rasche Autoverkehr bedient sich mit Vorteil der Autobahn, aber die Landstraße hat doch noch ihre Bedeutung zum Fahrradfahren oder zum Gehen, und dies ist jederzeit für eine Vielzahl von Gelegenheiten eine Alternative, sei es ohne zwingenden Grund oder weil jemand keine Autobahnen mag.

Im Vorwort zu „Sprache und Denken", einem der ersten Bücher von Piaget, faßt Claparede für den Leser Piagets revolutionäre Entdeckungen folgendermaßen zusammen:
Ein Kind benutzt gleichzeitig zweierlei Denksysteme, wovon das eine als Grundlage für die nachfolgende Entwicklung dient, quasi als Unterbau für

die Autobahn, um bei meinem Bild zu bleiben, während das andere, die Landstraße, für den täglichen Gebrauch im Umgang mit den Erwachsenen benötigt wird.

Ich zitiere Claparede:
„Piaget zeigt uns, daß das kindliche Denken tatsächlich auf zwei unterschiedlichen Ebenen abläuft, die übereinander gelagert sind. In den ersten Lebensjahren laufen die bei weitem wichtigsten Prozesse auf der unteren Ebene ab. Es sind dies die vom Kind selbst bestimmten Prozesse, die zunächst ganz ungeordnet und schließlich an den konkreten Bedürfnissen orientiert alles zur Befriedigung der Bedürfnisse Notwendige beschaffen. Die darüber gelegene Ebene wird dagegen ganz allmählich von der sozialen Umwelt geprägt, die nach und nach immer größeren Druck auf das Kind ausübt. Dies ist die Ebene objektiver Wahrnehmungen, der Sprache und der logischen Gedanken. Es läßt sich ausmalen, daß einem Beobachter, dem die Existenz dieser beiden Ebenen verborgen ist und der den Übergang als nur auf einer Ebene sich abspielend wähnt, dies alles extrem verwirrend erscheinen müßte."

Claparede schlägt als einzige Möglichkeit, das Denken zu begreifen, ein dreidimensionales Modell vor, und genau ein solches Modell wurde von Transaktionsanalytikern entwickelt. Claparede weist auch darauf hin, daß Piaget die kindliche Intelligenz als qualitativ unterschiedlich von der Intelligenz Erwachsener betrachtet, statt sie nur durch einen geringeren Informationsgehalt zu charakterisieren. Auch dies deckt sich mit unseren klinischen Erfahrungen.
„Früher dachte man, daß jeder Fortschritt in der kindlichen Intelligenz als ein Ergebnis von einer Anzahl von Subtraktionen und Additionen zu betrachten sei, als zum Beispiel Zuwachs an neuen Erfahrungen bei gleichzeitiger Elimination bestimmter Irrtümer... Dabei bleibt kindliches Denken dem Erwachsenen und seiner Beobachtung oft rätselhaft. Und zwar nicht, weil kindliches Denken besonders sprunghaft oder skurril gestaltet sei, sondern vielmehr weil es zu einem ganz anderen Denktyp, autistischem oder synkretistischem gehört..."

Piaget charakterisiert diese unterschiedliche Denkweise mit verschiedenen zusätzlichen Bezeichnungen, von denen er egozentrisch und synkretistisch am häufigesten verwendet. Davon grenzt er das nachfolgende, analytische oder schließlich auch synthetische Denken ab, das wir dem Erwachsenen-Ich zuordnen.

An anderer Stelle schildert Piaget, wie das synkretistische Denken des Kindes zu magischen Ahnungen, einem in der Skriptanalyse wichtigen Konzept, hinleitet. Ein Zitat von Piaget selbst wird am besten diese Art des Denkens verdeutlichen, wobei sich der Leser vergegenwärtigen möge, daß – vom Standpunkt der TA aus gesehen – diese Denkweisen beide sowohl an den Entscheidungen, die dem Kind ein Überleben ermöglichten, als auch im Kind-Ich eines erwachsenen Menschen weiterhin wirksam sind:

„Egozentrisches Denken ist notwendigerweise synkretistisch. Egozentrisch zu denken bedeutet einerseits, daß man sich weder nach den Reden noch nach den Ansichten der anderen Menschen richtet, andererseits... aber auch, daß man seine augenblickliche Wahrnehmung für etwas Absolutes hält... Als Ergebnis übersieht man dann objektive Bezüge zugunsten subjektiver Interpretationen. Die Welt der äußeren Objekte wird durch willkürliche Deutungen verzerrt. Synkretismus bedeutet..., daß alle Dinge subjektiver Assimilation unterworfen werden – und zwar sind diese Deutungen verstehbar, da sie das unbefangene Wahrnehmen verbalisieren."

An anderer Stelle beschreibt Piaget Synkretismus folgendermaßen:
„Es ist das spontane Bestreben, sofort ohne Analyse Bezüge zwischen Worten oder Objekten zu sehen, die überhaupt nichts miteinander zu tun haben, oder: völlig heterogene Erscheinungen untereinander zu verknüpfen, für jeden Zufall eine Erklärung zu finden... Dem kindlichen Verstand scheint alles mit allem verbunden, alles kann als Folge unvorhergesehener Anzeichen und Hinweise erklärt werden. Wir haben aber keine Ahnung von diesem Schatz an phantastischen Verbindungen, da gerade der Synkretismus, der ihn gebiert, des Ausdrucksmittels entbehrt, das ihn kommunizierbar machen könnte."

In der Terminologie der Gestalttherapie können wir sagen, daß das Kind Gestalten mit phantastischen Verbindungen formiert, die aus Projektionen stammen. Mit den Erfordernissen des späteren Lebens scheinen sie unvereinbar, behalten aber trotzdem eine starke Wirkung, indem sie im Skript als archaische Gestalten zum Tragen kommen.

In anderem Zusammenhang schreibt Piaget:
„Vor dem siebten oder achten Lebensjahr sind wahrscheinlich alle Denkprozesse und fast alle Entscheidungen des Kindes vom Synkretismus bestimmt. Immer wenn zwei beliebige Ereignisse im gleichen Moment wahrgenommen werden, werden sie in einen Zusammenhang gestellt, an dem der kindliche Verstand festhält und der immer wieder aktualisiert wird, sobald die Erinnerung an eines der beiden Ereignisse anklingt. Fragt man zum Beispiel fünf- oder sechsjährige Kinder: „Warum fallen Sonne und Mond nicht vom Himmel herunter?" so wird dadurch lediglich das gesamte Feld der mit Sonne und Mond verbundenen Wahrnehmungen reaktiviert, da sie, wie auch die in Frage gestellte Erscheinung, als zueinander Gehörendes erlebt und damit auch als befriedigende Erklärung betrachtet werden. So hört man zum Beispiel: „Die Sonne fällt nicht vom Himmel, weil sie so heiß ist." „Sie bleibt dort, weil sie gelb ist" „...weil sie sehr weit oben ist". Synkretismus läßt diese Beschreibungen dem Kind als ausreichende Erklärungen erscheinen."

Ähnlich synkretistische Erklärungen werden oft auch von verantwortlichen Erwachsenen abgegeben, die sich im Kind-Ich befinden, in dem sie automatisch auch das synkretistische Denken anwenden. Sie gehen dann mit der Wirklichkeit um wie ein noch nicht siebenjähriges Kind, ungeachtet ihres chronologischen Alters von vielleicht dreißig oder vierzig Jahren und den damit verbundenen Fähigkeiten eines Erwachsenen.

Entscheidungen aus dem Eltern-Ich müssen nicht zwangsläufig realitätsgerechter sein – obwohl sie oft vernünftiger klingen –, da das Eltern-Ich die einstmaligen elterlichen Einstellungen in das Jetzt des eigenen Erwachsenseins überträgt. Diese wurden durch Assimilation und durch Akkomodation an Eltern und Lehrer während der späteren Kindheit (siebtes bis zwölftes Lebensjahr, von Piaget als Stufe der konkreten Denkoperation bezeichnet) erworben.

Hier müssen wir an Piagets Definition von Assimilation in seiner Arbeit „Vom Ursprung des Denkens" erinnern:
„Assimilation kann nicht auf bloße Identifikation reduziert werden, sondern bedeutet, daß Strukturen im gleichen Augenblick geschaffen werden, in dem die zu diesen Strukturen anregenden Dinge aufgenommen werden."

Ich möchte unterstreichen, daß die im Hier und Jetzt eingehenden Kind- und Eltern-Ich-Zustände eines Menschen auf unterschiedlichen Entwicklungsstufen des Denkens erworbene Assimilate repräsentieren. Das Kind-Ich spiegelt dabei die prae-operationale Zeit, während das Eltern-Ich die Stufe der konkreten Denkoperation repräsentiert.

Daher sind Assimilate des Eltern-Ich meistens verbal und können leichter innerlich 'gehört' werden, während die Assimilate im Kind-Ich praeverbal sind.

Piaget hat gezeigt, daß bereits im Alter von sieben Jahren erste logische Gedankengänge beobachtbar sind, gibt aber als Altersstufe der formalen Denkoperationen das elfte oder zwölfte Lebensjahr an, wenn ein Kind die Fähigkeit erwirbt, aus Prämissen Schlüsse zu ziehen. Dies entspricht unserer Vorstellung vom Erwachsenen-Ich, das in der Kindheit noch nicht funktionsfähig ist. Das bedeutet, daß die wesentlichen Verhaltensmuster eines Menschen festgelegt werden, bevor er in der Lage ist, das wichtige Erwachsenen-Ich zu benutzen. Diese Feststellung ist von großer Bedeutung für die Psychotherapie, deren Aufgabe oft darin besteht, eine Brücke vom Kind-Ich (vor dem siebten Lebensjahr entwickelt) zum Erwachsenen-Ich (nach dem elften oder zwölften Lebensjahr entwickelt) des Patienten zu schlagen, ohne daß es zu Störungen durch anachronistische Einflüsse seines Eltern-Ich, das in der dazwischen gelegenen Zeitspanne entwickelt wurde, kommt.

Worin liegt die Bedeutung einer solchen Brücke? In der Beseitigung pathologischer Verhaltensmuster und – für jeden von uns – in der Förderung von Kreativität, Spontaneität und innerer Autonomie. In diesem Zusammenhang wollen wir uns noch einmal Piagets wertvoller Unterscheidung zuwenden, die er zwischen dem Denken im von uns als Kind-Ich bezeichneten Zustand macht und dem Denken in dem Zustand, den wir zuvor als Erwachsenen-Ich definierten. Piaget spricht vom egozentrischen Denken bzw. von der Intelligenz.
Ich zitiere aus „Funktionen der Sprache":
„Das egozentrische Denken und die Intelligenz kennzeichnen zwei voneinander verschiedene Formen von Schlußfolgerungen. Wir können ohne Übertreibung sogar von unterschiedlichen Systemen der Logik sprechen. Wir verstehen daher unter Logik eine Zusammenfassung der vom Gehirn

erlernten allgemeinen Denkoperationen. Egozentrische Logik und kommunizierbare Logik unterscheiden sich weniger in ihren Ergebnissen als in ihrer Arbeitsweise. Egozentrische Logik ist anschaulicher, synkretistischer als deduktive Logik. Der Geist gelangt mit einem Sprung von der Prämisse zur Schlußfolgerung, ohne einen Zwischenschritt. Der Überprüfung oder gar dem Beweis der Prämisse wird dabei wenig Wert beigemessen. Die ganzheitliche Wahrnehmung ermöglicht viel rascher zu glauben und ein Gefühl der Sicherheit, als wenn jeder einzelne Schritt der Argumentation verdeutlicht werden müßte. Subjektspezifische Analogie-Schemata werden dabei ebenso bemüht wie Erinnerungen an frühere Entscheidungsmechanismen. Von Bedeutung sind auch visuelle Verknüpfungen, sie können im Rahmen einer Schlußfolgerung sogar Beweischarakter haben... In der kommunizierbaren Intelligenz finden wir dagegen mehr deduktive Ansätze, mehr Versuche, die Beziehung zu den Voraussetzungen zu verdeutlichen durch Ausdrücke wie „deshalb“, „wenn... dann...“ usw. Der Akzent liegt mehr auf dem Beweis; in der Tat ist das gesamte Vorgehen mehr einer Beweisführung vergleichbar.“

Piaget fährt dann fort mit einer Erörterung über kommunizierbares und nicht-kommunizierbares Denken, aber er verfolgt diesen Gedanken nicht so weit, wie wir ihn für die Strukturanalyse entwickelt haben. Er erkannte nicht, wie man gezielt eine Brücke zwischen diesen beiden Denkarten schlagen kann, die beide nebeneinander in einem erwachsenen Menschen vorkommen, während sie im jüngeren Kind beide nicht zu finden sind. (Es gibt aber doch eine Äußerung Piagets dazu , die er im Dezember 1972 während eines Symposions über Kreativität macht:„Ein kreativer Mensch ist ein Mensch, dem es gelungen ist, sich ein Stück Kind zu bewahren.“ Veröffentlicht in:Jean Piaget Society Newsletter, 1973, Band III, Nr.1)

Manche kreativen Künstler und Erfinder kennen das Prinzip: Sie können Folgerungen, zu denen sie auf synkretistischem oder intuitivem Wege gelangt sind oder auch durch subjektive visuelle Verknüpfungen, in klare Ausdrucksformen übertragen und dadurch etwas Neues gestalten, daß sowohl das Erwachsenen-Ich als auch das Kind-Ich anderer Menschen anspricht.

So stützt sich zum Beispiel Picasso bei seiner synkretistischen Malerei, die von seinem kreativen Kind-Ich inspiriert ist, auf handwerkliches Können

(Erwachsenen-Ich); verfügte er nicht über dieses Können, wäre er nur einer unter tausend Tagträumern gewesen. Diese Fähigkeit seines Erwachsenen-Ich kann von unserem eigenen Erwachsenen-Ich oder Eltern-Ich wahrgenommen und bewundert werden, aber wir werden nur wirklich berührt in dem Ausmaß, wie unser synkretistisches Kind-Ich von seinem synkretistischen Kind-Ich angesprochen wird, vermittelt durch die Maltechnik des Erwachsenen-Ich. Was Picasso mit seinem Genius gestaltete, vollbringen die meisten von uns täglich in bescheidener Weise, nur nicht in ausreichendem Maße. Die Aufgabe lautet: Wie können wir in unserem Innern die zuerst zaghaften, nonverbalen, intuitiven, synkretistischen Regungen unseres Kind-Ich erspüren lernen, und wie lernen wir diese Regungen in klare, das heißt sozial kommunizierbare Sprache oder Zeichnung oder Musik durch das Erwachsenen-Ich zu übersetzen, so daß sie ein anderer mit Hilfe seines Erwachsenen-Ich wieder für sein Kind-Ich nutzbar machen kann?

Eine weitere Aufgabe liegt darin — bei Patienten mit behandlungsbedürftigen Verhaltensstörungen — zu erkennen, daß in demselben Kind-Ich, das zu solchen aufregenden, kreativen und freudigen Äußerungen fähig ist, auch schädliche Entscheidungen für den weiteren Lebensweg beschlossen liegen können. Der Patient hat sie während seiner praeoperationalen Entwicklungsstufe auf der Basis egozentrischen Denkens getroffen. Sie dienten ursprünglich dazu, möglichst rasch ein Gefühl von Sicherheit zu vermitteln, wie Piaget ausführte. (Das Kind mußte schnell eine Methode entwickeln, damit es nicht zurückgestoßen wurde und keine Streicheleinheiten erhielt, und um sich zwischen den großen Leuten zurechtzufinden.) Nur wurden diese 'conclusions' niemals genau durch Erwachsenen-Logik überprüft, da sie auf nonverbalem, nicht deduktivem und synkretistischem Wege gewonnen wurden. Der Lebenslauf der meisten Menschen wird im Übermaß solcher Schlußfolgerungen und Entscheidungen bestimmt, die aktuelles Fühlen und Verhalten aus der Bewußtheit des Erwachsenen-Ich ausklammern. Sie formulieren dann:„Ich kann ja nichts dafür... (und fühlen sich depressiv, ängstlich, unbeliebt, abscheulich etc.)" ..Ich weiß nicht, warum...". Trotzdem können solche ungünstigen Entscheidungen mit Hilfe eines Therapeuten in verständliche Sprache übersetzt werden. Er muß darin geübt sein, eine Form der Logik in die andere zu übersetzen, die widersprüchlichen Erscheinungsformen des Kind-Ich wahrzunehmen und die flüchtigen Hinweise auf im Jetzt wirksam werdendes und verhängnisvolles synkretistisches Denken zu erkennen.

Der Patient kann dann das 'Übersetzte' mit seinem Erwachsenen-Ich beurteilen und auf der Basis seiner neugewonnenen Fähigkeiten neue Entscheidungen treffen.

Piaget ist diesem Gedankengang schon sehr nahe gekommen, ohne ihn direkt zu formulieren, als er einen Begriff, den er „Amnesie" nannte, diskutierte, damit meinte er die Erscheinung, daß zwei gegensätzliche Denkmodelle nebeneinander fortbestehen.
Er schreibt:
„Das Zusammenwirken von zwei widersprüchlichen Konzepten durch Amnesie ist eine für Kinder typische Eigenschaft. Aus den folgenden Gründen ist es dort viel häufiger als beim Erwachsenen anzutreffen: Das Kind ist – wie wir oft auch – zwischen zwei Meinungen unentschlossen: zum Beispiel ob der Mond tot oder lebendig ist. Statt nun die Wahl zu treffen, vertritt das Kind beide Möglichkeiten abwechselnd. Es wird zum Beispiel behaupten, daß der Mond lebt. Nur wenige Tage oder gar Augenblicke später wird es auf eine neuerliche Frage hin ganz ernsthaft dasselbe verneinen. Das Kind vergißt wirklich nach jeder Behauptung seine vorherige Überzeugung. Es erinnert zwar, was es gesagt hat, vergißt jedoch die Gründe, die glaubhaft machten... Genau das widerfährt auch uns. Nicht in rein intellektuellen Fragen, sondern in Fragen, in denen Werturteile eine erhebliche Rolle spielen. So verhält sich der Erwachsene in Fragen der Ethik oder der Religion oft wie die erwähnten Kinder. Er kann seinen Glauben, der ihm noch vor wenigen Minuten so viel bedeutete, vergessen und wenige Augenblicke später wieder zu ihm zurückkehren... Diese Mentalität hat sich in vielen Menschen erhalten, und es wäre sicher nicht schwer, Arbeiter zu finden, die in der Kirche an den Teufel glauben und an ihren Arbeitsplätzen davon lassen können."

Ich fürchte, dieses Piaget-Eltern-Ich war von Klassenvorurteilen so durchtränkt, daß es ihm die Erwachsenen-Erkenntnis vereitelt hat, zu der ihn eigenständige Beobachtungen hätten führen können: Daß das Kind-Ich nämlich in allen Erwachsenen wirksam ist und dabei oft im Gegensatz zu dem Eltern-Ich oder dem Erwachsenen-Ich steht. Nicht nur Arbeiter unterliegen dem Wechsel der Ich-Zustände, auch Philosophen und Psychologen!

Wie wir an anderer Stelle in diesem Buch sehen, sind nicht nur in der

Struktur- und Transaktionsanalyse Piagets Erkenntnisse über die Quellen magischen Denkens bei Kindern äußerst hilfreich. Hauptsächlich ist dieses Verständnis in der Skriptanalyse wichtig. Magisches Denken ist in der Tat lediglich ein Aspekt des synkretistischen Denkens und hängt von dem kindlichen Bedürfnis nach kausalen Erklärungen für die Ereignisse und mit seinem Bedürfnis nach einer Zukunftsorientierung zusammen. Piaget führt hierzu an:

„Viele Ausdrücke, die für uns eine ausschließlich begriffliche Bedeutung haben, behalten im Denken des Kindes viele Jahre lang eine nicht nur wirksame, sondern darüberhinaus ganz unmittelbar magische Bedeutung bzw. sind zumindest mit speziellen Verhaltensweisen verbunden, die gesondert untersucht werden müßten..."

Durch Skriptanalyse haben wir festgestellt, daß Kinder während der praeoperationalen intuitiven Stufen spontan auf ein Märchen, eine Tiergeschichte, eine Fabel usw. ansprechen, das eine umfassende Erklärung für alles zu bieten scheint und das sie benutzen, um dadurch die vorhergehenden Überlebensschlußfolgerungen synkretistisch zusammenzuhalten. Eine derartige Erzählung gibt dem Kind eine verbale und symbolische Form; sie wird sein Drehbuch, mit dem es seinen zukünftigen Lebenslauf festlegt, insbesondere im Hinblick auf seine existentielle Grundeinstellung und die entscheidenden zwischenmenschlichen Beziehungen, die es eingehen wird. Später wird das Skript durch zusätzliches symbolisches Material angereichert, in einem Prozeß, der stark der subjektiven Assimilation ähnelt.

In der Skriptanalyse wird der Patient vom Therapeuten mit den irrationalen Aspekten seines Skritps konfrontiert, so daß er sie der aktuellen Realität angemessen ändern kann, statt sein Leben weiter an einer verfälscht wahrgenommenen Realität zu orientieren, die in der Optik des Kindes vor dem siebten Lebensjahr gesehen wird.

Um dies zu erreichen, muß der Therapeut als Vermittler zwischen dem Kind-Ich und dem Erwachsenen-Ich des Patienten fungieren. Manchmal muß er sein eigenes Eltern-Ich benutzen, um des Patienten Kind-Ich zu stützen. Dies gilt besonders dann, wenn der Patient zögert, sein Erwachsenen-Ich einzusetzen. Bei der Bewältigung dieser Aufgabe erlangt Piagets Material über das praeoperationale Denken den Rang eines Nachschlagewerks und einer Landkarte, die den Therapeuten durch ein fremdes, magisches Reich führt, in dem auch das Erwachsenen-Ich des Therapeuten nicht selten in Schwierigkeiten gerät.

Der Unterschied zwischen Rolle und Ich-Zustand

Bei meiner TA-Lehrtätigkeit ist mir aufgefallen, daß Neulinge die Begriffe Rolle und Ich-Zustand oft verwechseln. Ich möchte deshalb durch Beispiele den Unterschied deutlich machen.

Wenn ich unterrichte, bin ich zum Beispiel in einer Eltern-Rolle, die der Situation und meinem Vertrag angemessen ist. Unabhängig davon kann ich zu verschiedenen Zeitpunkten in jedem beliebigen der drei Ich-Zustände sein. Ganz ähnlich ist der Schüler in einer Klasse zwar in einer Kind-Rolle, kann aber zugleich aus einem Erwachsenen-Ich oder Eltern-Ich heraus handeln.

Die klare Unterscheidung zwischen Rolle und Ich-Zustand macht deutlich, daß das Erwachsenen-Ich – durch eine korrekte Einschätzung der gegenwärtigen Situation – jederzeit die letzte Entscheidungsinstanz bleiben kann. Ein Lehrer oder Therapeut wird sich nicht in ein „Jetzt habe ich dich endlich, du Schweinehund"–Spiel verwickeln lassen durch die Feststellung: „Sie tun so, als wären Sie meine Eltern!" – es sei denn, er befände sich, ohne es gemerkt zu haben, im Eltern-Ich.

Zur Verdeutlichung folgendes Beispiel:
Meine Tochter fährt mich zum Krankenhaus, damit mein verrenkter Knöchel geröngt werden kann. Üblicherweise ist im Leben meine Rolle ihr gegenüber eine Eltern-Rolle, ihre Rolle ist die Kind-Rolle. Natürlich wechseln innerhalb dieses Rahmens unsere jeweiligen Ich-Zustände in mehr oder weniger angemessener Weise. In der geschilderten Situation aber befindet sich meine Tochter in der Eltern-Rolle und ich mich in der Kind-Rolle.Sobald wir uns dessen bewußt werden, fällt es uns leicht, im Erwachsenen-Ich zu bleiben (sie trägt die Verantwortung für den sicheren Transport und wird mir aus dem Wagen helfen etc.) und keiner von uns muß zu seinem Eltern-Ich Zuflucht nehmen. Dadurch, daß wir uns bewußt machen, daß die Situationden Rollenwechsel zweckmäßig erscheinen läßt, können wir vergnügliche Kind-Kind-Transaktionen genießen – solange die übergeordnete Entscheidung beim Erwachsenen-Ich bleibt.

Der Dreiecks-Vertrag

Transaktionsanalytiker werden immer häufiger von anderen Gruppen eingeladen, um dort Vorlesungen, Demonstrationen oder Workshops zu halten. Oft werden die Verhandlungen von irgendwelchen Organisationen geführt, die sowohl mit dem TA-Trainer als auch mit den späteren Teilnehmern je einen separaten Vertrag machen. Wenn ich einen solchen Vertrag annehme, dann versuche ich natürlich, allen denkbaren Problemen vorzubeugen und schaffe einen klaren Kontrakt hinsichtlich der Arbeitszeit, Bezahlung und Programm.

Wie wir alle wissen, neigen Zuhörer ebenso wie Workshop-Teilnehmer und Patienten grundsätzlich zu übersteigerten Erwartungen, und wir sind daran gewöhnt, mit dieser Besonderheit des menschlichen Kind-Ich umzugehen. Über diese bekannte Erscheinung hinaus habe ich häufig, wenn ich vor Gruppen stand, die mit einem Dritten einen Vertrag über mein Engagement abgeschlossen hatten, aber die Erfahrung gemacht, daß verschiedenartige zusätzliche und einander widersprüchliche Erwartungen von den Teilnehmern gehegt wurden – infolge angedeuteter Versprechungen, die bei der Anmeldung vorsätzlich oder unbewußt gemacht worden waren.

Dies ist die ideale Voraussetzung zur Anhäufung von „Rabattmarken", d. h. von unausgesprochenen Vorwürfen, die heimlich kursieren oder auch plötzlich in versteckter Form vorgetragen werden und dann die gesamte Atmosphäre vergiften.

Als Gegenmittel hat sich nun bewährt, Workshops, die ich mit einer Organisation vereinbart hatte, mit der Erläuterung des von mir so bezeichneten Dreiecks-Vertrages zu beginnen. Ich zeichne ein Dreieck, setze die Organisation an die Spitze, die Teilnehmer an die beiden anderen Ecken. Das sieht dann so aus:

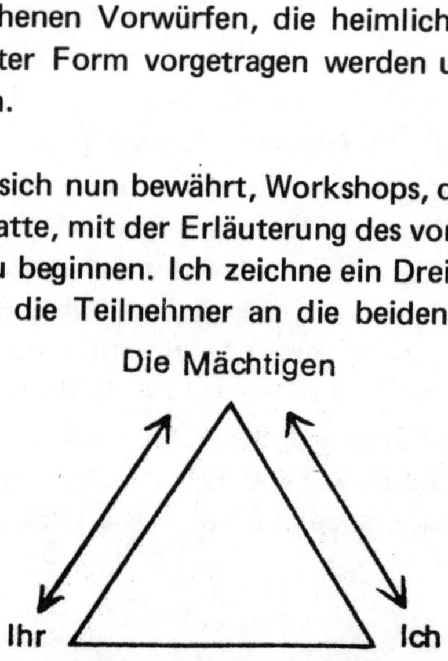

Und jetzt: Unser Kontrakt

Ich weise darauf hin, daß jeder von uns mit den Organisatoren, die ich als „die Mächtigen“ apostrophiere, einen Vertrag hat, daß wir aber miteinander keinen Kontrakt haben. Ungeachtet dessen sitzen wir uns aber hier gegenüber, und also brauchen wir jetzt unseren zweiseitigen Kontrakt über das, was in den nächsten Stunden zwischen uns passieren soll. Ich erläutere, wie ich verstanden habe, was meine Aufgabe hier sein soll und kläre mit den Teilnehmern, zu welchem Zweck sie hierher gekommen sind.

Manchmal zeichne ich zwei getrennte Rubriken an die Tafel und schreibe in die eine Rubrik ihre realistischen Erwartungen und ihre phantasierten Erwartungen in die andere. Ich ermutige ganz besonders die Verbalisation solcher unrealistischer Erwartungen, um deutlich zu machen, was nicht berücksichtigt werden wird. Oft notieren wir mit viel Spaß Rabattmarken schon am Anfang des Workshops, als wäre es bereits das Ende. Die ganze Sache kann eine Menge Kind-Kind-Spaß machen, und wir können dann zu Erörterungen der Kontrakte im Rahmen der TA übergehen und oft auch zur Diskussion des Karpman-Dreiecks, um daran aufzuzeigen, wie uns der Dreiecks-Vertrag leicht in ein Rollenspiel rutschen läßt, in dem sich schließlich einer von uns als Opfer fühlt. Wir vereinbaren, das nicht zulassen zu wollen, und erarbeiten, wie wir dies vermeiden können, ohne deshalb gleich zum Verfolger zu werden – auch wenn sich herausstellen sollte, daß die Mächtigen bei der Planung wohl etwas unrealistisch waren. Außer mir haben ein Großteil der von mir Ausgebildeten dieses Verfahren angewandt und über beste Ergebnisse berichtet.

Geschichten als Skriptindikatoren

Bereits früh im Leben – gewöhnlich zwischen drei und sieben Jahren – entwickeln die meisten Menschen ein Skript, mit dem sie ihr zukünftiges Leben vorplanen. Im besonderen Maße trifft dies zu für die Art und Weise, wie sie ihre Zeit strukturieren, welche zwischenmenschlichen Beziehungen sie entwickeln und wie sie sich über sich selbst und die anderen in diesen Beziehungen fühlen werden. Das Skript wird so zu einem Entwurf oder Leiter, der den Lebensverlauf einer Person sowie die Ergebnisse zukünftiger Krisen und Entscheidungen bestimmt. Das Skript selbst basiert auf den Verhaltensweisen, Einstellungen und nonverbalen Botschaften, die das Kind von den Bezugspersonen aufnimmt und internalisiert. Ferner hängt es von den Überlebensschlußfolgerungen ab, zu denen Spongy mit dem unlogischen Verstand der Kindheit kommt.

Das Skript beinhaltet auch die grundlegende Lebensfreude und Erregung des Kindes (das Streben von Spunky nach einem kreativen Leben) und es beherbergt seine primitiven Neigungen zum Nichtstun (seinen Sleepy-Teil).

Es überrascht nicht, daß sich das Skript einer Person in Form von Märchen, Mythen und anderen Geschichten spiegelt, denn diese verkörpern mit ihrem Auf und Ab archaische kulturelle Reste und die Modelle zahlreicher früherer individueller Skripte.

Einige Menschen verändern in der Adoleszenz wichtige Aspekte ihres Skripts. Andere wiederum tun dies nur vorübergehend, wobei dann die hervorstechenden frühen Inhaltsmerkmale, die Märchenerzählungen ähnlich sind, wieder auftreten und auf das Leben weiter einwirken, obgleich sie jetzt „erwachsen" sind.

Indem wir nun die in den Geschichten auftretenden dynamischen und symbolischen gemeinsamen Nenner herausfinden, die uns in den verschiedenen Lebensabschnitten besonders ansprechen, können wir eine Menge über unser jetziges Leben erfahren und über die generelle Richtung, in die wir uns bewegen. Wir haben dann die Wahl, einiges zu ändern, wenn uns bestimmte Richtungen nachteilig erscheinen oder wenn sie in unnötiger

Weise unsere Kreativität und unsere Liebesfähigkeit verhindern.

Übung: DAS EIGENE SKRIPT ERFAHREN

Ziele

Den Teilnehmern helfen, folgendes zu verstehen: 1. die Formation des Skripts, 2. die Feinheiten des Skripts, d.h. die Tatsache, daß es gute und schlechte Aspekte enthält. 3. Wie die Teilnehmer ihr vorhandenes Skript (ein Ergebnis ihrer Kreativität) verändern können in Richtung auf größere Selbstverwirklichung. Das kann geschehen durch kleine aber signifikante Veränderungen in der Art, wie sie ihre Beziehungen zu anderen, zu sich selbst und zum Lebensverlauf als solchen gestalten.

Gruppengröße

Kleine (Unter-)Gruppen mit zwei bis fünf Teilnehmern. Der Gruppenleiter hält sich bei mehreren Untergruppen mindestens jeweils 15 Minuten dort auf.

Benötigte Zeit

1.Ungefähr eine halbe Stunde, um das Textmaterial aufzuschreiben. Dies kann auch als Hausarbeit erledigt werden oder indem die Mittagspause im Workshop um eine halbe Stunde verlängert wird. 2. Fünfzehn bis zwanzig Minuten pro Person, einschließlich Lesen und Durchsprechen der Geschichten. Beispiel: Gruppen von vier bis fünf Personen werden ungefähr eineinhalb Stunden benötigen. 3. Dreißig Minuten Diskussion über Theorie und Anwendung in der großen Gruppe.

Materialien

Schreibutensilien, sind von den Teilnehmern oder vom Gruppenleiter mitzubringen.

Räumliches Setting

Genügend großer Raum für mehrere Untergruppen oder mehrere Zimmer bzw. Arbeit im Freien.

Prozeß

1. Lesen Sie den Teilnehmern die kurze Einführung vor oder diskutieren Sie das TA-Konzept vom Skript.

2. Machen Sie mit den Teilnehmern einen Kontrakt darüber, ob sie den Geschichten-Aspekt ihres Skripts erforschen wollen. Wenn die Bereitschaft da ist, dann vergeben Sie folgende Aufgabe als Hausarbeit oder für die nächste halbe Stunde:„Schreibt drei Geschichten auf, keine soll mehr als 15 Zeilen umfassen, und es soll auch kein persönliches Erlebnis sein. Die erste Geschichte ist ein Märchen oder eine Tiergeschichte oder eine Kindheitserzählung aus eurer eigenen Kindheit, als ihr selbst noch keine sieben Jahre alt wart. Falls ihr euch an keine erinnern könnt, dann schreibt ganz einfach eine Geschichte auf, die ihr einem fünfjährigen Kind erzählen würdet. Die zweite Geschichte ist eine Geschichte oder ein Film oder eine Novelle oder ein Theaterstück, das euch im Alter von 12 bis 21 Jahren sehr angesprochen hat, positiv oder negativ.Es kann eine Geschichte sein, die euch erschreckt, verstört oder stark begeistert hat. Die dritte Geschichte ist ein Stück Dichtung oder ein Geschehen aus den Nachrichten, das einen starken Eindruck auf euch gemacht hat. Diese Geschichte stammt aus den letzten drei Jahren, nach Möglichkeit aus dem letzten Jahr."
3. Wenn diese Aufgabe beendet ist, lassen Sie die Großgruppe sich in kleinere Gruppen von je vier bis fünf Personen aufteilen.
4. Empfehlen Sie noch vor Beginn der Auswertung, daß in jeder Untergruppe wechselnde Koordinatoren dafür verantwortlich sind, daß das Ergebnis jedes Gruppenmitglieds diskutiert wird.
Beispiel: Wenn A, B, C und D in einer Vierergruppe sind, ist B der Koordinator für A, dann C für B, D für C und a für D. Die jeweiligen beiden anderen Gruppenmitglieder assistieren dem Koordinator.
5. Jede Person liest ihre drei Geschichten hintereinander vor. Der Koordinator und andere Gruppenmitglieder weisen darauf hin, was ihnen beim Betrachten folgender Faktoren auffällt: Gemeinsame Nenner und Charakteristika in allen drei Geschichten und vor allem in der ersten und dritten Geschichte, die auf das Skript bezogen besonders wichtig sind. – Gegensätzlichkeiten und Kontraste zwischen der ersten Geschichte und den beiden anderen. – Die Fortentwicklung der Gefühlslage bezüglich eines o.k.-Gefühls sich selbst betreffend und eines o.k.–Gefühls den anderen gegenüber.
Beachten Sie die Ich-Zustände im Erzählen der Geschichten, sowie in der Diskussion der Beendigungen und der Unterschiedlichkeiten der Geschichten.
6. Die Kleingruppen-Diskussionen kommen zu Ende. In der größeren Gruppe können die Gruppenleiter die Diskussion noch auf die durchlau-

fenden Themen, den roten Faden, in den Geschichten bringen und auch darauf, wie jede Erzählung Hinweise gibt auf unsere Beziehung zur Zeit, zum Lebensraum, zur Vergangenheit und zur Zukunft. Haben wir Wahlmöglichkeiten oder müssen wir von Schlußfolgerungen bestimmt sein, die wir durch Kinder-Logik erreicht haben?

Variationen
Diese sind zahlreich. Sie hängen ab von der Kreativität und dem therapeutischen Können des Gruppenleiters.

Vorsicht!
Gelegentlich kommt der eine oder andere Teilnehmer zu einer falschen Interpretation der Skripttheorie. Er macht sich dann Sorgen, wenn er tragische Elemente in seinen Geschichten erkennt oder wenn ihn die Untergruppe auf eine falsche Fährte bringt.
Deshalb ist es wichtig, daß der Gruppenleiter erreichbar ist, von Gruppe zu Gruppe geht und, falls notwendig, auch erklärt, daß die tragischen Aspekte einer Geschichte wie Alpträume sind. Sie sind nicht wörtlich zu nehmen, sondern sie verkörpern einen Grundzug im Lebensverständnis dieses Menschen. Die Grundidee der Skriptanalyse ist, daß wir unseren psychologischen Lebensweg verändern und neu bestimmen können, wenn wir den Mut haben, einige der dunkleren Aspekte unserer Phantasien zu erforschen.

Kapitel 17
AUS MEINER EIGENEN ANALYSE: ZUR VERBINDUNG VON TA UND GESTALTTHERAPIE

Therapeuten, die bei mir trainiert oder gearbeitet haben, baten mich, mein theoretisches und praktisches Vorgehen in der Behandlung systematischer darzustellen.

In diesem Kapitel möchte ich Ihnen einen zusammenfassenden Überblick geben über die Strukturanalyse zweiter Ordnung, Überlebensschlußfolgerungen, Grundeinstellung, Scham, kreative Skripts, Ausbeutungstransaktionen, Episkript und Therapietechniken.

Der Episkript-Hinweis löste in mir Erinnerungen an Eric Berne, David Kupfer und Fritz Perls aus und an die Umstände, unter denen ich 1969 den Episkript-Artikel geschrieben habe.

Bis zum Sommer 1969 sah ich mich als eine Frau mit einer unheilbaren Schreibphobie, die jedoch ohne besondere negative Auswirkung auf mein Leben schien. Ich hatte bei vielen Anlässen zu Gruppen gesprochen, hatte es aber mit einer unglaublichen Erfindungsgabe immer wieder verstanden, das Niederschreiben zu vermeiden.

Für die TA-Sommerkonferenz im Jahre 1069 hatte Berne, das war damals üblich, der kurzen Inhaltsangabe meiner Vortragsankündigung zugestimmt, aber er selbst konnte nicht dabei sein. Im Anschluß saßen er, Claude Steiner und ich beim Mittagessen zusammen. Claude bestätigte, daß er an meiner vorgetragenen Theorie interessiert sei und daß von den Zuhörern ein starkes Echo gekommen war.
Später unterhielten Berne und ich uns über meine Aktivitäten in Chicago und über meine neueren Skriptideen. Bernde unterbrach mich. Zu diesem Zeitpunkt wußte er bereits von meiner Schreibphobie, und es war ihm auch klar, daß ich nicht die Absicht hatte, den vorher gehaltenen Vortrag schriftlich auszuarbeiten. Er sagte mir, daß er meine Konzepte, mögen sie auch noch so faszinierend sein, mit mir nicht diskutieren werden, wenn ich sie vorher nicht schriftlich für einen Artikel im TA-Bulletin ausgearbei-

tet hätte. Und er fügte hinzu, falls ich ihn schriebe, würde er mit mir darüber und auch über andere Artikel von gemeinsamem Interesse korrespondieren.

Meine erste Reaktion war Enttäuschung, genauer noch, ich war wütend. Da hatte ich einen ausgezeichneten Vortrag gehalten, über den viele Konferenzteilnehmer redeten. Und Berne wußte doch ganz genau, daß ich dieses Ding nie schreiben würde. Warum wollte er mir nicht wenigstens ein paar Minuten lang zuhören! Er hatte doch zugegeben, daß ihn das Material interessierte, und er könnte sogar für sich selbst daraus Nutzen ziehen.

Jetzt erinnere ich mich noch an ein anderes Bild von Berne aus den Seminaren in San Francisco. Er hatte gerade den Entwurf eines der Kapitel des neuen Buches „Was sagen Sie, nachdem Sie Guten Tag gesagt haben?" vorgetragen. Als er mit dem Lesen fertig war, sagte er ernsthaft (ich zitiere aus dem Gedächtnis):„Sollte der eine oder andere von euch den Eindruck haben, daß ich irgendwelche Ideen von euch plagiiert habe, dann sagt es mir. Aber stellt keine leeren Behauptungen auf. Falls ihr es nicht schwarz auf weiß beweisen könnt, werde ich mich nicht darum kümmern, denn ich möchte frei sein, alles zu absorbieren, was kommt."

In einem anderen Zusammenhang sprach Berne noch über einen weiteren Aspekt beim Absorbieren von Ideen. Er meinte, daß er sich oft auch vor Ideen, selbst vor guten, schützen müsse. Er befürchte eine Invasion seines Gehirns durch zu viele fremde Gedanken, die seine eigenen verwirren könnten.

Berne starb lange bevor ich mein eigenes Konzept entwickelte, das darstellt, wie das kreativ vorwärtsdrängende Spunky mit dem gleich starken Bedürfnis des absorbierenden Spongy im Konflikt ist, und wie kompliziert es ist, beide Kräfte auszubalancieren. Aber jetzt verstehe ich, was Bernes entgegengesetzte Feststellungen über ihn aussagen und daß seine Reaktion mir helfen sollte, daß ich meine Ideen nicht nur weiterreiche, sondern für sie auch Anerkennung bekomme.

Zum damaligen Zeitpunkt habe ich das nicht so klar gesehen, aber Berne hat mir durch jene Interaktion im Endeffekt ein schweres Symptom abgeschnitten, das ich ein Leben lang herumgetragen habe. Nicht einmal in meiner psychoanalytischen Behandlung habe ich bearbeitet, denn ich hatte mein Leben so um mein Symptom herumorganisiert, daß ich dadurch vermeiden konnte, es als ein einengendes Problem zu erleben.

Meinen Wunsch, leichthin über ernsthafte Ideen zu reden, hatte ich entwickelt, als ich schon eine erfahrene praktizierende Therapeutin war. Es war eine Art Ausbeutungstransaktion, um Streicheleinheiten zu bekommen, die wieder meine zunehmenden unangenehmen Gefühle in meinem Kind-Ich kompensieren sollten. Denn ich verschaffte mir nicht das, was ich bedurfte, um echt in meiner Selbstmitteilung zu werden. Solange ich Streicheleinheiten auf leichte Weise bekam, brauchte ich meine Phobie nicht zu erschüttern und sie auch nicht zu bearbeiten. Wenn Berne mitgemacht und mir für mein Verhalten des „klugen, kleinen Mädchens", das schon „groß genug" ist, ihn zu beeindrucken, Streicheleinheiten gegeben hätte, wäre das nur eine Verstärkung für diese Art der Ausbeutungstransaktion gewesen. Ich hatte diese mein ganzes Leben hindurch angewandt und war dennoch, selbst bei einer großen Menge erhaltener Streicheleinheiten, eigenartig unzufrieden gewesen.

Mit seiner Erwiderung praktizierte Berne eine therapeutische Durchkreuzung der Transaktion eines racket-Spiels. Diese Technik ist beschrieben in Kapitel 11. Er weigerte sich, von mir in die Ecke gedrängt zu werden, um dann nur noch ritualisierte Streicheleinheiten für kluge Ideen austeilen zu können. Aber er tat auch noch etwas anderes, ohne das ich nur die beschriebene Frustration wahrgenommen und nichts Positives sich später entwickelt hätte.
Durch eine Duplex-Transaktion (Erwachsener—Erwachsener, Kind—Kind) hat er mein Spunky herausgefordert. Er hat mir gesagt, daß er meine schriftliche Ausarbeitung lesen und offen-echt reagieren würde. Er teilte mir im Grunde mit, daß er Vertrauen hätte zu meiner Fähigkeit, mein Erwachsenen-Ich in den Dienst meines kreativen Kind-Ich zu stellen. — Das Ergebnis war mein Artikel über das Episkript.

So heilte Berne meine Schreibphobie. Während jenes Winters habe ich vielerlei Ausarbeitungen niedergeschrieben und oft mit ihm kommuniziert. Für die darauffolgende TA-Sommerkonferenz in Carmel war eine ausführliche gemeinsame Durchsprache meiner Skriptmaterialien geplant.
Aber er starb unmittelbar vor der Konferenz.

Seit sieben Jahren rede ich davon, einmal ein Buch zu schreiben,ausgehend von den nun vorliegenden Ausarbeitungen. – Und jetzt kommt das erste Buch.

Seit Bernes Tod bin ich nicht mehr zu meiner Schreibphobie zurückgekehrt. Wenn ich jetzt jedoch darüber nachdenke, dann wird mir allerdings klar, daß ich es auch später oft vermieden habe, die Zeit zum Schreiben zu finden. Zum Teil hängt dies mit meinem alten Ausbeutungsmuster zusammen, denn ich bin sehr erfolgreich darin, die Leute zu finden, die mir die Streicheleinheiten geben, die mir Berne damals verweigerte.

Ausbeutungstransaktionen bedeuten, daß der Betreffende seine Ersatzgefühle zum anderen hinauf- oder hinabspielt, um Streicheleinheiten zu erhalten, die mit unechten Bedürfnissen zu tun haben. In meinem Fall heißt dies, daß ich die Zusicherung brauche, ein „großes, kluges Mädchen" zu sein. Für den racket-Spieler ist es der eigene Ausverkauf, denn er investiert Zeit und Energie für Streicheleinheiten, die ihn nicht richtig stärken, anstatt seine Energie zur Entwicklung der echten Gefühle und Gedanken einzusetzen. Wenn es wahr ist, daß ich noch immer für Ausbeutungstransaktionen anfällig bin, dann besagt dies, daß es für mich noch gewisse Gefühle und Gedanken gibt, die ich nicht wage, mir bewußt zu machen, weil sie in der Vergangenheit als unakzeptabel galten.
Ist dies möglich?
Ich hatte den Eindruck, daß mir mein Arbeiten bei Fritz Perls und David Kupfer geholfen hat, Gefühle bewußt zu erleben, für die ich als Kind keine Erlaubnis hatte. Diese Gefühle hatten, soweit ich diesen Erfahrungen entnehmen konnte, mit Spontaneität und Sexualität zu tun. Jetzt bin ich viel lebendiger, als ich früher war. Aber gerade als ich dies schrieb, während ich zusätzlich zu Eric auch an Fritz und David dachte, bemerkte ich plötzlich, daß ich es mir immer noch nicht voll erlaube, Gram, mit seinen Anteilen von Bedürfnis und Zorn über einen Verlust, zu erleben.

Berne, Perls, Kupfer, drei große Persönlichkeiten, die mir jeder auf seine Art, die Erlaubnis gaben, daß ich mich echt-offen und nicht gekünstelt mitteile, starben innerhalb nur eines Jahres.

Während ich dies schrieb, verspürte ich Gefühle des Grams und des Schmerzes, die hervorbrechen wollten, aber nicht durchkamen. Ich fühlte mich verlegen, und ich fühle mich noch immer verlegen, während ich jetzt weiterschreibe. Ich merke jetzt, daß ich dieses Gefühl auch hatte zum Zeitpunkt ihres Todes. Ich hatte nicht das „Recht", mich bei ihrem Ableben groß „gehenzulassen". Denn es dab doch viele, viele Menschen, die behaupten konnten, daß sie eine viel engere Beziehung als ich gehabt haben. Ich hatte auch nicht lange genug in den gleichen Städten gelebt. Wie könnte ich behaupten, daß sie für mich wichtig waren? Meine Praxis, meine Aktivitäten, meine persönlichen Beziehungen war unabhängig von den ihrigen. Ich war schon eine erwachsene Frau, als ich sie kennenlernte.

Mit solchen Argumenten habe ich mich selbst davon abgehalten, über ihren Tod zu trauern. So entstand in mir das Gefühl, daß es „lächerlich" ist, einen Kummer zu spüren, zu dem ich nicht „berechtigt" war.

Dieses Gefühl der Verlegenheit und das Wort „lächerlich" weisen klar auf meine eigene Arbeit zum Thema Scham hin. Entsprechend meiner Theorie werden Gefühle oder Verhaltensweisen in der Kindheit durch das Beschämen kontrolliert, und diese Kontrolle wird im Kind-Ich der Person durch Spongy aufrechterhalten.

Mein Erwachsenen-Ich betrachtet das Trauern über den Tod eines Mentors als nicht schamvoll. Aber wenn mein Kind-Ich sich selbst davon zurückhält, wie ich es tat durch die Idee, daß ein Trauern über die drei Toten lächerlich wäre, dann muß das bedeuten, daß ich eine Überlebensschlußfolgerung in mir habe, die mir das Bewußtwerden von Gram und Trauer untersagt, und dies wiederum muß mit einem Scham-Einfluß zusammenhängen, der im Alter von zwei bis drei Jahren absorbiert wurde.
Natürlich kann ich mich nicht erinnern, wegen Gram beschämt worden zu sein (falls ich dies täte, dann würde ich nicht diesen blinden Fleck haben!), aber ich kann rekonstruieren, was passiert sein könnte, und zwar auf ähnliche Art und Weise, wie ich mit meinen Patienten über ihre Überlebensschlußfolgerungen arbeite.

Meine ersten Lebensjahre verbrachte ich bei meinem Großvater, wo ich von meiner Mutter und meiner Tante, die in mich vernarrt waren, erzogen wurde. Die gesamte Atmosphäre, wie ich sie jetzt aus all den Erzählungen rekonstruieren kann, war die, daß das Haus meines Großvaters, der bereits pensioniert war und sich als Leiter der örtlichen jüdischen Vereinigung die ganze Zeit über mit philanthropischen Dingen beschäftigen konnte, eine richtige zwischenmenschliche Begegnungsstätte war. Unser Wohnzimmer war immer voller Leute, die Rat und Hilfe suchten, und es gab auch Freunde und Familienangehörige, die regelmäßig kamen und ihre Dienste anboten.

Mein Großvater regierte über all diesem wie ein gütiger Gottvater. Und ich war das einzige kleine Kind unter diesen sehr unterschiedlichen Menschen, die mich alle streichelten, während ich so herumsaß.

Urplötzlich wurde ich aus dem Himmel verstoßen. Mein Vater, den ich nicht kannte, kehrte aus dem Ausland zurück. (Eine zum Erbrechen 'süße' Geschichte berichtete über mich, daß ich ihn, als er mir als Papa vorgestellt wurde, höflich mit „Herr Papa" angesprochen habe.) Meine Eltern zogen mit mir in eine andere Stadt, und schließlich verließen wir Rumänien und gingen nach Istanbul. Aus dem kleinen Kind, das von vielen größeren und kleineren gütigen Gottheiten sehr oft gestreichelt worden war, wurde das einzige Kind einer Kernfamilie in einer Stadt fremder Sprachen, bei isolierten Eltern, die sich selbst nicht nahestanden und sich außerhalb einer für sie fremdartigen Umgebung erlebten.

Als ich dies so schrieb, sagte ich zu mir: Nun mach' es nicht gar so rührend! Millionen von Menschen haben in ihrer Kindheit größere Abbrüche erfahren müssen und machen nicht so viel Tamtam darum. Du kannst dich selbst glücklich schätzen über die frühen Jahre. Du möchtest nur, daß deine Leser Krokodilstränen weinen über die Tragödie deines Wegzugs von deinem Großvater und deiner Tante! Du bist doch mit einer guten Mutter und einem Vater weggezogen, der für dich gesorgt hat. Und die Tatsache deines Aufwachsens in Istanbul hat dir zahlreiche Vorteile gebracht, nicht zuletzt hast du dadurch mehrere Sprachen natürlich leicht lernen können.

Dieses Bewußtwerden dessen, was ich eben zu mir selbst gesagt habe, gibt mir einen Anhaltspunkt dafür, daß ich vergleichbare Botschaften von Mutter und Vater erhalten habe, wenn ich Trauer oder Ärger über das Wegsein vom Haus des Großvaters zeigte. Meine Mutter war unglücklich darüber gewesen, daß sie ohne ihren Mann bei ihrem Vater wohnen mußte. Auch wenn sie sich in ihrer neuen Umgebung isoliert vorkam, wollte sie die Veränderung als einen Fortschritt sehen. Ich bin sicher, daß sie sich über Gramreaktionen bei mir sehr unwohl gefühlt hätte und daß beide, Vater und Mutter, wahrscheinlich solche Gefühle bei mir unterbanden.

Diese Rekonstruktion paßt zu dem mir bekannten Bild der Persönlichkeiten meiner Eltern; beide glaubten daran, daß man mutig sein solle und nicht den Gefühlen nachgeben sollte, auch nicht denen des eigenen Kindes, und sie müssen mir auch vermittelt haben, daß es lächerlich wäre, die Verwandten zu vermissen, wo wir doch nun endlich selbst eine „richtige Familie" geworden waren.

Wie ich in meinem Aufsatz über Scham ausgeführt habe, übersetzten sich Wörter wie lächerlich, schamvoll oder verlegen für das zwei- bis dreijährige Kind als etwas absolut Gefährliches für das Überleben, d.h. als tödlich, super-gefährlich, zu vermeiden unter allen Umständen.

Vor dem zweiten Lebensjahr werden Gefühle nicht verständlich oder verbald aufgenommen. Sie werden vielmehr als Körperimpulse erlebt und nach außen gezeigt. Nach dem zweiten Lebensjahr erkennt das Kind, daß sich seine Gefühle zeigen. Es lernt, daß einige Gefühle nicht akzeptabel oder schamvoll sind, und es möchte nicht dabei ertappt werden. Da es nicht fähig ist, auseinanderzuhalten, was ihm selbst bewußt ist und was von außerhalb durch die Eltern oder andere wahrgenommen wird, lernt es, um nicht die falschen Gefühle zu zeigen, die Bewußtwerdung solcher Gefühle abzustumpfen, oder sie gewaltsam durch Gefühle der Scham abzublocken. So entwickeln sich unsere blinden Flecken, die Löcher oder der Mangel an Bewußtsein, wie es Fritz Perls beschrieben hat. Ersatzgefühle kommen herein, und deshalb ist es später im Leben auch so schwer, in einem selbst die darunter liegenden echten Gefühle zu erkennen.

Der Prozeß verläuft als eine Überlebensschlußfolgerung innerhalb einer Schicht des Kind-Ich. Wir halten solche Überlebensschlußfolgerungen aufrecht, weil wir hoffen, uns dadurch vor Gefahren zu schützen. Was dann schamvoll ist, wird als gefährlich erlebt. Überlebensschlußfolgerungen, die auf der Grundlage der Verlegenheit errichtet werden, helfen dem Kind, gut in seiner Familie zu funktionieren, aber einige Schlußfolgerungen gehen auf Kosten der vollen Bewußtheit der Gefühle oder der Fähigkeiten. Wahrscheinlich habe ich eine „Sei nicht traurig"—Überlebensschlußfolgerung, die in mir als etwas Entsprechendes eine „geheime" Panik auslöst bei dem Gedanken, Menschen, die ich liebe oder bewundere, zu verlieren. Ein solches Geschehen, das für jeden etwas Trauriges wäre, hat für mich eine doppelte Bedrohung: einerseits die Furcht vor dem Trauern, andererseits die Angst, das eigene Bedürfnis nach Tröstung bei einem menschlichen Verlust zu zeigen. Es erscheint dann leichter, mit der Ausbeutungstransaktion des großen Mädchens Streicheleinheiten zu bekommen.

Mir wird jetzt klar, daß ich mir als eine Folge dieser Überlebensschlußfolgerung während meines ganzen Lebens nicht erlaubt habe, in Zeiten eines schmerzhaften menschlichen Verlustes voll zu trauern. Mein Großvater starb, als ich neun Jahre alt war, und ich erinnere mich noch, wie ich seinen Tod in einem Traum erlebte.
Ich schrieb ein Gedicht über seinen Tod, aber ich habe nicht geweint. Als es passierte, waren wir in der Türkei, und ich kann mich nicht erinnern, daß auch meine Mutter darüber Gefühle zeigte. Für sie war er ein strenger und nicht ein sehr liebender Vater. Wahrscheinlich gab ich mir aufgrund der internalisierten Schlußfolgerung nicht das Recht, über seinen Tod tiefer bewegt zu sein, als sie es war.
Einen Monat später machten wir bei meiner Tante einen Besuch und gingen zusammen mit ihr zu seinem Grab. Meine Tante hat dabei ihren Gefühlen freien Lauf gelassen, und sie weinte und weinte. Zu jener Zeit hatte ich selbst, wie ich rückblickend jetzt feststellen kann, ein Eltern-Ich im Kopf, das sehr kritisch darüber fühlte, wie sie sich am Grabe nur so „gehenlassen" konnte — zur Verlegenheit meiner Mutter. Der Familiendoktor hatte mir erzählt, daß meine Tante an Hysterie litt und das wäre so ein Beispiel. Zwei Tage vorher hatte ich miterlebt, wie der Arzt meiner Tante, um ihre „hysterischen Ausbrüche" zu beruhigen — was damals eine normale medizinische Behandlung war — mit der Hand auf beide Wangen schlug. Würde sie jetzt am Grabe wieder jemand schlagen? Glücklicherweise nicht, aber ich erinnere mich an eine Entscheidung, die ich für mich traf, als ich zwischen meiner Tante und meiner Mutter am Grab stand: Ich werde mich zukünftig wie eine kleine Dame, d.h. wie ein großes Mädchen, betragen und niemanden mit einem starken Gefühlsausbruch in Verlegenheit bringen.

Ja, diese Entscheidung ist das, was andere Therapeuten die Skriptentscheidung nennen. Ich selbst ziehe es vor, den Fokus auf die Rekonstruktion möglicher früherer Überlebensschlußfolgerungen zu richten, um zu einem klareren Verstehen dessen zu kommen, was unter den erinnerten Entscheidungen liegt. Ich behaupte auch, daß zu einem Skript mehr gehört als eine Entscheidung oder sogar mehrere Überlebensschlußfolgerungen. Ich unterstelle, daß ich mich, wenn ich in Behandlung wäre, dazu neu entscheiden könnte, meine Gefühle zu zeigen und mich nicht mehr wie eine kleine Dame zu benehmen. Ich glaube, daß ich mich tatsächlich auf vielen Gebieten bereits vor einigen Jahren neu entschieden habe, obgleich dies das erste Mal war, daß ich mich an diese besondere Entscheidung erinnert habe. Aber Neuentscheidungen rühren nicht ganz bis zu den tiefen Schichten der Überlebensschlußfolgerungen, besonders wenn es um Gefühle geht, die außerhalb der Bewußtheit gehalten werden. Eine Neuentscheidung, Gefühle zu zeigen, kann sich nur auf jene Emotionen erstrecken, die einer erkennen kann. Es sind die frühen, primitiven Überlebensschlußfolgerungen, die den Grundstein für das spätere Verhalten bilden. Entscheidungen sind nutzbringende Anzeiger in der Behandlung, falls sie erinnert werden. Aber ich glaube, daß Neuentscheidungen in sich selbst oft nicht genügen.

Wie gehe ich aber dann mit Situationen um, die Gram und Schmerz zur Folge haben könnten?
Mein Vater starb während meiner Jugendzeit. Ich habe dabei weder geweint noch tiefes Leid verspürt. Ich habe innerlich dagegen rebelliert, daß meine Mutter und die anderen versammelten Familienangehörigen von mir erwarteten, daß ich trauere. Meine Verweigerung habe ich damit gerechtfertigt, daß ich ihnen insistierend sagte, sie würden von mir eine konventionelle Reaktion verlangen, und daß der beste Weg, Vaters Erinnerung zu ehren, der sei, sich von Ritualen zurückzuhalten und Unabhängigkeit und Eigenständigkeit zu zeigen. Als er noch lebte, hatte mein Vater wahrscheinlich mein Ersatzgefühl unterstützt, indem er mir für meine Unabhängigkeit, d.h. daß ich mich immer älter verhielt als ich war, Streicheleinheiten gab. Natürlich hatte ich in bestimmter Weise recht. Rituelles Trauern würde nichts genützt haben, aber indem ich das zu mir sagte, unterstützte ich meine Schlußfolgerung bezüglich des echten Trauerns und verstärkte dadurch mein stellvertretendes racket.

Meine Tante starb vor zehn Jahren. Während der Monate ihres Krankseins vor ihrem Tod besuchte ich sie regelmäßig, und ich bin ihr dankbar, daß ich für alles, was sie mir als Kind gegeben hatte, meine Liebe und Anerkennung geben konnte. Wir sind einander über all die dazwischenliegenden Jahre nähergekommen trotz meiner früheren Verachtung der Art und Weise, wie sie ihr Leben von Gefühlen und psychosomatischen Erkrankungen steuern ließ. Bei ihrem Tod litt ich unter den Schmerzen, die sie zu leiden hatte und wie sie nach der Meinung meines Eltern-Ich ihr Leben mißbraucht hatte. Ich erinnerte mich auch in Dankbarkeit an ihre Güte, aber ich habe weder getrauert noch mir darüber Gedanken gemacht. Ich weiß, daß gerade die Abwesenheit von Gram oder von Überraschung über das Nichtfühlen ein signifikanter Indikator für eine Überlebensschlußfolgerung ist, die ein solches Gefühl verbietet.

Dank an Fritz Perls. Bei ihm machte ich später die Erfahrung, die mir jetzt meine Eigenanalyse ermöglicht. Während eines Trainings arbeiteten wir an einem Traum von mir, der mit meiner Tante nichts zu tun haben schien. Über einen Einstieg, an den ich mich jetzt nicht mehr erinnern kann, brach ich in Gegenwart der Gruppe vor ihrem gedanklich vorgestellten Grabstein in Tränen aus — ohne dabei das Gefühl der Verlegenheit zu haben oder zu denken, ich sei hysterisch. In der Vergangenheit habe ich gewöhnlich den Gram der anderen mitempfunden, wahrscheinlich mit meinem Eltern-Ich. Aber erst seitdem sich durch das Trauern um meine Tante die Gestalt geschlossen hat, kann mein Kind bei den anderen tief mitempfinden, sogar in meiner therapeutischen Arbeit. In den vergangenen Jahren sind mehrere meiner Patienten innerhalb einer Gestaltarbeit durch eine Trauererfahrung gegangen. Bei solchen Anlässen fließen dann gelegentlich auch meine Tränen, ohne daß dabei mein Erwachsenen-Ich davon abgehalten wird, die Gestaltsitzung zu leiten. Am Ende erkenne ich dann oft, daß auch ich durch eine tiefe emotionale Erfahrung gegangen war, ohne daß dabei, soweit mir das bewußt war, bei mir etwas offengeblieben war.

Eine Ausnahme ereignete sich vor zwei Wochen. Bei einer Gestaltarbeit mit B. Die Einzelheiten brauchen in diesem Zusammenhang nicht aufgezeigt zu werden. Wichtig ist jedoch der Hinweis, daß es sich um einen Leistungskonflikt handelte und daß es mit mehreren Beziehungsschichten zu seinem Vater zu tun hatte, der Lehrer war und vor ein paar Jahren gestorben war. B. bearbeitete seine Wut wegen der hohen Erwartungen des Vaters an ihn, aber es war ihm auch möglich, die konflikthafte Motivation innerhalb des Kind-Ich seines Vaters zu erkennen, das sich durch B.s forsche Klugheit bedroht gefühlt haben mußte. Durch das Erleben des Kind-Ich seines Vaters hat B. seine Wut und sogar sein Mitleid transzendiert. Er konnte es so zulassen, Gefühle der Liebe und Dankbarkeit für seinen „schlimmen Vater" zu empfinden trotz seines versteiften, eingeengten und konfliktbeladenen eigenen Kind-Ich. Ich selbst weinte so viel wie B., als er an seines Vaters Grab, das er sich auf meine Aufforderung hin vorzustellen hatte, mit ihm sprach. Zu diesem Zeitpunkt und auch sofort nachher hatte ich keine bewußte Wahrnehmung von persönlichen Assoziationen, obgleich ich bis ins Tiefste bewegt war.

Ich kann jetzt für mich erkennen, daß vielleicht zum ersten Mal in meinem Leben meine Gefühle der Trauer über den Verlust meines Großvaters und Vaters an die Oberfläche kommen, ohne daß ich sie sogleich mit einem oder mehreren Ersatzgefühlen zudecke.

Ich weinte, als ich dies schrieb. Dann plötzlich verlor ich das Gefühl. War es wegen des Hinweises auf die Ersatzgefühle? Vielleicht. Oder weil mir bewußt wurde, daß ich weinte? Ich habe gewechselt zum Denken über das Trauern. Ja, das ist dieses Über-etwas-Denken, dem sich Fritz Perls so widersetzte. Vielleicht habe ich mal wieder meinen blinden Fleck gerechtfertigt, nämlich meine Tendenz, aus den Gefühlen zu fliehen, oder vielleicht komme ich schön langsam zu dem Punkt, der auch für Sie, liebe Leser, wenn Sie so weit mitgelesen haben, wertvoll sein könnte.

Es ist wichtig, die Gefühle zu analysieren und sie nicht nur zu erleben. Dieses Thema war wohl die wichtigste Trennungslinie zwischen Berne und Perls. Beide waren ausgebildete Psychoanalytiker, beide waren ambivalente Bewunderer von Freud, beide rebellierten gegen die psychoanalytische Methode. Beide verlangten, daß sich der Therapeut darauf konzentriert, was der Patient im Jetzt bringt, anstelle ihn zu zwingen, die zurückliegende Lebensgeschichte zu beschreiben. Bernes Rebellion gegen die psychoanalytische Methode führte ihn dazu, den Schwerpunkt auf eine präzise Klärung mittels Worten und Diagrammen zu richten, so daß der Patient verstehen könnte, was in ihm oder zwischen ihm und anderen vor sich geht. Der Patient sollte entmystifiziert werden. Perls' Rebellion führte ihn dazu, daß die Menschen diejenigen ihrer Gefühle erfahren sollten, die noch nicht an die Oberfläche gekommen waren. Er bestand darauf, daß ihr Organismus das Bedürfnis nach einer geschlossenen Gestalt habe und daß das

verbale Verstehen nutzlos sei.
Ich bin glücklich darüber, mit beiden gearbeitet zu haben, denn ich weiß dadurch, daß sich in der eigentlichen Praxis keiner der beiden rigide an das vertretene Modell gehalten hat. Berne unterstützte das freie Fließen echter Emotionen und Perls selbst analysierte die stattgefundenen Prozesse und war auch in der Lage, sie genauer zu erläutern, obwohl er gewöhnlich nicht bereit war, dies gegenüber dem Patienten direkt zu tun. Perls hat mir meine emotionalen Kanäle, die ich benötige, geöffnet. Aber Berne hat mir den Ansporn und das theoretische Handwerkszeug gegeben, mit dem ich herausfinden kann, was mir fehlt.

Ich vermute, daß ich zum Trauern über den Tod meines Vaters noch einen langen Weg zu gehen habe. Wahrscheinlich muß ich zuerst noch mit meiner Wut gegen ihn fertig werden. Er hat mich aus dem Paradies entführt, und mein Kind-Ich fühlt, daß er mir nicht genügend dafür gegeben hat, mögen mein Eltern-Ich und mein Erwachsenen-Ich auch gegensätzlicher Meinung sein. Er hat mir für meine Unabhängigkeit Streicheleinheiten gegeben als eine Art Selbstschutz vor meinen kindlichen Forderungen nach Aufmerksamkeit und Zuwendung. Für mich bleiben Gram und Trauer verborgen unter einem Unabhängigkeits-Ersatzgefühl, wobei ich dann die Bedürfnisse meines Kind-Ich verleugne. So entsteht für mich ein Kreislaufprozeß, der es mir noch schwieriger macht, den Trauerschmerz zu spüren. Das Bewußtwerden des Bedürfnisses, besonders im Falle eines Verlustes, ist für jeden angstbesetzt, ich bin mir da sicher, selbst für Leute, die die innere Erlaubnis zum Trauern haben. Und dies mag auch der Grund sein, weshalb sich Außenstehende oft im Beisein einer trauernden Person unangenehm fühlen. Was sich für mich auftut, ist ein riesiges, gieriges Bedürfnis und Verlangen, das an die 'Ich bin o.k.—Du bist nicht o.k.'—Position der Altersperiode von sechs bis acht Monaten erinnert, über die ich im Kapitel über die fünfte Position (Kapitel 5) geschrieben habe.

Ich fühle mich bereits verängstigt, wenn ich nur an den Trauerschmerz denke. Ich kann jetzt sehen, wie untragbar es für meine Eltern gewesen sein muß, mit meinem Schmerz als Dreijährige beim Wegzug von Großvater und Tante fertig zu werden, wo sie sich doch mit so vielen anderen Dingen abquälen mußten. So unterstützten sie mich anstatt in meiner defensiven Position, welches ein erzwungenes 'o.k.' war, das sich aus den großen Mengen von o.k.—Botschaften aus der Zeit vor meinem dritten

Lebensjahr nährte, und das mir dann mit zuviel Druck und Künstlichkeit übergestülpt wurde. Die 'nicht o.k.'–Gefühle, die aus dem Verlust derjenigen Gottheiten rührten, die die Quelle meiner o.k.–Gefühle gewesen waren, wurden zu sehr zugedeckt. Das erzwungene 'o.k.' betont Eigenschaften wie: mutig, fähig, selbst-kontrolliert, wortgewandt, freundlich, und sogar mitfühlen für andere, ohne sich dabei gehen zu lassen. Für mich sind diese Eigenschaften wertvoll, sie leisten mir einen guten Dienst, und ich möchte sie auch nicht verlieren. Sie werden für mich insofern zu Ersatzgefühlen, wenn ich sie statt eines anderen Gefühls verwende , für die bewußte Wahrnehmung von Bedürfnis oder Gier oder Gram oder Verlustangst.

Als ich mit B.s Schmerz mitfühlte, kam ich sozusagen durch die Hintertür an einige meiner Gefühle heran, nachdem er die Wut durchgearbeitet hatte und mit dem Kind-Ich seines Vaters in Berührung gekommen war. Der Grund, warum ich mit dem Weinen aufhörte und mit dem Analysieren begann, hat, glaube ich, damit zu tun, daß ich anfing, unter dem Verlustschmerz andere Gefühle wahrzunehmen, die sogar noch unakzeptabler sind, nämlich Bedürftigkeit, Gier, Zorn und Verzweiflung. M.Kleins Arbeit über Verzweiflung und Gier bestätigen das, was ich hier sage.

Ich komme jetzt zu den Therapieprinzipien. Berne heilte mich von meinem Symptom, indem er den Gordischen Knoten durchschnitt, der mich vom Schreiben abgehalten hat. Eine solche Heilung bedeutet nicht nur eine einfache Symptomentfernung mit einem negativen Beigeschmack, daß das Symptom an anderer Stelle wieder auftaucht. Für mich führte es trotz einiger rückläufiger Tendenzen zur Befreiung vom Symptom.

Durch meine Arbeiten mit Skripten und Überlebensschlußfolgerungen kann ich mir jetzt die Ursachen der alten Phobie besser erklären. Ich glaube, daß sie mit einer anderen Schicht von Überlebensschlußfolgerungen zu tun hat, die mit den Botschaften meines Vaters und den Reaktionen meiner Mutter in Verbindung stehen, wobei zusätzlich meine frühen Überlebensschlußfolgerungen, meinen Verlustschmerz nicht zu zeigen, noch eine Verstärkung erfahren haben.

Mein Vater gab mir in meiner Jugendzeit gute Anweisungen aus seinem Eltern-Ich, die die heutige Bewegung der Frauenemanzipation bereits vorwegnahm. Ich sollte kein typisches Mittelklasse-Mädchen werden, das erwarten würde, vom Ehemann unterstützt zu werden. Ich sollte unabhängig werden und die Fertigkeiten entwickeln, wie ich auf eigenen Beinen stehend das Leben erfolgreich meistern könnte. Jedoch in seinem Eltern-Ich und in seinem Kind-Ich gab es gegensätzliche Meinungen bezüglich intellektueller Interessen und Ziele. Sein eigener Vater war ein Bankier gewesen, aber er selbst hatte sich geweigert, in der Familienbank zu arbeiten, sondern war in die Schweiz gegangen, wo er jeweils mit einem Doktor in Chemie und Philosophie abschloß. Aber das hat ihm nicht zu einem Lebensunterhalt verholfen, denn Juden war es nicht erlaubt, an rumänischen Universitäten zu lehren, und sie konnten auch keine Forschungsaufträge bekommen. Als ich aufwuchs, ging es uns wirtschaftlich gut, denn er hatte sich endlich doch durchgerungen, ins Geschäftsleben zu gehen, wo er dann bei einer ausländischen Ölgesellschaft zum Chef avancierte.

Seine Meinung über Intellektuelle war verbittert. Um einen Lebensunterhalt zu verdienen, mußte man Philosophie vermeiden und innerhalb eines Büros funktionieren. Ich kann mir jetzt ausmalen, wie betrogen sich sein Kind-Ich vorgekommen sein mußte. Zur Philosophie gehört die Suche nach Weisheit und die Vermittlung von Ideen, wie es auch durch das Schreiben geschieht. Er gab dies auf, um sich ins Geschäftsleben zu begeben, damit er Frau und Kind ernähren konnte. Er starb noch lange, bevor ich die Universität besuchte, aber in mir wirkte die Idee, daß Geisteswissenschaften etwas Gefährliches sind, selbst für Männer und besonders für eine Frau, die es vielleicht nicht schaffen würde und als hilflose Hausfrau steckenbleiben könnte. Besser wäre es, die Fertigkeiten zu erwerben, die ihr Unabhängigkeit bringen. Meine Mutter war für mich der beste Beweis. Sie war unfähig, ihren Unterhalt selbst zu verdienen, aber sie verbrachte viele Stunden damit, Briefe an alle unsere Verwandten zu schreiben und mich zu zwingen, gespielt-begeisterte Dankeschön-Briefe an zahlreiche Menschen, die mir unerwünschte Geschenke schickten, zu schreiben.

Dennoch, ich hatte an meiner englischen Schule gern lange Aufsätze sowie auch Artikel und Gedichte für die Schülerzeitung geschrieben. Zu welcher Einsicht bin ich nun gekommen? Es gibt da für mich eine indirekte Verbindung mit Verästelungen zwischen meiner Angst vor dem Schreiben und der Angst, den Trennungsschmerz zu zeigen.

Ich erinnere mich an das Gedicht, das ich als Neunjährige nach dem Tod meines Großvaters geschrieben habe. Ich weiß noch genau, wie ich mich ganz spontan darin habe gehenlassen. Meine Mutter hat das Gedicht kopiert und an die verschiedenen Verwandten geschickt. Ich erhielt auch viele Streicheleinheiten dafür. Aber wenn ich mich nicht täusche, habe ich seitdem kein Gedicht mehr geschrieben, und bis zum heutigen Tage habe ich zur Poesie gemischte Gefühle.

Vom Standpunkt der Theorie über Streicheleinheiten aus hätten mich die erhaltenen Streicheleinheiten zum Weiterschreiben ermutigen müssen. Aber jetzt weiß ich, daß ich mich nicht nach Streicheleinheiten für das Schreiben gesehnt hatte. Es ging um meinen Großvater oder doch zumindest um die Erlaubnis, um seinen Verlust zu trauern. Vielleicht liegt der Ursprung für meine Schreibphobie im Umschlagen meines Gefühls, das ich erlebt haben mußte, als ich Streicheleinheiten für mein Schreiben bekam, anstelle Zuwendung für meinen Gram und Schmerz zu erhalten.
Mit dem typischen magischen Denken des Kind-Ich könnte ich die Folge der Ereignisse umgedreht und gefühlt haben, daß das Gedicht den Tod verursacht hat und nicht sein Ergebnis war.

Ich bezweifle dennoch, daß dies alles die Phobie erzeugt haben würde, wenn es nicht vorher schon die Schlußfolgerung gegeben hätte, Schmerz nicht zu zeigen. Ich hatte diese Konklusion herausgefordert, als ich mein Gedicht zeigte, vielleicht in der Hoffnung, diese Schlußfolgerung loszuwerden. Was aber geschah, war, daß mein „kluges Mädchen"—Ersatzgefühl verstärkt wurde und ich Streicheln für mein Schreiben bekam. Dadurch wurde meine frühere Schlußfolgerung verstärkt. Den Schmerz über den Verlust einer geliebten Person zu offenbaren, konnte nur zu noch mehr Qual führen. Es ist besser, mit dem Schreiben aufzuhören. Die frühere Scham, beim Trauern erwischt zu werden, schlug um in Entmutigung und sogar in Flucht vor dem Offenlegen von Gefühlen durch das Schreiben. Die Phobie ist nicht sofort entstanden. Mein Eltern-Ich hat es zunächst übernommen, mich vor dem Wunsch, noch mehr Gedichte zu schreiben, zu beschützen. Indem ich die Einstellung meiner Eltern zum Thema Literatur übernahm, beschloß mein kritisches Eltern-Ich in meiner Jugendzeit, daß Poesie etwas Dummes und Unnötiges sei.

Bei Patienten habe ich oft feststellen können, wie das Eltern-Ich es nach dem neunten Lebensjahr übernimmt, frühere Schlußfolgerungen zu rechtfertigen oder zu bemänteln. Die eigentliche Angst vor dem Schreiben irgendwelcher Dinge, nicht nur von Gedichten, entwickelte sich nach dem Tod meines Vaters, und zwar zuerst ganz heimtückisch. Es passierte halt so, daß ich kein Bedürfnis oder keine Gelegenheit zum Schreiben hatte und ich „konnte" keine Briefe schreiben, auch wenn mir danach war. Als ich dies bemerkte, sah ich es einfach als eine Reaktion auf das frühere Zwingen zum Schreiben durch meine Mutter. Erst Jahre später erkannte ich die voll erblühte Phobie, als ich anfing, 'papers' über meine Arbeit zu verfassen.

Jetzt hat sich der Kreis geschlossen. Berne heilte mich von der Phobie, indem er mein Kind-Ich herausforderte zu erkennen, daß mich die Phobie, unabhängig von ihrer früheren mich möglicherweise beschützenden Funktion, jetzt von kreativem Ausdruck und Kommunikation abhielt und daß es an der Zeit war, sie loszuwerden. Das Bedürfnis nach kreativem Ausdruck ist so mächtig wie das Bedürfnis nach Streicheleinheiten. Es kann niemals durch für Ersatzgefühle bekommene Streicheleinheiten befriedigt werden, mögen sie noch so zahlreich sein. Die Heilung der Phobie wäre sicherlich früher und klarer erfolgt, wenn Berne noch einige Zeit gelebt hätte. Durch das Schreiben habe ich nach und nach „korrigierende Erfahrungen" gemacht, um meine frühere magische Annahme außer Kraft zu setzen, daß es eine Verbindung zwischen ehrlichem Schreiben und dem tatsächlichen endgültigen Verlust einer geliebten Person gegeben haben müsse. Als Berne, Perls und Kupfer starben, bestätigte das zunächst die irrationalen katastrophalen Erwartungen von Spongy in meinem Kind-Ich. Noch lange, nachdem ich 1969 intensiv mit dem Schreiben angefangen hatte, wurde ich von der auslaufenden Phobie gebremst.

Ich kann mir jetzt jedoch dadurch helfen, daß ich Erinnerungen an Perls abrufen kann, für die ich sehr dankbar bin. Fritz starb in Chicago vor dem Sonntagabend, an dem er an einem Treffen unserer Gestaltgruppe teilnehmen sollte. An jenem Sonntag bin ich dennoch zum Institut hinüber gewandert, als ob das Treffen noch immer stattfinden würde, wobei ich mir Gedanken darüber machte, ob auch andere da sein würden. Ungefähr acht Mitglieder unserer Gruppe waren anwesend. Sie saßen schweigend auf dem Boden, und ich setzte mich zu ihnen. So saßen wir sehr lange. Schließlich brach jemand das Schweigen. „Der Bastard!" schrie er. „Der Bastard!" Da war wieder Schweigen, dann schrien einige von uns im Chor „Der Bastard! Der Bastard!" Und dann ganz langsam, einer nach dem anderen, redeten wir über ihn und machten ihm Vorwürfe. Er war grausam gewesen, fordernd, ungeduldig, egoistisch, nicht voraussagbar irrational. Er war ein Bastard gewesen. Aber für jeden von uns hat er viele Türen geöffnet. Wir waren verändert, weil er gelebt hatte. Ganz allmählich sprachen ein paar von uns über einige Augenblicke der Umwandlung.

Die Episode, die ich wiedergab, hatte sich vier Jahre zuvor ereignet. Ich saß auf dem Heißen Stuhl und sprach von meiner Todesfurcht. „Dreh' dich herum und schau mich an!" unterbrach er. Ich zögerte. Seine Arbeitsweise war, direkt neben dem Patienten zu sitzen, wobei beide zur Gruppe schauten. Bei vorhergegangenen Gelegenheiten hatte ich mich über seine Weigerung, mir gegenüber zu sitzen, wenn ich auf dem Heißen Stuhl saß, beschwert, wofür er mich beschimpfte, daß ich ihn zu kontrollieren versuchte. Dieses Mal war es genau umgekehrt. „Mach schon", brüllte er, „weißt du nicht, wie man sich herumdreht?"
Ich saß ihm jetzt frontal gegenüber. „Nun", sagte er, „schau mir in die Augen und sage:'Fritz, du wirst sterben'!" Zaghaft befolgte ich seine Anweisung. „Lauter", sagte er, „noch lauter. – Schau mir in die Augen", stachelte er mich an. Nachdem ich ihm das vier- oder fünfmal gesagt hatte, fing ich an zu weinen. Seine Augen hatte nicht einmal gezuckt, während ich wiederholte:„Du wirst sterben". „Warum weinst du?", fragte er ziemlich sarkastisch. „Weil, wenn ich dir sage, daß du sterben wirst, ich weiß, daß ich auch sterben werde", platzte ich heraus. Sein Sarkasmus verschwand, und er wurde sehr ernst. Mir noch immer intensiv in die Augen sehend, nickte er ernsthaft und sagte:„Ja".
Danach brachte er mich dazu, kurz eine Jetzt-Übung zu machen. Ich hatte jeden Satz anzufangen mit der Formel:„Jetzt sehe ich..." und dann verschiedene Gegenstände im Raum zu benennen, dann fortzufahren mit: „Jetzt höre ich...." ; „Jetzt berühre ich..." und dann „Jetzt ist mir bewußt..." Ich kann mich nicht mehr an die Details meiner Auswahl erinnern, aber ich entsinne mich, daß er mich scharf anfaßte an dem Punkt, als ich während der Übung zum Fenster hinaussah. Und er schrie mich an, daß ich schon wieder versuchen würde, vor mir davonzulaufen.
Als ich diese Episode in der Gestaltgruppe wiedergab, weinte ich erneut, und vielleicht nur in diesem Ausmaß habe ich mir selbst erlaubt, über den Verlust von Fritz zu trauern, obgleich ich mir zu Hause hierzu die Erlaubnis nicht gegeben hatte. - Doch, ich weinte, als ich diese Zeilen schrieb.

Abschließend nun ein paar weitere Themen, die immer wieder mein Schreiben belasten. Ein geflügeltes Wort meines Vaters war: „Es gibt nichts Neues unter der Sonne" und ein anderes lautete: „Wenn du geschwiegen hättest, wärest du Philosoph geblieben".
Ich kann jetzt einsehen, daß ich diese Erinnerungen als Anweisungen zum Nichtschreiben meiner Ideen benutzt habe. Vielleicht hieß die darunter liegende Botschaft aus dem Kind-Ich meines Vaters: „Mir war es nicht erlaubt, ein Philosoph zu sein, also wage du es auch nicht!" Dennoch konnten mich die väterlichen Einstellungen nicht davon abhalten, Vorträge zu halten, wahrscheinlich wegen meiner Erfahrung im Hause meines Großvaters. Und es stimmt, daß ich mich vor einer Gruppe enorm gestärkt fühle, auch wenn andere sagen, daß sie ängstlich werden, wenn sie einer Zuhörerschaft gegenüberstehen. Ich ermutige immer die Zuhörer im Publikum, mich zu unterbrechen und mir Fragen zu stellen, möglicherweise deshalb, um mich zu vergewissern, daß sie noch nicht möchten, daß ich den Mund halte.
Im Gegensatz dazu mache ich mir beim Schreiben darüber Sorgen, wie ich das Material organisieren soll, ob ich mich auch korrekt verhalte oder wie es sich nicht gehört, wenn ich mich auf andere Autoren beziehe usw. usw.

Nun, ich will versuchen, Bernes Botschaft zu akzeptieren, daß es besonders wertvoll ist, diejenigen Ideen niederzuschreiben, die mir am Herzen liegen, obgleich er selbst nicht mehr lebt, um sie zu bewerten. Ich werde mir erlauben, mich auch in seine Theorien einzumischen. Ich habe das schon gewagt, als er noch lebte, aber jetzt erschreckt es mich etwas, wo er tot ist, da er weder zustimmen noch einigen strittigen Standpunkten widersprechen kann.

Ich hoffe, daß die Analyse meines „Falles" bereits einige meiner theoretischen Prinzipien illustriert. Ich glaube, daß sie auch klarmacht, wie sich die Verfahren von Berne und Perls für eine optimale Therapie ergänzen können, auch wenn sie so gegensätzlich scheinen. Das Ziel ist, um es zuerst mit Perls' Worten zu sagen, organismisch zu erblühen oder mein Erwachsenen-Ich zu verwenden, damit ich meinem Kind-Ich erlaube, mit Ihnen, lieber Leser, wirksam und innig zu kommunizieren, wie Berne und Kupfer empfohlen haben würden.

Kapitel 18
MUT, LIEBE UND ANTEILNAHME ALS ERSATZGEFÜHLE

(Der Eric Berne Memorial Scientific Award)

(Dieser Artikel basiert auf meiner Rede vom 4.Januar 1979, die ich in San Diego vor der ITAA hielt, die mir den Eric Berne Memorial Scientific Award für mein Konzept der Ersatzgefühle verlieh.)

Zuerst möchte ich denen danken, die mich für diese Auszeichnung vorgeschlagen bzw. diesen Vorschlag akzeptiert haben. Soweit ich mich auch zurückerinnere, so hat es für mich keinen Preis, keine formelle Anerkennung oder Auszeichnung gegeben, die ich mir so sehr gewünscht habe, wie gerade den Eric Berne Memorial Scientific Award. Denn Eric Bernes Ideen haben mein Leben auf radikale Weise verändert.
Gleichzeitig denke ich mit Wehmut an Eric Berne, David Kupfer und Fritz Perls zurück, die drei Mentoren, welche die Entwicklung meiner Konzepte beeinflußten und die jetzt tot sind. Und ich denke an meinen Sohn Brian, der letztes Jahr starb. Er hätte sich sehr darüber gefreut, mich heute hier zu sehen. Zu seinem Gedächtnis stifte ich die eine Hälfte des Preises dem Brian English Memorial Fond der Universität von Chicago und die andere Hälfte der Organisation Amnesty International.

Wenn ich an Eric Berne denke, dann fällt mir seine Frustration über die Ersatzgefühle seiner Patienten ein, die wiederum mein Interesse an diesem Thema anregte.
Natürlich konnte Berne Ersatzgefühle sofort als solche erkennen. Um die Patienten zu konfrontieren, weigerte er sich strikt, die Ersatzgefühle mit Streicheleinheiten zu belohnen und zu verstärken. Aber dieses Vorgehen brachte keine Heilung, sondern führte eher zu Beschwerden, daß er nicht einfühlend genug sei und daß er sein eigenes Konzept nicht befolgte, nämlich bei der Kommunikation genügend Streicheleinheiten auszutauschen.
Ich fragte mich, was wohl unter den Ersatzgefühlen verborgen sei und weshalb der Betroffene selbst sie so schwer entdecken kann und weshalb er so viel Energie aufbringt, gerade für seine Ersatzgefühle Streicheleinheiten zu bekommen. Oft geht er dabei so weit, andere Erfahrungen oder mögliche Streicheleinheiten abzuwerten.

Berne und ich hatten geplant, daß wir auf der ITAA-Konferenz im Sommer 1970 mein klinisches Material diskutieren würden, das auf die Ersatzfunktion der rackets hinwies. Durch seinen Tod verlor ich jedoch das Interesse an dem Thema.
An dieser Stelle möchte ich Frank Ernst danken, der mich als Mitherausgeber des TA-Journals bat, meinen Artikel zu veröffentlichen.

In der Vorbereitungsphase für diese Rede dachte ich zunächst daran, autobiographisch über die langsame Entdeckung meiner eigenen Ersatzgefühle zu sprechen. Ich wollte beschreiben, wie überraschend und schwierig es war – und immer noch ist – die Gefühle wahrzunehmen, die unter den Ersatzgefühlen liegen.

Insbesondere entdeckte ich meine Neigung zu einer gewissen Form von verbissenem Mut, der es mir schwer macht, Furcht oder Trauer wahrzunehmen. Dieser Mechanismus hat mir während der Kindheit und bei einigen späteren Gelegenheiten gute Dienste geleistet, denn Ersatzgefühle haben die Eigenschaft, daß sie durch ihre häufige Anwendung weiter verstärkt werden, obwohl sie ursprünglich nur die Aufgabe haben, das Überleben in der Kindheit zu sichern.
Jetzt, wo ich weniger Ersatzgefühle benötige, frage ich mich noch manchmal:„Was ist denn so gut daran, Trauer oder Furcht zuzulassen und nicht auf das anscheinend angenehme Ersatzgefühl einer mutigen Verbissenheit umzuschalten?“ Das ist eine schwierige Frage für mich, besonders nach Brians Tod.

Ich meine, daß ursprüngliche und echte Gefühle bzw. innere Erfahrungen Wert und Sinn für die persönliche Integrität haben, selbst wenn sie schmerzhaft sind. Ich glaube, daß jeder von uns, ob bewußt oder unbewußt, sich danach sehnt, an den eigenen individuellen Kern heranzukommen, anstatt nur bequeme emotionale Haltungen aus der Kindheit zu wiederholen. Wenn wir nicht mit unserem inneren Selbst Kontakt haben, erleiden wir einen Verlust an Spontaneität, Kreativität und Beziehungsfähigkeit. Dennoch haben wir oft den starken Wunsch, die authentische Selbstbewußtheit zu vermeiden. Es scheint so viel einfacher zu sein, eine Maske zu tragen, selbst wenn wir allein sind.
Wenn wir uns allerdings zu sehr an unsere Ersatzgefühle klammern, verringert sich im Laufe der Zeit selbst ihr vordergründiger Wert. Im Endergeb-

nis werden selbst die sozial akzeptierten Ersatzgefühle nach und nach unsere Fähigkeiten aufheben, die betreffenden Empfindungen oder Haltungen wirkungsvoll zu benutzen.

In meinem Fall stellte ich zum Beispiel trotz meines Mut-rackets fest, daß ich in den vergangenen zehn Jahren nicht genügend moralischen Mut gezeigt habe, um zu Fragen und Praktiken, gegen die ich aus moralischen oder wissenschaftlichen Gründen war, einen klaren Standpunkt zu beziehen. Indem ich mir selbst gegenüber vorgab, „vernünftig" oder „taktvoll" zu sein, vermied ich es, mir die Furcht einzugestehen, wegen meiner Meinungen kritisiert zu werden. So konnte es dazu kommen, daß mich gerade meine Mut- und Zähigkeits-Ersatzgefühle davon abhielten, meine Courage zu nutzen, um mich genügend bei bestimmten unpopulären, mir jedoch wichtigen Themen auszudrücken.

Über all dieses wollte ich ausführlich sprechen. Ich habe mein Vorhaben jedoch geändert, als ich die Nachricht von der Tragödie in Jonestown in Guayana erhielt während eines Deutschland-Aufenthalts. Ich sah die Ähnlichkeit der Anhänger von Jones und Hitler, die Parallele zwischen diesen beiden Personen, und ich wurde gefragt:„Können uns TA und die Theorie der Ersatzgefühle helfen, die dynamischen Prozesse in diesen Beispielen und in den dazugehörigen Beziehungen aufzudecken?" „Ganz sicher", sagte ich, und so kam es zur Veränderung meiner ursprünglichen Konzeption.

Bevor ich jedoch dazu Stellung nehme, möchte ich Ihnen noch etwas von der Theorie erzählen, die ich nach 1970 entwickelt habe. Dabei geht es vor allem um Ausbeutungstransaktionen und um den durch sie ausgelösten Prozeß, der den Betreffenden lähmt und in eine defensive existentielle Grundeinstellung bringt.

Die beiden komplementären defensiven Grundeinstellungen sind:'Ich bin nicht o.k.–Du bist o.k.' und 'Ich bin o.k.–Du bist nicht o.k.'. Ich betone das Attribut „defensiv", weil sich mein Konzept in diesem Punkt etwas von dem Bernes unterscheidet. Ich gehe davon aus, daß wir zu der einen oder anderen Grundeinstellung gelangen, um die überwältigenden 'nicht o.k.'–Gefühle abzuwehren. Diese werden erstmalig vom sechsmonatigen Kind zu Beginn seiner Individuation erfahren, wenn sich die innige Verbindung zur Mutter zu lösen beginnt. Die dadurch ausgelöste Verzweiflung wird später wieder vergessen, dringt aber in bestimmten kritischen Lebensphasen doch wieder ins Bewußtsein, besonders im Alter zwischen zwei und drei Jahren, in der Adoleszenz und zu Beginn des dritten Lebensjahrzehnts.

Dann haben wir das Gefühl, nicht mehr „in der Gnade zu stehen", weil wir – ohne es zu wollen – in den Apfel vom Baum der Erkenntnis gebissen haben. Jetzt wissen wir, daß das Leben nicht einfach ist, und daß wir uns sowohl mit widersprüchlichen Gefühlen in uns selbst auseinandersetzen müssen, als auch mit widersprüchlichem Verhalten anderer.

In der Periode von zwei bis drei Jahren entwickeln wir unsere Ersatzgefühle und mit ihnen unsere existentiellen Grundeinstellungen. Der Volksmund spricht von der Trotzphase, weil das Kind so aggressiv erscheint. In Wirklichkeit versucht das Kind, die eigene Individualität zu entwickeln, und zwar dadurch, daß es zur Bezugsperson in Opposition tritt ohne deren Schutz zu verlieren. Zahlreiche offene und verdeckte Machtkämpfe finden mit den wichtigsten Bezugspersonen statt. Am Ende wählt das Kind eine der beiden defensiven existentiellen Grundeinstellungen aus, und zwar diejenige, die ihm am wirkungsvollsten die Verzweiflung abzuwehren scheint.

Rousseau sagte, daß wir uns in der frühen Kindheit entweder eine Sklaven- oder eine Tyrannen-Mentalität zulegen. Diese Bezeichnungen passen gut zu den Grundeinstellungen. Das Kind entscheidet sich mit ungefähr drei Jahren dafür, ob es sich als Sklave unterwerfen oder ob es ein Tyrann werden soll, der immer wieder Wege finden muß, andere zu kontrollieren. Die gewählte Grundeinstellung bestimmt von nun an den Charakter und die Einstellung zu Machtfragen, besonders in Situationen von sozialem Streß. Natürlich entwickeln die meisten von uns zusätzlich die stabilere Grundeinstellung des 'Ich bin o.k.–Du bist o.k.–realistisch'. Gleichwohl ist die Unterscheidung zwischen den beiden grundlegenden Charaktertypen wichtig.

Anstelle der dramatischen Bezeichnung von Sklave und Tyrann, bezeichne ich als Typ 1 jene Menschen, die sich Streicheleinheiten aus der Position des 'Ich bin nicht o.k.–Du bist o.k.' holen. Sie haben die Tendenz, aus einem nachgebenden oder rebellierenden angepaßten Kind-Ich-Zustand heraus, manchmal hilflos, manchmal ungezogen-motzend, zu handeln. Sie suchen Streicheleinheiten von Menschen, bei denen sie mächtige Eltern-Ich-Zustände sehen, die ihnen einen Schlüssel zur Lösung der existentiellen Rätsel geben können. Im alltäglichen Leben zeigen sie sich als Opfer oder als Rebellen.

Typ 2–Personen handeln aus der defensiven Grundeinstellung des 'Ich bin o.k.–Du bist nicht o.k.', nachdem sie in ihrer Verzweiflung zu dem Entschluß gekommen sind, daß ihnen niemand Hilfe geben kann. Ihre einzige Überlebenschance besteht in dieser unsicheren Welt darin, anderen ihre persönliche Sicht der Dinge aufzuzwingen. Sie handeln als „sichere" Menschen, entweder helfend oder kritisch-befehlend. Sie machen sich Partner oder Gefolgsleute, die ihnen aus einem nachgebenden angepaßten Kind-Ich-Zustand heraus entsprechen, sie als mächtige Eltern anerkennen und ihnen dadurch ihre grandiose Illusion des Sicher-Seins bestätigen. Sie verhalten sich als Retter, werden aber zum Verfolger, wenn sie keine Dankbarkeit oder Willfährigkeit erfahren. Am Ende sind sie oft die Opfer.

Beide Typen ziehen sich an. Bis zu einem bestimmten Punkt ist dies gut, denn sie können sich dann wechselseitig Streicheleinheiten geben. Bei schweren Ausbeutungstransaktionen kann es aber zu einem Ende mit Schrecken kommen.

Hier beginnt das Thema der Ersatzgefühle. Während einige wenige leichte Ausbeutungstransaktionen keinen Schaden anrichten können, bedeuten chronische und weitreichende Ausbeutungstransaktionen, daß der Betreffende völlig unfähig ist, mit den zugrundeliegenden Gefühlen umzugehen und daß sein Selbstwertgefühl schwach ist. Er ist daher auf Streicheleinheiten besonders angewiesen und bestrebt, seine defensive Grundeinstellung zu bestätigen und zu verstärken. Denn wir schützen uns mit Hilfe unserer defensiven Grundeinstellung vor der Verzweiflung, die sich bei Typ 1 als Hoffnungslosigkeit und bei Typ 2 als mörderische Wut zeigen möchte.

Menschen mit weitreichenden Ausbeutungstransaktionen werden von mir Ausbeuter dritten Grades genannt. Sie können bestimmte Gefühle nicht wahrnehmen, weil sie nicht unterscheiden zwischen dem ursprünglichen Gefühl und der Möglichkeit, dieses Gefühl durch unakzeptables Verhalten auszudrücken.Weil sie die unangenehmen Folgen möglichen unakzeptablen

Verhaltens fürchten, drücken sie lieber ihre Ersatzgefühle aus und versuchen, für sie Streicheleinheiten zu bekommen. Dieses Vorgehen führt jedoch nicht zur Zufriedenheit, weil der soziale Austausch so künstlich ist, als ob wir entvitaminisierte Nahrungsmittel zu uns nehmen würden. Der Hunger der Ausbeuter wird nur größer. So ist der Boden bereitet für wechselseitige Ausbeutung und zunehmende Aggressivität.

Obwohl in der Gesamtbevölkerung eine ziemlich ausgeglichene Verteilung der beiden Charaktertypen vorliegt, scheint es in der Gruppe der Ausbeuter dritten Grades doch mehr Sklaven- als Tyrannentypen zu geben. Vielleicht auch haben nicht alle potentiellen Tyrannen das notwendige Geschick, ihre Ansichten anderen wirkungsvoll aufzuzwingen.

Es scheint mehr Personen vom extremen Typ 1 zu geben, die auch als Erwachsene glauben, daß man zu einem Paradies zurückfinden könnte, das von einer Vater- oder Mutterfigur beherrscht wird. Meist bleiben solche Sehnsüchte begrenzt auf Phantasien und Verhalten innerhalb der täglichen Realitätsgrenzen, und sie werden nur in geringem Umfang in den Transaktionen mit stärkeren Partnern ausagiert. Trotzdem bleibt die Sehnsucht unbefriedigt nach der „Flucht vor der Freiheit", wie sie von Erich Fromm beschrieben wurde. Wenn solche Charaktere Gelegenheit bekommen, von anscheinend wohlmeinenden Tyrannen in den Hafen der Angstfreiheit geführt zu werden, dann erscheint ihnen dies wie ein nicht zurückweisbares Angebot. Endlich keine Angst mehr, keine Konflikte, keine Sorgen mehr wegen der eigenen begrenzten Fähigkeit, keine schwierigen Entscheidungen mehr über die Richtung des eigenen Lebens! Hier ist eine mächtige Elternperson, die einem sagt, was richtig und gut ist und wie man dazugehören kann. Sie scheint auch Liebe zu geben und Verständnis für das sehnsüchtige Verlangen zu haben. Mit ihr eins zu werden als ein demütiges Mitglied ihrer Gemeinde scheint wie ein Glück, für das es sich lohnt, Opfer zu bringen: Mein ganzes Geld, meine Beziehung zu früheren Freunden und zur Familie, meine Autonomie opfere ich dir, großer Führer, der du mir letzte Antworten anbietest, der du mir gute Gefühle machst, wenn ich an dich glaube und dadurch auch an die Bedeutung meines Tuns.

Dieser Wunsch, vor der eigenen Autonomie zu flüchten, hat so viele Menschen dazu verleitet, sich dem Nationalsozialismus zu verschreiben, um alle Enttäuschungen loszuwerden. Sie waren anfällig für den Zauber von

Versprechungen a la Hitler und Jones, weil sie sich in ihrer Kindheit wahrscheinlich verlassen oder vergewaltigt vorgekommen waren bei ihrem Versuch, sich selbst frei zu entfalten, so daß sie es vorzogen, anstelle der bewußten Wahrnehmung ihrer Enttäuschungen, mit Illusionen zu leben.

Vor Fromm benutzte Dostojewski einen frei erfundenen Typ 2, den Großinquisitor, um Sklavenmentalität von Typ 1 zu beschreiben: „Solange der Mensch frei bleibt, strebt er unablässig und unter Schmerzen nach jemandem, den er anbeten kann... Der Mensch wird von keinem größeren Verlangen gequält, als schnell jemanden zu finden, dem er seine angeborene Freiheit schenken kann... Der Mensch bevorzugt Frieden und sogar den Tod vor der Entscheidungsfreiheit im Wissen um Gut und Böse."

Dostojewski beschreibt auch die Menschen, die sich in ein solches System einbinden lassen. Er weist darauf hin, daß „diese erbarmungswürdigen Geschöpfe nicht nur darauf aus sind, jemanden zu finden, den der eine oder andere von ihnen anbeten kann, sondern etwas zu erhalten, an das sie gemeinsam glauben und das sie verehren können. Das Entscheidende ist, daß sie dabei etwas Gemeinsames erleben. Dieses Verlangen nach gemeinschaftlicher Anbetung ist, von Anbeginn an, das Hauptübel für den einzelnen und für die Menschheit. Für dieses Ziel haben sie sich gegenseitig erschlagen."

Sowohl Fromm als auch Dostojewski beschreiben letztlich bei den Sklaven-Typen das Bedürfnis nach einem Beziehungssystem der Ausbeutung mit dem Austausch von Streicheleinheiten. Die einzelnen suchen eine grosse Elternfigur, die eine Gemeinschaft angepaßter Kinder beherrscht, die alle unkritisch an das gleiche Dogma und das gleiche System von Überzeugungen glauben wollen, durch die ihre Wirklichkeit definiert wird. Innerhalb dieses Settings entwickeln sie mit Hilfe von Kind-Kind-Transaktionen untereinander eine Art Pseudointimität. Dabei können sie den Ich-Zustand des angepaßten Kindes aufrechterhalten, das mit dem Eltern-Ich des mächtigen Führers in beständigen realen oder eingebildeten Ausbeutungstransaktionen lebt.

Die Zeitschrift TIME (11.Dezember 1978) zitiert einige Auszüge aus „Briefen an Papa", die von Jones' Anhängern geschrieben wurden. Sie kennzeichnen die klägliche Selbsterniedrigung, die durch das System seiner Sekte bei den Anhängern hervorgerufen wurde, und sie beschreiben, wie seine Herrschaft und ihre unterwürfige Abhängigkeit immer stärker wurde. Zum Beispiel: „Ich gebe immer Geld für so unnötige Dinge aus wie Kleidung für meine Enkelkinder. Jetzt möchte ich für dich etwas tun. Ich kann es, wenn ich etwas für unsere Gemeinschaft tue." „Ich respektiere Papa nicht so, wie ich es eigentlich sollte. Wenn ich mich unterordne, habe ich Angst, daß die Leute gegen mich sind. Das stimmt gar nicht und ist nur mit meinem Stolz zu erklären." „Papa, ich kann dir nur sagen, daß in mir gegenwärtig zwei Menschen sind, der eine sehr demütig und unschuldig, der andere grausam, gefühllos und mit schlimmen Gedanken im Kopf." „Ein weiterer Fehler von mir ist es, daß ich Limonade, Süßigkeiten, Kuchen usw. vermisse, obwohl ich es nicht sollte. Um dies zu verhindern, werde ich besonders hart arbeiten." „Vater ist wunderbar, rein, offen und übernatürlich." Schließlich: „Ich weiß, daß ich dir weiter folgen werde, weil du die Gabe hast, mich zu beschützen. Ich möchte gern kraftvoll aussehen, aber ich weiß, daß ich schwach bin." (Dementsprechend akzeptierte diese Frau seinen Befehl und nahm das Gift.)

Ein interessanter Aspekt eines solchen Systems ist es, daß viele Menschen dadurch offensichtlich ihre Aufgaben besser und wirkungsvoller erfüllen können als zuvor.
Das ist darauf zurückzuführen, daß die Anbindung an den Führer und an die Gruppe, die er kontrolliert, den Anhängern ein Maß an Sicherheit und Konfliktlosigkeit gibt, die das Gewissen und ihr inneres Leben entlasten. Das 'befreit' sie davon, sich mit gegensätzlichen bzw. unangenehmen Gefühlen auseinandersetzen zu müssen. Ihr Erwachsenen-Ich scheint ungetrübt, aber in Wirklichkeit ist es nur frei von Einflüssen durch das freie Kind-Ich bzw. durch ihr altes Eltern-Ich. Ihr Erwachsenen-Ich ist im Gegenteil programmiert durch den Realitätsbegriff ihres Anführers, der für die Gemeinschaft verbindlich ist. Ihr Denken beschränkt sich nun auf engbegrenzte Themen. Es ist für sie wichtig, daß ihre Grundüberzeugungen gültig bleiben und von der Gemeinschaft verstärkt werden. Sie unterstützen sich gegenseitig in ihrem gemeinsamen Glaubenssystem, und dies wiederum stärkt ihre Untertanenhaltung gegenüber dem Führer. Im Faschismus und Nationalsozialismus funktionierte die Bürokratie besser als unter früheren Regierungen. Die Züge waren pünktlich, die Transporte in die Konzentrationslager wurden diskret und effizient organisiert.

Ähnlich effektiv wurde in Jonestown gebaut und Landwirtschaft betrieben. Jones' junge Manager waren in der Lage, schwierige Finanztransaktionen durchzuführen und öffentliche Erklärungen abzugeben, die klar und ehrlich erschienen. Selbst das US-Außenministerium, die amerikanische Botschaft in Guayana und ein hartgesottener Anwalt ließen sich durch den Anschein von Glück täuschen. Die Anhänger der Sekte waren zu glücklich wirkenden Robotern geworden.

Wenn ein solches System einmal existiert, dann entwickelt es sich weiter und die unterdrückten Anhänger können nicht mehr genügend Abstand nehmen, um ihr soziales System kritisch von außen zu betrachten.
Die äußeren Grenzen werden nach und nach rigider und undurchlässiger. Einfluß oder Intervention von außen werden sogar von denen gefürchtet, die unter dem System leiden. Denn immerhin definiert das System ihre Realität und bewahrt sie vor dem Chaos.

In diesem engmaschigen System entwickelt sich eine Hackordnung der Funktionäre, die zwischen der großen Elternfigur und den Sklaven stehen. In diesem Personenkreis gibt es einige unqualifizierte Typ 2–Personen, die aus opportunistischen Gründen mitmachen. Meistens sind es jedoch intelligentere oder durchtriebene Typ 1-Personen, die von ihrem Führer abhängig bleiben. Anstatt bei Enttäuschungen gegen den Führer zu rebellieren, läßt ihr Kind seinen Ärger an den niedrigeren Sklaven aus. Sie haben einen Teil des kontrollierenden Kind- oder Eltern-Ich des Führers verinnerlicht. Gewöhnlich ist es der Aspekt des grausamen Verfolgers, den sie als Episkript übernommen haben können, noch bevor es für Außenstehende sichtbar wird. Diese Funktionäre werden zweitrangige Pseudo-Elternfiguren, die darauf aus sind, andere zu tyrannisieren, indem sie vorgeben, nur Befehle des Führers auszuführen. Sie tragen dazu bei, die rigiden Grenzen der Gemeinschaft aufrechtzuerhalten. So kann allmählich die ganze Gemeinschaft die destruktiven Verhaltensimpulse des Führers übernehmen, auch wenn diese ihm selbst unbekannt sind, weil sie unter seinen Ersatzgefühlen verborgen waren (Episkript-Prozeß).

Wahrscheinlich war Jones schon lange ein potentieller Selbstmörder, der mit Hilfe seiner Ersatzgefühle seinen Todeswunsch vor sich selbst versteckt hatte.
Damit kommen wir zur Beschreibung von Jones selbst, einem Tyrannen-

Typ. Wir können ihn nicht ohne weiteres als von Anbeginn an böse, paranoid oder zynisch abtun, sondern wir müssen seinen Weg zur Macht betrachten. Um einen Mann wie Jones zu verstehen, ist die Theorie der Ersatzgefühle hilfreich. Ich bin davon überzeugt, daß sich Jones selbst am Anfang seiner Karriere als idealistisch, liebevoll und verantwortlich einschätzte.
Der Haken dabei ist, daß dieses Selbstbild wahrscheinlich auf einem Liebes- oder Wohltätigkeits-Ersatzgefühl basierte. Ich vermute, daß dieses Ersatzgefühl Jones' überstarkes Verlangen, geliebt zu werden, überdeckte. Bei Typ 2–Menschen verwandelt sich ein solches Verlangen oft in ein Machtstreben. („Ich werde dich dazu bringen, mich zu lieben, und wenn es meine letzte Tat sein wird.") Darunter sitzen natürlich Selbstmordimpulse und/oder mörderische Wut, weil der Betreffende nicht so geliebt wurde, wie er es sich als Kleinkind gewünscht hatte.

Wir müssen daran denken, daß Jones' Ausbeutungstransaktionen ihn eine Zeitlang angeregt haben, sozial wertvolle Dinge zu tun. Er kämpfte gegen den Rassismus, wobei er sogar so weit ging, sieben Kinder verschiedener Rassen zu adoptieren. Er unterstützte seine Anhänger finanziell, setzte sich für liberale Ziele ein und arbeitete auch erfolgreich für die Wohnungsbaubehörde von San Francisco. Sein Liebes- und Wohltätigkeits-Ersatzgefühl zwang ihn, anderen immer mehr Fürsorge und Liebe zu erweisen, während er selbst seelisch zunehmend hungriger und frustrierter wurde, weil sein inneres Kind nicht das bekam, was es eigentlich brauchte. Was immer ihm gegeben wurde, es erreichte nicht sein verlangendes Kind, sondern wurde von seinem machthungrigen Eltern-Ich abgelenkt. Ursprünglich mag sein Kind-Ich Begeisterung, Energie und Kreativität entwickelt haben, aber im Laufe der Zeit genügten die unterwürfigen Streicheleinheiten der ihrerseits frustrierten Anhänger nicht mehr, um seine tiefe Sehnsucht zu stillen.
Es überrascht nicht, daß er so verzweifelt an seinem sechsjährigen Adoptivsohn Tim festhielt, als dessen Eltern ihn zurückforderten, denn das Kind mag für ihn die einzige Quelle der wenigen wirklich liebevollen und nahrhaften Streicheleinheiten gewesen sein, die er bekam.

Zunehmend wurde Jones abhängiger von Massenveranstaltungen (Quantität für Qualität), dann von Alkohol und Aufputschmitteln. So sollte seine psychische Sicherheit garantiert und sichergestellt werden, daß er nicht an

Auszehrung starb.Die seelischen Entbehrungen führten zu seiner Annahme, daß er an vielen Krankheiten litt, ein typisches Syndrom für Tyrannentypen, wenn ihr Sicherheitsgefühl nachzulassen beginnt. Je mehr er sich vom fürsorglichen Retter (sein Ersatzgefühl) zum Verfolger wandelte. desto häufiger erlebte er sich als potentielles Opfer, lange vor der Katastrophe von Jonestown. Als Verfolger versuchte er, seine Anhänger mehr und mehr zu kontrollieren. Aber auch, als seine mörderische Wut immer häufiger explodierte, hielt er an seinem Wohltätigkeits-Ersatzgefühl fest, das ihm die Überzeugung gab, nur das Beste für seine Anhänger zu tun.

Warum gab es keine erfolgreiche Krisenintervention?
In unserer Gesellschaft gibt es die Tendenz zur Gleichgültigkeit, weil jeder genügend eigene Ängste hat und sich nicht in die Probleme anderer Leute einmischen möchte. Auch die Art und Weise, wie der Kongreßabgeordnete Ryan und die Zeitungsreporter in die Tragödie hineingezogen wurde, bestätigen, daß es für Einzelpersonen gefährlich sein kann, sich mit einem so engmaschigen System zu konfrontieren.
Bezeichnend ist auch, daß bereits im Juni 1978 (die Selbstmorde geschahen Mitte November) Deborah Blakey, die Finanzberaterin von Jones, nach ihrer Flucht den US-Behörden berichtete, was in Jonestown unter der Oberfläche vor sich ging und vor Schlimmerem warnte. Sie äußerte auch ihre Furcht vor Vergeltungsmaßnahmen der Sekte ihr gegenüber. Aber ihre Warnungen wurden nicht ernst genommen.
Außenstehende brauchen oft lange, bis sie die Gefahr solcher Projekte a la Jones erkennen. Denn der Ausgangspunkt ist oft eine wertvolle Idee. Dem Initiator gelingt es oft, andere von seinen guten Absichten zu überzeugen. Wie kann man jemanden anzweifeln, der sich wie Jones so hingebungsvoll und selbstlos verhält und der auf all die Wohltaten verweisen kann, die er anderen zukommen ließ?

Diese Verhaltensstruktur frustrierte Berne, wenn er Anzeichen für gefährliche Aktionen in solchen Persönlichkeitstypen erkannte und gleichzeitig wußte, daß eine frühzeitige Intervention unwirksam sein würde.

Nach anfänglichem Erfolg beim Aufbau von Anhängerschaft und Bewunderung, werden Menschen wie Jones am Ende destruktiv irregeleitet durch den gemeinsamen magischen Glauben, der sich innerhalb der Gemeinschaft entwickelt hat. Wie ihre Anhänger glauben diese Führertypen dann, daß sie auf omnipotente Weise die Weltprobleme lösen können, wenn nur die anderen sich ihnen anschließen. Das war auch Hitlers Glaube.

Wenn sich der magische Anfangserfolg zum Fehlschlag hin entwickelt, entsteht beim Führer und seinen Gefolgsleuten eine zunehmende Enttäuschung. Frustration und sich aus ihr ergebender Ärger werden von beiden Seiten geleugnet, damit ihr luftdichtes System nicht explodieren kann. Die anfänglich positiven Streicheleinheiten werden mehr und mehr zu negativen, besonders aufseiten der Führerpersönlichkeit, die die Anhänger für die Fehlschläge verantwortlich macht.
Die Anhänger wiederum nehmen die Vorwürfe an und vermeiden es, ihren Führer zu konfrontieren. In seltenen Fällen, wenn einige Anhänger ihren Führer herausfordern oder ihn verlassen wollen, werden sie von der Gruppe ausgelöscht, wörtlich oder im übertragenen Sinne. Die Gruppe versucht, ihr engmaschiges System beizubehalten, trotz der Explosionsgefahr von innen oder der Intervention von außen.

So kann ein Anhänger eines gefährlichen und gewalttätigen Systems durch sein konfuses oder ängstliches Kind-Ich gelähmt werden. Selbst wenn am Ende das Erwachsenen-Ich funktioniert, kann es zu spät sein, nach Hilfe rufen. Dann mag die beste Option seines Erwachsenen-Ich darin bestehen, mitzumachen und das eigene Leben zu retten oder seine geistige Gesundheit, indem er innerhalb des Systems bleibt und keine Energie im Kampf dagegen verliert.

Manchmal kommt Hilfe von außen. Doch die muß oft teuer bezahlt werden, wie der Krieg gegen das nationalsozialistische Deutschland oder die Ermordung des Kongreßabgeordneten Ryan.

Unsere Sympathie gehört in erster Linie Jones unschuldigen Opfern, Ryan und den ermordeten Zeitungsreportern. Verdient auch Jones etwas von unserer Sympathie?
Man wünscht, daß seine Aktivitäten schon früher untersucht und eingeschränkt worden wären, auch zu seinem eigenen Nutzen. Ich bin mir sicher, daß lange Zeit, ja sogar bis zum Ende, Jones Selbstbild durch sein Fürsorglichkeits- und Liebes-Ersatzgefühl geprägt war. Er hat seine ganze Energie aufgewandt, damit seine Anhänger bis zu ihrem Tode von ihm abhängig blieben. Er hat den Begriff der Freiheit dahingehend pervertiert,

daß ihm seine Anhänger, die „Freiheit" gaben, sie zu beherrschen und auf vielerlei Weise zu mißbrauchen, immer im Namen der Fürsorge.

Es ist typisch für Menschen wie Jones, daß sie alle Wertvorstellungen für ihre eigenen Zwecke verdrehen und mißbrauchen. Begriffe wie Freiheit, Verantwortlichkeit, Selbstachtung, Fürsorge und Liebe werden umfunktioniert und in den Dienst von Ausbeutungstransaktionen gestellt. Wenn man solche Führer reden hört, ist es nicht einfach herauszufinden, was in ihren Sirenenklängen steckt. Sich fallenzulassen und dem anderen zu vertrauen, ist in einer liebevollen Beziehung schön. Hier bedeutet dies jedoch die Kapitulation des freien Kind-Ich vor dem Größenwahnsinn eines fehlgeleiteten Eltern-Ich; dieses traurige Phänomen finden wir in bestimmten Paarbeziehungen, in bestimmten Familien, in bestimmten Religionen oder psychologischen Bewegungen und — noch tragischer — in Gemeinschaften wie Jonestown und Synanon.
In einem Kommentar über Synanon erkannte Max Lerner, daß die Wurzel der Tragödie darin liegt, „daß das Individuum seine eigene Wahlmöglichkeit der Entscheidung des Führers und dem Gruppendruck überläßt." Wenn ein Mensch es mit sich geschehen läßt, daß er innerhalb eines solchen Settings „nackt ausgezogen" wird, dann wird er unvermeidlich immer mehr abhängig vom Führer und von der Gruppe.

All dies zu beachten, ist sehr wichtig für Therapeuten und Pfarrer. Wir übernehmen hier eine Machtrolle, unabhängig davon, ob unsere Persönlichkeitsstruktur der des Tyrannen entspricht oder nicht. Diejenigen von uns, die wie ich einen Typ 2—Charakter haben, müssen besonders sorgfältig darauf achten, daß sie sich nicht mit Typ 1—Patienten in gegenseitige Ausbeutungstransaktionen einlassen.

Als TA-Theoretiker müssen wir über die verschiedenen Funktionen und Kombinationen der Ich-Zustände noch einiges dazulernen. Ein Therapieziel ist es, dem Klienten zu helfen, sich von den archaischen Zwängen aus der Vergangenheit zu befreien und Einschränkungen im Erwachsenen-Ich abzulegen. Aber müssen unsere Klienten dazu unser Eltern-Ich übernehmen? Ich glaube, daß unsere Klienten ihr Erwachsenen-Ich im Dienste ihres eigenen freien Kind-Ich einsetzen können, und nicht im Dienste eines externen oder internen Eltern-Ich, auch wenn ein solches Eltern-Ich voller guter Absichten ist.

Wir müssen uns darüber klarwerden – so traurig das klingt –, daß es erwachsenen Menschen möglich ist, aus einem verwirrten oder verängstigten Kind-Ich-Zustand, der sich als Eltern- oder Erwachsenen-Ich markiert, zu fühlen, zu denken , zu handeln und sogar zu wählen. Und es ist auch möglich, daß scheinbare Erwachsenen-Ich–Verträge zwischen zwei heimlichen Ausbeutern geschlossen werden.

Als Rabbi Maurice Davis, der Jones in Indianapolis eine Synagoge verkauft hatte, von der Katastrophe in Guayana hörte, sagte er:„Mir geht immer wieder durch den Sinn, was passiert, wenn die Macht der Liebe sich in die Liebe der Macht verwandelt."

Max Lerner schreibt am Ende des oben zitierten Artikels:„Wir haben die optimale Mischung von Autorität und Selbsthilfe in der Therapie und im religiösen Bereich noch nicht gefunden. Bis uns das gelingt, könnte es sich lohnen, sich die Worte Buddhas auf seinem Todesbett in die Erinnerung zu rufen:'Arbeite mit Eifer an deiner eigenen Erlösung'."

Ich glaube, es ist wichtig für Typ 1–Menschen, daß sie ihr eigenes Verlangen nach passiver Kontrolle erkennen, und daß Typ 2–Menschen ihr Verlangen nach aktiver Kontrolle wahrnehmen. Keine dieser Haltungen führt zu tragfähigen Lösungen der Lebensprobleme. Beide Sehnsüchte beziehen sich nicht nur auf die Erfahrungen unserer Kindheit, sondern auch auf all die ungelösten Fragen unserer Existenz.

Für mich ist der erste Schritt im Umgang mit meinen offenen Wünschen, daß ich anerkenne, was ich fühle, auch wenn es mir nicht gefällt, und daß ich erkenne, daß mir ein immerwährendes glückliches Leben wahrscheinlich nicht beschieden ist.

DEUTSCHSPRACHIGE TA-LITERATUR

Barnes, G. u.a., Transaktionsanalyse seit Eric Berne, 2 Bde. Institut für Kommunikationstherapie, Berlin 1980.

Bennet, D., Im Kontakt gewinnen — Transaktionsanalyse als Führungshilfe. Heidelberg 1977.

Berne, E., Spiele der Erwachsenen. Reinbek 1967.

Berne, E., Sprechstunden für die Seele, Reinbek 1970.

Berne, E., Spielarten und Spielregeln der Liebe. Reinbek 1971.

Berne, E., Was sagen Sie, nachdem Sie Guten Tag gesagt haben? München 1975

Harris, Th.A., Ich bin o.k.—Du bist o.k. Reinbek 1973.

James, M./Jongeward, D., Spontan leben. Reinbek 1974.

James, M./Savary, L.M., Befreites Leben — Transaktionsanalyse und religiöse Erfahrung. München 1977.

Kottwitz, G., Transaktionale Analyse in der Familientherapie. In: Integrative Therapie, Zeitschrift für Verfahren humanistischer Psychologie und Pädagogik, Heft 1, 1976.

Oden, Th., Wer sagt: Du bist okay? Eine theologische Anfrage an die Transaktionale Analyse, BCS 1977.

Rogoll, R., Nimm dich wie du bist. Freiburg 1976.

Schlegel, L., Die Transaktionale Analyse nach Eric Berne und seinen Schülern. In: Uni-Taschenbücher. Grundriß der Tiefenpsychologie. München 1979.

ENGLISCHSPRACHIGE TA-LITERATUR
(eine Auswahl)

Berne, E., The Structure and Dynamics of Organizations and Groups. New York 1973.

Berne, E., Principles of Group Treatment. New York 1966.

Blakeney, R.u.a., Current Issues in Transactional Analysis.New York 1977

Brown, M.J./Kahler, T., Notations: A Guide to TA Literature. Dexter 1978.

Dusay, J.M., Egograms, New York 1977.

English, F., Selected Articles. Philadelphia 1976.
Ernst, K., Games Students Play. Millbrae 1972.
Goulding, R.L. and M., The Power Is in the Patient. San Francisco 1978.
Goulding, M. and R.L., Changing Lives through Redecision Therapy. New York 1979.
James, M., The OK Boss. Reading 1975.
James, M.,/Savary, L., A New Self – Self Therapy with Transactional Analysis. Reading 1977.
James, M. et al., Techniques in Transactional Analysis for Psychotherapists and pists and Counselors. Reading 1977.
Jongeward, D./Scott, D., Affirmative Action for Women: A Practical Guide for Women and Management. Reading 1975.
Jongeward, D. et al., Everybody Wins: Transactional Analysis Applied to Organizations. Reading 1976.
Jongeward, D./Seyer, P., Choosing Success: Transactional Analysis on the Job. New York 1978.
Paula, M., An Enrichment Program in Couple Communication, in: TA in Europe, by Moiso, C., EATA Summer Conferences 1977-1978.
Morrison, J.H./O'Hearne, J., Practical Transactional Analysis in Management, Reading 1977.
Novey, T.B., TA for Management – Making Life Work, Sacramento 1976.
Poindexter,W.R. , The Poindexter Organization – Transactional Mangement of Games in Organizations. Transan Publ.1977.
Sager, C.J./Singer Kaplan, H. et al., Progress in Group and Family Therapy New York 1972.
Steiner, C., Games Alcoholics Play, New York 1974.
Steiner, C., Scripts People Live. New York 1974.
Woollams, S./Brown, M., Transactional Analysis. Dexter 1978.

Diese und weitere TA-Veröffentlichungen, Posters und Tonband-Kassetten sind zu beziehen über:

The International Transactional Analysis Association (ITAA)
Transactional Pubs
POBox 3932 Rincon Annex
San Francisco, CA 94119, USA

Bücher bei *iskopress*

PERSONALENTWICKLUNG

Liedhegener: ***Know-how-Transfer*** (Audiokassette).
Technische Schulung in der ehemaligen DDR

Treude (Hg.): ***Organisationsentwicklung.***
Praxismodelle aus der Bundesrepublik Deutschland

Vopel: ***Mutiges Management***, Teil 1 bis 3.

(1) ***Führungsqualitäten.***
Gruppenexperimente zur Personalentwicklung

(2) ***Loyalität.*** *Eine Orientierungshilfe für alle, die Führungsverantwortung übernommen haben*

(3) ***Auf den Zweifel bauen.***
Fortbildung und Personalentwicklung in der ehemaligen DDR

Vopel: ***Der 8. Sinn.*** *Wie man passende Berater erkennt*

GRUPPENLEITER

Vopel: ***Metaphorische Aktionen.*** *Ungewöhnliche Wege zur Gruppenkohäsion*

Vopel: ***Anwärmspiele.*** *Experimente für Lern- und Arbeitsgruppen*

Vopel: ***Handbuch für Gruppenleiter.***
Zur Theorie und Praxis der Interaktionsspiele

Vopel: ***Störungen, Blockaden, Krisen.*** *Experimente für Lern- und Arbeitsgruppen*

Vopel: ***Interaktionsspiele***, Teil 1 bis 6.
Akzeptierung und Angstabbau in der Anfangsphase/Wahrnehmen und Kommunizieren/Aktivierung bei Müdigkeit und Unlust/Entwicklung von Vertrauen und Offenheit/Beziehungsklärung und Feedback/ Umgang mit Einfluß, Macht und Konkurrenz/Konsensus und Kooperation

Vopel: ***Materialien für Gruppenleiter***, Teil 1 bis 8.
(1) ***Diagnose der Gruppensituation*** (2) ***Gestaltung der Schlußphase***
(3) ***Kommunikationsregeln in Gruppen*** (4) ***Umgang mit Konflikten***
(5) ***Teamentwicklung*** (6) ***Briefe als Lernstrategie*** (7) ***Ziele*** (8) ***Lernen***

MODERNE THERAPIE

Haley: ***Ordeal Therapie***. *Ungewöhnliche Wege der Verhaltensänderung*

Madanes: ***Hinter dem Einwegspiegel.***
Fortschritte in der strategischen Therapie

O'Hanlon: ***Eckpfeiler***. *Grundlegende Prinzipien der Psychotherapie und Hypnose Milton H. Ericksons*

Hoffmann: ***Grundlagen der Familientherapie.***
Konzepte für die Entwicklung von Systemen

Klippstein (Hg.): ***Trance-Entwicklung.***
Hypnotherapeutische Gruppeninduktionen

Keeney: ***Ästhetik des Wandels***

Marcus: ***Die Logik des Unlogischen***

Rosen (Hg.): ***Die Lehrgeschichten von Milton H. Erickson***

Gordon/Meyers-Anderson: ***Phoenix.***
Therapeutische Strategien von Milton H. Erickson

GRUPPENTHERAPIE

Vopel/Vopel: ***Selbstakzeptierung und Selbstverantwortung***,
Teil 1 bis 3. (1) Konzentration/Entspannung/Wahrnehmung/Gesundheit/Ernährung/Kleidung/Sexualität/Zeiteinteilung/Lebensgeschichte/Konflikte/Identität (2) Stärke und Schwäche/Liebe und Ärger/Selbstachtung/Lebendigkeit/Neugier/Risikobereitschaft/Wünsche und Phantasien/Zukunft/soziale Entwicklung (3) Werte und Ziele/soziale Verantwortung/Selbständigkeit und Freiheit/Umgang mit Forderungen/Zurückweisung/Manipulation/Zuwendung/Anerkennung

Woisin: ***Integrität und Erinnerung.***
Kreative Arbeit mit älteren Menschen, Teil 1 und 2
(1) Entspannung/Massage/Erinnern und Verstehen/Schattenseiten des Alters und Verluste/Integrität und die Suche nach Sinn/Gesundheit und Heilung (2) Atmen/Bewegung/Vergnügen und Stimulation/

Himmel auf Erden: Liebe/Freunde und Altersgenossen/Unsere Verbindung mit der Natur/Zeit und Zukunft/Tod und die Hieroglyphen des Sterbens

Shorr: ***Psychoimagination.***

Leveton: ***Mut zum Psychodrama.***

Marcus: ***Gestalttherapie*** *in Verbindung mit geleitetem Bilderleben,* neo-Reichianischer Körperarbeit und psychodramatischen Methoden

Marcus: ***Weiße Indianer.*** *Entwicklungen in der Gestalttherapie*

PSYCHOLOGISCHE WEGWEISER

Halpern: ***Festhalten oder Loslassen.*** *Wie Eltern zu ihren erwachsenen Kindern eine bessere Beziehung herstellen können.*

Halpern: ***Abschied von den Eltern.*** *Eine Anleitung für Erwachsene, die Beziehung zu den Eltern zu normalisieren.*

Halpern: ***Liebe und Abhängigkeit.*** *Wie wir übergroße Abhängigkeit in einer Beziehung beenden können.*

Kelzer: ***Sonne und Schatten.*** *Der Weg zu luziden Träumen*

Vopel/Vopel: ***Ich und Du.*** *Ein Kommunikationstraining für Partner*

May: ***Der sanfte Weg.*** *Ein Meditationshandbuch*

Kelemann: ***Lebe dein Sterben***

Arnon: ***Zwischen Tradition und Wagnis.*** *Frauen aus Israel erzählen*

AUDIOKASSETTEN - *iskotape*

Traumarbeit in Trance. *Die Kunst, Angstträume zu verwandeln.*
Therapeutischer Text von Hildegard Klippstein

Ich bin in meinem Mond. *Menstruationsschmerzen lösen.*
Therapeutischer Text von Barbara Künkel

Lieber leichter, fit und frisch! *Psychologische Appetitzügler.*
Therapeutischer Text von Twinky Steppacher-Ray

Zu neuen Ufern. *Trennung und Scheidung bewältigen.*
Therapeutischer Text von Coletta Damm

Stop! *Spannungs-Kopfschmerzen lösen.*
Therapeutischer Text von Hildegard Klippstein

Mein Körper - mein Haus. *Operationsschmerzen lindern.*
Therapeutischer Text von Erika Ruck

Schatten auf der Sonnenuhr. *Eine Vorbereitung auf das Sterben.*
Therapeutischer Text von Jürgen Koch

Zaubermantel. *Neurodermitis lindern.*
Therapeutischer Text von Sibylle Strässer-Strobel

Ich habe mich. *Alleinsein können.*
Therapeutischer Text von Hildegard Klippstein

Atemlust. *Richtig atmen löst Probleme.*
Therapeutischer Text von Hildegard von der Werth

In der Tiefe der Nacht. *Einschlafen lernen.*
Therapeutischer Text von Bernhard Trenkle

(Jeder Titel umfaßt eine Audiokassette und ein Begleitbuch.)

iskopress, Klaus W. Vopel
Beselerstraße 32, Postfach: 52 02 51,
2000 Hamburg 52
Tel.: 040 / 880 10 22, Telefax: 040 / 890 20 68